2022 | 黑龙江省社会科学学术著作出版资助项目

关系型贷款运作机理及融资便利效应研究

程　宇　吴旭峰　丰加颖 / 著

哈尔滨工业大学出版社

内 容 简 介

本书从交叉学科角度发展关系型贷款理论,为更合理地度量"关系"提供新的视角和方法,部分地发展信用评价、贷款定价和贷款风险管理等理论,并从理论上探索关系型贷款的发展趋势。同时,本书立足社会调研来度量"关系",有利于更全面地分析关系型贷款中"关系"的本质与价值,揭示关系型贷款的特点与运行特征,为银行利用社会资本,把握和增进"关系"强度,利用"关系"开展客户信用评价、贷款定价和风险管理,以及解决跨区域发展的"关系"移植与扩散问题等提供决策参考。

本书适合高等院校金融专业的本科生和研究生阅读,也可供相关行业的研究人员参考。

图书在版编目(CIP)数据

关系型贷款运作机理及融资便利效应研究/程宇,吴旭峰,丰加颖著.—哈尔滨:哈尔滨工业大学出版社,2023.3(2024.5重印)

ISBN 978-7-5767-0743-4

Ⅰ.①关… Ⅱ.①程… ②吴…③丰… Ⅲ.①信贷管理-研究 Ⅳ.①F830.51

中国国家版本馆 CIP 数据核字(2023)第 065858 号

策划编辑	杨秀华
责任编辑	丁桂焱
封面设计	刘 乐
出版发行	哈尔滨工业大学出版社
社 址	哈尔滨市南岗区复华四道街 10 号 邮编 150006
传 真	0451—86414749
网 址	http://hitpress.hit.edu.cn
印 刷	哈尔滨市颉升高印刷有限公司
开 本	787mm×960mm 1/16 印张 13.75 字数 267 千字
版 次	2023 年 3 月第 1 版 2024 年 5 月第 2 次印刷
书 号	ISBN 978-7-5767-0743-4
定 价	96.00 元

(如因印装质量问题影响阅读,我社负责调换)

前　　言

在我国，以中小企业、个体经济和农户为主的中小微经济主体，无论在数量上还是在吸纳就业人口上，都占据最大的比重。一方面，传统的交易型信贷主要依据公开的财务信息进行当次贷款决策，无法从根本上解决这些中小微经济主体的融资难问题，而关系型贷款依据长期建立起来的银企关系进行连续的贷款决策，具有针对中小微经济主体的融资优势；另一方面，我国具有以血缘、亲缘、地缘关系上的人际信任为基础的关系型社会特征。这两个方面共同决定了关系型贷款有良好的发展基础。

关系型融资理论研究出现于 20 世纪 60 年代，并在 90 年代及 21 世纪初出现研究热潮，但总体而言，现有的相关研究存在四个方面的不足：一是没有充分地揭示关系型贷款中"关系"的本质与特征，特别缺乏基于我国的社会信任特征与社会关系结构来揭示"关系"本质的相关研究；二是对我国关系型贷款中银企关系的度量不够全面、客观，难以反映出真实的银企之间的复杂关系；三是如何将"关系"应用于银行对客户贷款时的信用评价、定价和风险管理中；四是在我国城市化进程加速、社会信任关系逐渐变迁，以及地方性银行跨区域扩张的背景下，如何加深对关系型贷款的"关系"扩散规律的探讨，以帮助地方性小银行解决现实难题。

因此，本书针对以上四个方面的不足，以关系型贷款的"关系"为立足点，从经济学和社会学的交叉学科角度，以金融中介理论为研究起点，以关系型贷款理论为基础，以信息经济学和社会关系学理论为技术维度，围绕"关系"是什么、"关系"怎么测算、"关系"是否在信贷决策中有用、"关系"怎么扩散（移植）等问题，开展关系型贷款的"关系"研究。本书的研究从交叉学科角度发展关系型贷款理论，为更合理地度量"关系"提供新的视角和方法，部分地发展信用评价、贷款定价和贷款风险管理等理论，并从理论上探索关系型贷款的发展趋势；同时，本书立足社会调研来度量"关系"，有利于更全面地分析关系型贷款中"关系"的本质与价值，揭示关系型贷款的特点与运行特征，为银行利用社会资本，把握和增进"关系"强度，利用"关系"开展客户信用评价、贷款定价和风险管理，以及解决跨区域发展的"关系"移植与扩散问题等提供决策参考,也为跨银行间关系型贷款的范式复制和模式推广提供帮助。

本书的研究主要形成以下结论:

1. 关系型贷款是信贷的基本模式之一,是解决信贷市场信息不对称问题和降低交易成本的有效渠道。通过关系型贷款,银行充分利用社会资本,实现内部信息产出和对借款企业的监督与约束,提高风险管理能力。在当前我国经济社会的二元结构下,发展关系型贷款可以提高中小企业、微型企业、个体经营者和农户的信贷满足度,促进企业的成长和区域经济的稳定平衡发展。因此,应大力促进关系型贷款的发展。

2. 银企关系是银行与企业在其所处的社会经济关系网络中逐渐形成的,"关系"外在体现为网络结构,内生社会资本,即"关系"是在关系网络中所形成的社会资本。我国企业所处的社会关系网络由以"熟人社区"为核心的社会关系网络和以市场为核心的经济关系网络共同形成的,其社会资本以非正式框架为主体、正式框架为补充。因此,企业的社会资本产出更需要"关系"去发现和挖掘。另外,关系具有互惠性、稀缺性和扩散性的特征,银企之间建立良好的关系,可以形成信息租金、跨期优化租金和声誉租金等关系租金和合约收益,也会产生预算软约束和锁定成本问题。对于银行而言,构建合理的"关系"模式,可以降低关系成本,获得更多稳定、长期的关系收益。

3. "关系"在一定范围内是可以进行度量的,度量"关系"的指标很多,有长度指标、距离指标、规模指标和深度指标等,而将上述指标进行整合来构建综合性指标,更能反映现实中复杂的银企关系,所测算出来的关系强度更能反映现实中银企关系的紧密程度。同时,实证研究进一步证明本书的关系强度测算的有效性。

4. 在关系型贷款中,"关系"对贷款定价产生重大影响。本书认为,关系强度和企业信用等级是决定企业贷款定价的两大因素,且银行对企业信用等级的评价与银行"关系"水平密切关联。因此,企业与银行建立良好的关系,可以让企业更顺利地获得条件更优惠的贷款。

5. 银行可以主动通过模式选择与构建来促进银企关系的扩散,实现关系型贷款的可持续发展。社会经济的发展使得社会关系网络结构与经济关系网络都发生变迁,地方性银行要主动适应这一变化,通过构建企业团体、发展中介层模式和建设贷款中心三种模式,来扩大关系型贷款的规模与边界,应对关系竞争,加固关系结构,实现跨区域扩张。

6.从关系型贷款的违约风险现状来看,主要表现在获取信息的难度较大,信贷市场的不完全性造成的信贷违约行为,宏观经济对企业的整体影响也在一定程度上加剧了违约风险。从银行自身的角度来看,银行风险管理制度的不完善、银行市场的高度集中和单一的业务品种,阻碍了银行对企业信息的充分获取;利率市场化程度、融资市场不完善、非正规金融的无规范竞争,抑制了正规银行对于中小企业关系型贷款的发展。本书利用 Heckman 选择模型实证分析了中小企业关系型贷款违约因素,实证分析发现企业规模、企业年龄、第一股东持股比例、企业逾期未偿还贷款数量以及关系银行数量和银行提供服务数量等数据指标与中小企业关系型贷款违约存在一定关系。

本项研究的主要学术贡献有:

1.从经济学和社会学的交叉学科角度来分析关系型贷款的"关系"。从经济学角度分析了关系型贷款的产生、发展与信贷市场结构演进,分析了关系型贷款的特征与运行机制;从社会学角度分析了社会信任结构的演化与社会资本结构的变迁。将两个学科统一到对关系型贷款的"关系"研究上,以此探讨银企关系的本质与特征,认为"关系"的本质是信任,外在表现是关系网络,内在价值是社会资本。

2.构建综合性的关系强度度量模型,并对关系强度进行测算。已有文献对关系强度的度量大多采用单指标度量法,采用关系长度、关系距离、关系规模、关系深度等指标。本书将关系长度、关系规模与关系深度等 6 个指标统一构建"关系强度"综合虚拟指标,来对"关系"进行度量,并进行了有效性检验。

3.建立基于市场调查基础上的适合于地方性银行实际需要的客户信用评价模型。采用专家意见法和层次分析法相结合的方法来构建模型,既能更充分地反映银行一线信贷经营与管理人员对社会资本的利用,同时更能体现对"关系"的重视,将"关系"因素融入企业信用评价中。

4.建立关系型贷款的贷款定价模型。用"关系强度"变量与"企业信用等级"变量来构建贷款定价模型,具有一定的独创性,能更充分地反映关系型贷款中银企关系在贷款定价中的价值,既符合理论逻辑,同时又具有很好的可操作性。

5.提出关系型贷款"关系"扩散的三种路径。在社会经济关系网络结构及社会资本结构变迁,以及地方性银行跨区域经营的背景下,提出三种"关系"扩散路径,分别是构建企业团体、发展中介层模式和建设贷款中心。既为银行扩大关系型贷款和应对关系竞争、加固关系结构提供工作思路,也为银行跨区域扩张下迅速构建关系型贷款体系提供策略参考,对银行实际工作而言,具有较好的应用层面上的创新。

本书由哈尔滨学院程宇、吴旭峰及丰加颖共同撰写。其中程宇负责撰写第3章、第5章、第7章、第8章和辅文部分,并负责全书的统稿工作,撰写字数合计约13.1万字;吴旭峰负责撰写第1章、第2章和第6章,撰写字数合计约6.7万字;丰加颖负责撰写第4章,撰写字数合计约6.4万字。

在撰写本书的过程中,作者参考和引用了一些国内外文献,在此向相关学者表示感谢。限于作者水平及本书篇幅,书中疏漏之处在所难免,敬请读者批评指正。

作 者

2022 年 6 月

目　　录

第1章　导　论 ··· 1
1.1　选题的意义与背景 ··· 1
1.2　研究对象与方法 ·· 4
1.3　相关文献综述 ·· 7
1.4　研究逻辑与结构安排 ·· 14
1.5　创新点及有待进一步研究的问题 ······························· 16

第2章　信贷深化、企业成长与关系型贷款 ····························· 19
2.1　理论基础 ··· 19
2.2　信贷深化：从市场供给角度探讨关系型贷款的形成与发展 ··· 26
2.3　企业成长：从市场需求角度探讨关系型贷款的产生与发展 ··· 32
2.4　关系型贷款的特点与运行机制 ·································· 35
本章小结 ··· 38

第3章　关系型贷款的内涵、价值与度量 ································· 40
3.1　"关系"的内涵与特征 ·· 40
3.2　"关系"的本质：信任 ·· 43
3.3　"关系"的价值：社会资本 ······································· 47
3.4　银企关系价值的外在体现：成本与收益 ····················· 52
3.5　关系强度及其度量方法的比较 ·································· 55
3.6　关系强度的度量 ·· 61
3.7　关系强度的实证检验 ··· 72
本章小结 ··· 76

第4章　关系型贷款的"关系"应用与扩散 ····························· 78
4.1　"关系"在企业信用评价中的应用 ···························· 78
4.2　"关系"在贷款定价中的应用 ·································· 93

4.3 "关系"在贷款风险管理中的应用 ………………………………… 103
4.4 地方性银行发展对关系型贷款的影响 …………………………… 106
4.5 银企关系的变化与关系型贷款的挑战 …………………………… 111
4.6 关系型贷款的"关系"扩散路径 ………………………………… 113
本章小结 ……………………………………………………………… 128

第 5 章 关系型贷款融资便利有效性研究 …………………………… 130

5.1 中小企业融资约束的理论分析 …………………………………… 130
5.2 关系型贷款融资便利有效性实证研究设计 ……………………… 135
5.3 关系型贷款融资便利有效性实证研究与分析 …………………… 142
本章小结 ……………………………………………………………… 150

第 6 章 关系型贷款促进融资便利的制度安排分析 ………………… 151

6.1 国外关系型贷款制度安排变迁 …………………………………… 151
6.2 我国关系型融资制度的构建分析 ………………………………… 162
本章小结 ……………………………………………………………… 166

第 7 章 关系型贷款的违约风险分析 ………………………………… 167

7.1 中小企业融资与银企关系发展特征 ……………………………… 167
7.2 关系型贷款违约风险影响因素 …………………………………… 169
7.3 我国关系型贷款业务发展存在的主要问题 ……………………… 172
7.4 关系型贷款违约实证分析 ………………………………………… 174
本章小结 ……………………………………………………………… 181

第 8 章 主要结论与政策建议 ………………………………………… 184

8.1 主要结论 …………………………………………………………… 184
8.2 政策建议 …………………………………………………………… 185

附表 样本数据一览表 …………………………………………………… 189

参考文献 ………………………………………………………………… 200

第1章 导　　论

本章对选题的背景与意义、研究思路与研究方法、本书结构安排等进行概括性介绍；对相关理论研究成果进行综述，并界定本书的研究对象；分析本书可能存在的创新点和有待进一步研究的问题。

1.1　选题的意义与背景

1.1.1　选题的背景

1. 现实背景

本书研究的关系型贷款是相对于交易型信贷而言的一种贷款模式。理论界对关系型融资的研究起步较晚，它是在金融中介理论的基础上，于20世纪90年代才引起经济学家的广泛关注。当前，关系型融资仍是金融理论研究的前沿问题，而关系型贷款是关系型融资最重要的组成部分之一。

我国是"银行主导型"的金融体系，银行信贷在社会资金融通总结构中占有最大的比重。一方面，在社会经济结构中，中小企业在企业群体中占有绝对的数量。2022年8月，工业和信息化部召开以"支持中小企业创新发展，培育更多专精特新企业"为主题的新闻发布。根据发布会的通报：截至2021年末，全国中小微企业数量达4 800万户，比2012年末增长2.7倍。2021年我国规模以上工业中小企业平均营业收入利润率达6.2%，比2012年末高0.9个百分点，发展质量效益不断提升。中小企业是数量最大、最具活力的企业群体，成为我国经济社会发展的主力军。从贡献看，我国中小微企业法人单位数量占全部规模企业法人单位的99.8%，吸纳就业占全部企业就业人数的79.4%，中小企业既提供了大量物质产品和服务，又成为吸纳和调节就业的"蓄水池"。同时，从银行角度来看，银行信贷客户中除大中型企业外，小企业、微型企业、个体经营者和农户在数量上占多数。若把上述这些经济主体统称为小微经济主体，则银行在信贷业务中要面对千千万万的小微经济主体。另一方面，在银行信贷市场细分中，全国性大银行和地方性小银行的市场定位是有所不同的。虽然大银行也服务于一些小微经济主体,但在大银行的业务比重中,大中型企业占据了主要地位。而地方性银行面向本区域内的企业、个人,主要服务于当地的小微经济主体。因此,信贷市场可以分割为两个子市场:一是依据当次信息进行信贷决策的交易型信贷;二是通过建立起来的长期的银企关系①,银行从"关系"中内生出企业的私有信息,并通过私有信息进行信贷决策的关系型贷款。

一般而言,大银行具有交易型信贷优势,而地方性小银行具有关系型贷款优势。

相比交易型信贷,银行在面对小微经济主体的信贷决策中,关系型贷款具有克服信息不对称所带来的逆向选择、道德风险等弊端的优势。在关系型贷款中,银行通过主动发挥信息创造功能,较全面地了解客户的财务信息和非财务信息,掌握客户的实际经营能力和信贷清偿能力,建立起激励相容的信贷合约,并能通过非正式制度安排来约束客户的违约行为。另外,在我国,信任关系的主体特征是人际信任,是建立在血缘、亲缘、地缘关系上的信任,社会信任度相对较低。可见,我国有关系型贷款的文化基础。

推进中小企业发展和促进新农村建设是当前我国经济建设的两大热点话题和难题,发展关系型贷款,提高中小企业、个体经济和农户等的贷款需求满足度,是推进中小企业发展和促进新农村建设的重要保障。同时,国内一些地方性商业银行充分利用当地资源,通过构建起形式多样的银企关系,发展关系型贷款,较好地解决了银企双方信息不对称难题,实现了银行与当地中小经济主体之间共赢发展,但缺乏足够的理论支撑,难以实现模式复制与跨区域移植。

由此可见,我国经济结构与社会关系结构共同决定了关系型贷款发展的重要性与紧迫性,如何全面地认识关系型贷款的本质,探索关系型贷款的一般规律,更好地发展关系型贷款,是我国社会经济发展的现实需求。

2. 理论研究背景

国外在 20 世纪 60 年代后期开始出现对关系型融资的相关研究,90 年代及 21 世纪初曾出现关系型融资研究的热潮,我国也从 21 世纪初期以来出现较多的研究成果,但国内外对关系型贷款的相关研究主要停留在对关系型贷款的内涵、功能、成本与收益的一般性分析,也有一些文献对关系型贷款的"关系"进行度量,但这些度量大都选取"关系持续时间""银企空间距离""融资银行家数"等

---

① 银企关系是指银行与其客户的关系,也就是本书所说的"关系"。银行的客户主要是企业,除此之外还包括事业单位、个体经营户、农户和城镇普通家庭与个人等,为简单起见,本书将银行客户的关系统称为银企关系。

比较容易获得数据的简单变量进行分析,难以反映出真实的银企之间的复杂关系。特别是国内的研究极少涉及对关系型贷款的"关系"度量,以及"关系"对信贷客户信用评价、贷款定价、风险管理等产生的影响及其实证检验等问题。

总体而言,当前我国关系型贷款理论研究存在四个方面的缺乏或不足:一是没有充分地揭示关系型贷款中"关系"的本质与特征,特别缺乏的是基于我国的社会信任特征与社会关系结构来揭示"关系"本质的相关研究;二是对我国关系型贷款中银企关系的度量不够全面、客观,难以反映出真实的银企之间的复杂关系;三是如何将"关系"应用于银行对客户贷款时的信用评价、定价和风险管理中;四是在城市化加速的背景下,社会信任关系逐渐发生变化,部分动摇了关系型贷款的以血缘、亲缘和地缘为纽带的传统的关系基础,关系型贷款的"关系"发生变迁,但对"关系"的变迁方向及路径没有进行很好的探索。另外,地方性银行的规模扩大以及跨区域扩张,其在本地小区域内建立起的有效的关系型贷款模式,却在新的区域内出现"水土不服",在理论上如何探讨关系型贷款的"关系"扩散规律,以帮助地方小银行解决现实难题,也是关系型贷款理论研究的任务之一。

1.1.2 选题的意义

本书在已有的关系型贷款理论研究的基础上,从经济学和社会学的跨学科交叉角度来探讨关系型贷款的发展规律。本书大量调研我国的社会特征及地方性银行的先进做法,探索关系型贷款中"关系"的一般性范畴并进行一般性度量,通过研究"关系"与信贷中客户信用评价、贷款定价、贷款风险管理等的关系,最终衡量"关系"在信贷管理中的价值。在此基础上,以城镇化为背景,探索关系型贷款的"关系"扩散规律。因此,本书研究的价值主要体现在以下两个方面。

1. 理论价值

本书试图搭建关系型贷款的理论分析框架,主要体现在:

(1)从经济学和社会学的交叉学科角度,以信息经济学和社会关系学理论为支撑,分析关系型贷款"关系"的形成与发展规律、"关系"的内涵与特点,分析关系型贷款的"关系"本质和价值,为关系型贷款构建更坚实的理论基础。

(2)以关系型贷款的"关系"为立足点,建立全新的"关系"度量方式,为更合理地度量"关系"提供新的视角和方法。

(3)研究"关系"在企业信用评价、贷款定价和贷款风险管理中的应用价值,部分地发展关系型贷款理论和信用评价、贷款定价和贷款风险管理等理论。

(4)研究地方性银行在跨区域扩张背景下关系型贷款的"关系"扩散规律与扩散路径,从理论上探索关系型贷款的发展趋势。

2. 实际应用价值

本书以"关系"为研究对象，立足调研来度量"关系"，并将"关系"运用到实际贷款工作中，主要体现在：

（1）全面分析关系型贷款中"关系"的本质与价值，分析企业的社会资本特征；充分吸收关系型贷款经验，揭示关系型贷款一般性运行规律，提炼形成较全面的关系型贷款运行特征，为银行充分利用社会资本建立起形式多样的银企关系，发展关系型贷款提供参考。

（2）结合实践调研来度量关系型贷款的"关系"强度，为银行把握和增进"关系"强度提供决策思路，并为银行如何运用"关系"来开展客户信用评价、贷款定价和信贷风险管理等提供决策参考，同时也为跨银行间关系型贷款的范式复制和模式推广提供帮助。

（3）为地方性银行在实现跨区域发展中如何解决关系型贷款的"关系"移植与"关系"扩散的难题提供指导，有利于地方性银行的可持续发展。

（4）促进关系型贷款的发展，提高中小企业、个体经济、农户等信贷市场上的相对弱势群体的贷款需求满足度，推进中小企业发展和促进城乡一体化建设。

1.2 研究对象与方法

1.2.1 研究对象

1. 研究对象

本书的研究对象是银企之间所形成的"关系"。"关系"是指银行与贷款客户及其群体之间，在业务交往中逐渐建立起来的，开展信息交流和形成相互约束力的纽带。"关系"以信任为基础，外在表现为社会经济关系网络结构，内在体现为社会资本，或者说，"关系"是在关系网络中所形成的社会资本。

"关系"不只是银行与贷款企业之间，而且是银行与贷款企业及其群体（关系网络）之间的纽带。它包含银行与贷款企业之间的关系，贷款企业与其所在网络中成员之间的关系，以及银行与企业所在网络（成员）之间的关系。另外需要说明的是，在本书的论述中，为了突出研究对象，常将关系二字加上引号，目的是表示强调之意，其指向、内涵等与未加引号的关系二字相同。

2. 相关概念界定

（1）银企关系。

本书所研究的银企关系，是指银行与其客户之间的关系。银行的贷款客户有各类企业、个体经营者、农户等,为方便起见,本书将银行与所有客户的关系统称为"银企关系",将银行的客户统称为"企业"。实际上,关系型贷款中银行的客户主要是小企业、微型企业、个体经营者和农户等。因此,在没有特别说明的情况下,企业就是上述这些经济主体的统称。另外,从规模大小不同的角度来称呼企业,有"大企业""大中企业""中小企业""中中小企业""中小企业""微小企业""微型企业"等,这些称呼在不同的文献中被采用。实际上,在很多时候用上述称呼都是一个笼统的概念,没有进行严格意义上的规模等级划分。本书将使用"大型企业""中型企业""小型企业""微型企业"等提法,将前者与后三者进行简单的划分,前者是指财务健全、能提供良好的贷款抵质押物品(本书将这种贷款担保状态称为"担保充分",相反则称为"担保不充分")的企业,银行主要依据其公开信息提供交易型信贷;后三者不作严格区分,统称为"中小企业",都是指财务信息不健全、担保不充分的企业,银行主要依据其非公开信息(内部信息)提供关系型贷款。

(2)地方性银行。

本书立足地方性银行来研究关系型贷款,因此有必要界定地方性银行的范畴。地方性银行主要是与全国性银行相对应,是指其业务活动局限于某个区域或某些区域,主要为区域内的经济主体提供融资服务的银行业机构。为方便起见,本书将城市商业银行、农村商业银行、农村合作银行与信用社、村镇银行、农村资金互助社等纳入地方性银行之列。

在很多的相关研究中,将银行业机构划分为大银行与小银行两大类。本书同样也不对大银行、小银行的规模进行严格区分,而是简单地将大银行与全国性银行等同,小银行与地方性银行等同。

关系型贷款不是小银行专属业务,大银行也要根据客户特征开展关系型信贷,如大银行针对微小经济主体开展的一些微贷业务。但许多的国内外文献都得出相似的结论:大银行具有交易型信贷优势,小银行具有关系型贷款优势。为方便分析,本书将关系型贷款的提供者局限于地方性银行。一是因为地方性银行立足本地开展业务,是关系型贷款的最基本市场;二是认为通过对地方性银行关系型贷款的研究,探索其信贷规律,同样也适用于其他银行的关系型贷款。

(3)关系型贷款与交易型信贷。

这是一组相对应的概念,本书简单地将信贷分为关系型贷款和交易型信贷两类。其中,关系型贷款是指银行通过与客户进行长期多种渠道的交往,积累了大量的客户及其业主的相关软信息,并主要依据这些软信息及历史交易信息而发放的贷款。"软信息"是一个较为宽泛的概念,包含一切不能用确定的财务数据或指标("硬信息")来表示的信息,具有非正式、模糊、推断等特征。交易型信贷是指银行依据客观的评价指标,通过对客户的公开性的财务指标进行评价而发放的,仅适合于当次决策的贷款。

银企关系有很多表现形式,本书认为,关系型贷款与交易型贷款的核心区别在于银企关系表现形式的不同。交易型贷款的银企关系是显性的,仅仅体现在业务交往中,其信息是公开的,贷款交易是一次性的,每次的贷款定价都是基于当次对企业财务信息、担保信息等公开信息的评价而确定的。而关系型贷款的银企关系是隐性的,体现在长期的人员与业务交往中,信息是连续的和私密的,每次的贷款定价都是基于银行对累积内部信息的评价而确定的。

(4) 社会资本。

本书认为,社会资本是指在信任基础上所形成的社会资源,或者说是指在社会关系网络中所形成的信任资源。社会资本由区域社会文化、区域社会关系网络和经济关系网络所构成,区域社会与经济关系网络中各成员彼此间通过频繁的交流、接触和互动产生了信任,这种信任生成了声望和制约关系,从而能够使网络成员对稀缺资源进行配置。因此,社会资本的产生以信任为基础,关系网络是社会资本的外在表现,信息共享、协调行动与声誉约束是社会资本的内在功能。

这里需要特别说明的是,本书的社会资本与马克思的社会再生产理论中的社会资本是两个截然不同的概念。马克思所考察的社会资本是立足于社会生产平衡思想,与单个资本或个别资本相对应,是指社会中互相交错、互为前提、互为条件的所有单个资本或个别资本的总和。因此,马克思分析社会资本实质上是研究资本积累与再生产问题,而本书研究的社会资本的实质是个体在社会交往中自发形成的信任关系资源。

1.2.2 研究方法

本书所研究的"关系"既是经济学问题,又是社会学问题;既需要在跨学科背景下进行理论推导,又需要进行大量的调研和数据分析来检验和说明规律。因此,本书采用多种方法进行交叉研究,基本方法有如下三种。

1. 理论分析

采用系统工程的方法建立银行关系型贷款与社会信任形式及社会资本之间的关系。通过比较分析、归纳与演绎相结合的方式,研究关系型贷款的一般运行原理与规律,提炼关系型贷款的运行特点,分析关系型贷款中"关系"的内涵、本质与价值,分析黑龙江省地方性银行的跨区域扩张模式,以及"关系"演化规律和扩散规律。

2. 调查分析

采用实地调查与问卷调查相结合的方法,以德尔菲法分析关系型贷款企业信用评价指标,以层次分析法来研究信用评价规模。另外,采用社会调查方法,对黑龙江省地方性银行面临的社会关系,以及地方性银行的信贷模式与信贷运行方法进行调研,掌握关系型贷款的一般性运行机制。

3. 实证分析

首先,用因子分析综合评价方法来测算关系强度。其次,采用相关分析方法与回归分析方法,在相关性检验的基础上,通过建立关系强度和贷款满足率的线性回归模型,用以定量分析关系强度对贷款满足率的影响大小。最后,建立企业贷款利率、信用等级和关系强度之间的回归模型,测量信用等级和关系强度指标对贷款利率的实际影响大小。

1.3 相关文献综述

根据本书的研究对象与研究内容,将围绕关系型贷款,以金融中介理论为基础,从社会学、信息经济学等多角度来综述已有的研究成果。

1.3.1 金融中介与关系型贷款优势的研究

为什么会存在金融中介,信息经济学和交易成本经济学都对此做出回应,金融中介理论的研究以信息经济学和交易成本经济学为分析工具。金融中介理论真正形成于20世纪60年代,早期的理论认为金融中介的存在是因为交易成本和信息不对称,Gurley和Shaw(1960)认为,金融中介利用了借贷中规模经济的好处,以远低于大多数个人贷款者的单位成本进行初级证券投资和管理;Benston George(1976)认为存在交易成本、信息成本和不可分割性等摩擦的市场,是金融中介产生并存在的理由。随着金融中介理论的发展,人们认识到金融中介的存在将增强金融风险管理能力。Diamond和Dybvig(1983)提出D-D模型,从流动性转换功能角度证明了存款类金融中介机构存在的理由。Leland和Pyle(1997)[①]等人证明,金融中介有信息生产功能,且具有控制事后道德风险的能力。

金融中介既然具有信息生产功能,那么银行就应该在信贷市场中具有创造

---

① 转引自林琳:《金融中介发展、利率市场化与县域资本配置效率》,载于《上海金融》,2011(7):21-27.

"私人信息"的优势,而这些"私人信息"在一定程度上可以降低银企双方信息不对称的弊端。另外,金融中介具有风险分析功能,具有信用增级功能,能降低投资者的参与成本并扩展金融服务(Bert Scholtens 和 Dich van Wensveen,2000)。因此,金融中介理论是本书研究的理论起点,也就是说,金融中介(本书特指银行业机构)具有"关系"创造和"关系"管理的功能。

1.3.2 从社会学角度对关系型贷款的"关系"内涵与功能的研究

从社会信任及社会资本角度来分析关系和关系型贷款,是关系型贷款的另一种分析视角。卢曼(1979)将信任分成人际信任和制度信任,前者以人与人交往过程中建立的情感关联为基础,后者以社会的规范制度、法律规范制约为基础。福山(Fukuyama,1995)认为信任是一种普遍的文化特性,是人们从一个由规矩、诚实、合作、互惠行为所组成的社群中分享的规范和价值观中产生的合理预期。

在经济学家的视角中,信任被看成是减少交易成本的理性人行为。阿罗(Arrow,1974)认为,信任就是经济交换的润滑剂,是控制契约最有效的机制。另外一些经济学家则把信任和风险联系在一起,认为信任是理性行动者在内心经过收益计算的风险的子集,即计算性信任。而在管理学的视角中,信任被看成所预期的合作即组织信任的根本(鲍威尔,1990)。叶建亮(2002)将信用定义为如何保证个体在交往中恪守承诺并且相信他人恪守承诺。白春阳(2009)指出信任是一种多层次、多维度的社会心理现象,是对复杂社会现象的一种抽象概括。在人际交往中,信任作为一种交往态度,也作为一种价值心理,更是一种文化模式,同时还作为一种社会资本。

信任产生社会资本。Lyda Hanifan(1916)主要从社会学角度首次提出并界定了社会资本,强调社会资本是个人和家庭构成的关系,而这种关系具有获取资源、满足需求的特征。最先将社会资本引入经济学分析中的是 Loury(1977),他将社会资本定义为促进或帮助获得市场中有价值的技能或特点的人之间自然产生的社会关系。对社会资本的研究,大多支持"社会关系网络所产出的社会资本对关系网络的稳定和整体经济利益的获取产生积极作用"的观点。

1.3.3 从信息经济学角度对关系型贷款及关系内涵与功能的研究

对关系型贷款中银企关系的关注和研究可追溯至 20 世纪 60 年代初的 Hodgman(1961、1963),他对银行关系价值进行研究,强调银企关系对货币政策作用机制的影响。在此基础上,Kane 和 Malkiel(1965)的研究显示,稳定的存款关系能降低可贷资金的波动性,进而增加银行贷款组合的单位风险回报。

第1章 导　论

Macneil(1975)也认为关系型贷款存在基于交换关系(Exchange Relations)的契约，契约型交换存在着两种交易特征即关系型(Relational)和交易性(Transactional)，他认为这种关系型契约嵌入了私人关系，在长时间的持续过程中，事前比较难确定的计划，可以通过交换关系(Exchange Relationships)来界定关系结构并约束契约履行。当交换关系中在这些方面表现出较强的关系性时，关系型契约就会形成。而关系型契约作为关系型贷款研究的最初形式，为关系型贷款研究的出现做了准备。

以什么表现形式来构建关系型贷款？在早期对关系型贷款的研究中，常见的是以企业与银行建立贷款协议为"关系"，研究其对企业股价的影响或检验关系的价值(如 James,1987；Slovin 等,1988；Lummer 和 McConnell,1989)。此后，人们更多地立足于隐性关系来研究关系型贷款，其中以研究区域银行(或称社区银行、地方性银行)与中小企业之间的长期关系对贷款市场的影响居多(如 Petersen 和 Rajan,1994；Berger 和 Udell,1995)。

对于关系型贷款的内涵界定其实也并未形成一致的意见：Allen(1992)等学者认为关系型贷款是"银行和企业通过长期的信贷变易，银行可以了解企业的私有信息和真实动态，根据这些信息决定是否发放贷款给企业以及发放贷款的金额"。Berlin 和 Mester(1998)认为关系型贷款是"一种银企之间的协议，银行通过协议，充分了解中小企业的各种信息，从而建立稳固的信贷关系，这将会达成双赢，中小企业得到所需要的资金，银行业降低了其信贷风险"。Ralf Elsas(2002)将关系型贷款定义为："企业和特定的银行之间的长期合作，每次银行都会根据前几期和当期企业的经营发展实况，同时核对上一期企业提供给银行的抵押、担保品以及是否能按时还贷等这些必要的信息，来决定这期的信贷政策。"Berger 和 Udell(2002)认为，关系型借贷指银行的贷款决策主要基于通过长期和多种渠道的接触所积累的关于借款企业及其业主的相关信息。通过分析学者对关系型贷款的定义我们可以发现，关系型贷款存在着银行和企业间的长期信贷关系信息(Berger 和 Udell,2002)，因此要实现关系型贷款必须具备：(1)除了公共信息之外，融资机构倾向于了解企业的不公开的私有信息；(2)通过长期的银行和企业的合作来获得额外的有效信息；(3)一般人很难获得这些信息(Boot,2000)。贺海虹(2000)提出，关系型融资是为适应小企业的特殊情况出现的，关系型融资绝不等同于人情贷款，它是建立在双方彼此了解和相互信任的基础上，给予老客户的优惠。尽管理论界对于关系型贷款的内涵界定还没有达到统一，但一般而言都包含以下几个方面的内容：(1)关系是长期交往的结果；(2)关系是指银行获得除公开信息之外的"私人信息"；(3)"私人信息"具有专属性或保密性；(4)关系具有互惠性，能增进信贷双方的互信(Peterson 和 Rajan,1994；

Ongena 和 Smith,1998;Berger,1999;Boot,2000;青木昌彦,2001;等等)。

在形式上,青木昌彦等(1997)认为关系型融资包括三种形式:日本主银行对关系企业的融资,美国银行对资金短缺的中小企业的融资,风险资本家对创新企业提供的融资。崔向阳(2007)将关系型融资概括为五种形式:持有股权的关系银行借贷、不持有股权的关系银行借贷、合作金融、民间金融、风险投资。在功能上,关系型贷款具有提高信息对称度(Bhattacharyya 和 Chiesa,1995),提高中小企业等信息透明度低的相对弱势经济主体的贷款可获得性(Sharpe,1990;Berger 和 Udell,1995),以及有助于实现贷款条件的跨期优化(Petersen 和 Rajan,1995)等。

一些文献还研究了关系型贷款与银行组织结构的关系,许多的研究结果支持小银行或社区银行在发放关系型贷款上存在比较优势,而大银行在发放交易型信贷上具有比较优势,由此产生"小银行优势"(Small Bank Advantage)的假说。如 Berger 和 Udell(1995)、Levonian 和 Soller(1995)发现小银行比起大银行更加倾向于向中小企业提供贷款。Berger(1998)根据 1993 年美国中小企业的调查数据,发现在大银行合并后,中小企业的贷款可获得性降低;而小银行之间的合并则会提高中小企业的贷款可获得性。

Boot 和 Thakor(2000)认为,一国中小企业在数量、创造社会财富、解决就业、促进经济增长等方面都占主体地位,那么该国一定更加适宜普遍采取关系型融资制度。

1.3.4 关系型贷款的收益与成本的研究

国外针对关系型贷款的成本与收益问题的一般性理论研究相对较多,但国内外针对我国地方银行的信贷环境,在调研基础上所开展的关系型贷款成本与收益研究文献却较少。

关系型贷款的一般性成本主要有:(1)信息成本与监督成本。信息生产是有成本的,但信息生产的边际成本明显递减。在长期关系中,信息成本可以得到跨期分担,从而能起到降低成本的作用。同时,长期关系有利于降低监督成本(McConnell,1989;Berger 和 Udell,1995;Peterson 和 Rajan,1994、1995)。(2)软预算约束问题。关系型贷款由于建立长期的关系,其信贷合约具有灵活性。在借款人财务恶化的情况下,由于长期关系的存在,一方面银行被动地延长合约期限,另一方面银行也会主动跨期管理来延续合约,都有可能增加信贷损失的可能性(Bolton 和 Scharfstein,1996)。(3)关系锁定问题。由于私人信息具有保密性,就可能形成信息垄断,产生贷款利率偏高的结果,进而出现降低关系型贷款的吸引力等问题(Rajan,1992;Schmeits,1997)。

关系型贷款的一般性收益主要有：(1)激励双方信息交流，有利于银行获得更全面的信息，一定程度上可解决信息扭曲问题(Yosha,1995)。(2)规模经济、范围经济和信誉效应。信息生产具有规模经济，银行可以通过借款人的业务关系、社会关系等扩大关系型贷款规模，成本递减效应明显；同时，银行可利用信息优势提供更多的金融服务，实现范围经济；另外，长期关系存在信誉效应，可降低监督成本(McConnell,1989；Berger和Udell,1995；Peterson和Rajan,1994)。(3)有利于实现信贷合约的跨期平滑，建立更稳定的信贷关系(Peterson和Rajan,1995；Degryse和Van Cayseele,2000)。(4)宣告效应。长期的信贷关系可以形成对借款人的宣告效应，有利于借款人更好地对外开展业务(Best和Zhang,1993)。

1.3.5 关系型贷款的关系强度衡量与应用的研究

首先是关系强度指标的选择与度量的相关研究。已有相关文献在选择关系强度指标时，主要采用关系长度(银行与企业的合作时间)的指标，如Peterson和Rajan(1994)选取平均关系长度为10.8年的3 404个企业来度量关系强度；也有部分研究采用关系规模、关系距离或关系深度等指标来衡量关系强度，如Degryse和Ongena(2003)采用关系距离指标、Barth(1997)采用关系规模指标。

其次是关系强度对贷款影响的实证分析。常用关系强度对企业贷款的可获得性之间的实证分析，或关系强度对企业贷款利率之间的实证分析，来说明关系对贷款的影响情况。总体来说，虽然关系距离被一些文献证明对贷款的影响有限或不受影响(如Degryse和Ongena,2003)，但实证分析在总体上支持了关系长度、关系深度与企业贷款之间的正向关系，而关系规模与企业贷款之间存在反向关系，即银企关系持续时间越长，或银行与企业之间发生越多的业务服务，则企业越有可能从银行获得贷款，且贷款条件也会改善；企业与多家银行存在关系会对其贷款可获得性产生负面影响。如Peterson和Rajan(1994)采用了基于逆向选择和道德风险的关系银行模型，得出"关系长度与银行掌握的信息成正比，与贷款利率成反比"的结论。Boot和Thakor(1994)认为随着关系长度增大，贷款条件会降低。Berger和Udell(1995)、Elsas和Krahnen(1998)等也得出相似的结果，证明关系长度成为对银企关系强度比较有解释力的重要指标。但也有部分实证研究没有支持关系长度的正向作用，如Blackwell和Winters(1997)在分析美国两家银行控股公司后认为，关系长度没有改善企业贷款可获得性，也没有影响贷款利率。Deryse和Van Cayseele(1998)发现银企关系长度不能持续增长，原因是关系时间越长，贷款条件反而恶化；或者是关系在建立初期对贷款可获得性具有正向作用，但随着关系长度的增加，其作用不断衰落或不起作用。

Cole等(2004)得出关系规模与企业贷款存在负相关关系,其中大银行的决策具有统计上显著性,而小银行决策在统计上不显著,其解释是银行一般愿意成为企业独占性的金融服务提供者,即关系规模与企业的贷款可获得性负相关。

国内对关系型贷款的研究大多立足于理论借鉴与逻辑推导,对关系强度的研究较少,个别如曹敏等(2003)从企业"年龄"与"合作关系"两个角度来度量广东外资企业与银行的关系强度;毕明强(2004)设计了一种基于贡献度分析的贷款定价方法,以贡献度来测算关系强度。另外,曹敏、何佳、潘启良(2003)和周好文、李辉(2004),以及崔向阳(2007)等对关系价值进行了检测,如崔向阳(2007)通过检验认为关系融资的经济价值主要体现在:增加了资金可得性,降低了贷款利率;小企业能得到关系融资的最大好处,小银行具有关系融资的比较优势。

1.3.6 基于软信息的信用评价模型及预测效果研究

在软信息的内涵方面,Boot和Thakor(1998)认为软信息是指银行贷款负责人在提供金融服务的过程中,通过与借款人多维度的接触而获得的定性信息。Stein(2002)正式地提出了硬信息(Hard Information)和软信息(Soft Information)概念,认为硬信息是指容易编码、量化和传递的信息,除了信息生产者,其他人也可以直接证明信息的真实性;而软信息是指很难量化、传递和证实的信息,除了生产信息的代理人之外,其他人不能直接证明信息的真实性,具有较为明显的人格化特性。二者之间的最大差别是标准化程度和是否能够直接证实。国内学者研究认为,软信息是相对于容易量化和传递的硬信息而言,通常是不易量化的信息、无形资产和非法律形式约束,如人与人之间的血缘关系,贷款者的工作能力、信誉、关联博弈等(林毅夫和孙希芳,2008),是与贷款者的品质、行为和行业内信誉等相关的难以直接观察、量化和传导的具有明显人格化特性的信息类型(柳松和林贤明,2011)。

在软信息的指标体系及获取途径方面,陆丰(2012)认为由于软信息具有难以量化和传递的特点,银行应该有针对性地收集企业的相关软信息:第一,拟定关键的软信息指标,指导客户经理有效收集非财务信息;第二,可以通过非贷款业务了解客户,如先通过为其提供存款、现金管理等各种中间业务服务建立合作关系,积极主动了解客户;第三,积极拓展中小企业所在的"三圈三链"提供集群式金融服务。马艺桂(2014)认为软信息具体包括业主的管理经验、企业生产环境和企业外部环境等。Eminlia(2007)则认为考虑到软信息具有不易以书面形式记载或证实的属性,所以取得软信息的渠道较少。宋徐徐和许丁(2012)认为如何加强和完善对企业软信息的收集与处理是贷款工厂能否成功、高效和持续运作的关键,对此建议银行应长期、直接、多渠道地收集信息,同时加强贷款人员的素质培训和建立相应的激励机制,做好风险管理工作。学者们总体研究已较为全面,但是缺乏深入系统的研究。

在基于软信息的信用评价模型及预测效果方面,单纯的研究软信息的信用评价模型较少,研究集中在对中小企业信用评价上,徐旭初和颜廷峰(2012)通过文献总结认为中小企业信用评级主要包括:Z评分模型、模糊综合评价法、层次分析法、BP神经网络模型、支持向量机、投影寻踪六种方法。其中涉及定性信息评价的是模糊综合评价法、层次分析法、支持向量机等,国内就各方法研究较多并通过实际检验效果较好。Grunert,Norden和Weber(2004)运用德国银行数据,通过加入管理质量和市场地位两个定性因素研究发现,定性信息和定量信息结合比单纯依靠定量信息能更准确预测企业违约事件。国内学者潘席龙和苏静(2016)研究认为金融机构使用中小企业信息的选择有偏性,而充分使用软信息进行信息纠偏、信息弥合和风险识别是解决问题的关键,降低软信息成本是其基本前提,建议银行应对客户经理的正确贷款业务处理实行激励,防止频繁调动。

小型商业银行的比较优势得到充分论证,部分小型商业银行的实践也进一步证实了这一论点。通过关系型贷款有助于实现小型商业银行和中小企业的良性互动发展近年来得到了广泛认同,但研究的角度大多集中在缓解中小企业融资困境上,主要是理论论证和实证分析。但是很少从小型商业银行自身发展的角度出发,探究实施关系型贷款的具体措施,对小型商业银行实施敏捷化关系型贷款缺乏较为系统的研究,如何有效应用小型商业银行的比较优势是其服务中小企业发展自身的关键,也是发展普惠金融的关键。

综合上述的分析,我们可以得出这样一些结论:我国对关系型贷款的研究文献较国外的要少,特别是缺乏针对我国社会信任基础和社会关系来深入分析我国关系型贷款内在规律与"关系"本质、价值等的研究;同时,已有研究大多基于关系长度、关系规模、关系距离或关系深度等其中一个指标来度量关系强度,并以此研究关系强度与贷款可获得性或贷款利率之间的相关性,鲜见将衡量关系的长度、规模、距离、深度等变量结合起来形成反映银企之间关系强度的综合指标,再来测算关系强度对贷款的影响,并以此分析关系对贷款的应用;另外,如何适应当前地方性银行跨区域发展等形势的变化,来探讨关系型贷款的发展规律,也是现有文献所缺乏的,而这些正是本书力图解决的问题。

1.4 研究逻辑与结构安排

1.4.1 理论基础与研究逻辑

1. 理论基础

本书研究的逻辑起点是金融中介理论,基础理论是关系型贷款理论,研究的技术维度是信息经济学与社会关系学。

金融中介理论认为,金融中介的存在可以降低交易成本,产生信息优势,并能有效地进行风险管理。因此,金融中介能形成"私人信息",并能通过"私人信息"选择企业,进行贷款定价和风险管理。也就是说,金融中介具有关系融资的先天优势,这就是关系型贷款理论的逻辑起点。关系型贷款是现代信贷的一种模式,本书以信贷理论中的关系型贷款理论为基础,立足于对关系型贷款理论的贷款分析、贷款定价与贷款风险管理的研究。

同时,本书的研究对象是"关系",它既是社会学范畴,又是经济学范畴。因此,本书将社会关系学的社会关系网络分析方法与信息经济学的信息不对称理论分析方法相结合,将两种分析技术应用到对关系型贷款的"关系"分析之中。

2. 研究逻辑

本书研究的基本逻辑是:采用理论推导与社会调研、实证分析相结合的方法,在理顺理论关系与逻辑主线的基础上,对国内典型的地方性商业银行及其所在的社会关系环境进行全面调研,分析区域社会资本,掌握银企关系的关键变量,度量关系型贷款的"关系"强度,以此分析"关系"价值,并进一步研究地方性银行跨区域扩张背景下的"关系"扩散问题。

本书的基本研究逻辑如图1.1所示。

1.4.2 本书结构安排

本书从结构上看,共分为4部分。第1部分为第2~3章,分别从信息经济学和社会关系学两个视角分析信贷市场结构,以及关系型贷款的形成与发展,揭示关系型贷款中"关系"的内涵、本质与价值。第2部分为第4章,对"关系"在企业信用评价、贷款定价、贷款风险管理中的应用进行了介绍,并分析了地方性银行发展对关系型贷款的影响。第3部分为第5章至第6章,利用实证分析和比较分析,对关系型贷款的融资便利有效性、融资便利的制度安排、关系型贷款的违约风险进行了研究。第4部分为第8章,对全书的研究进行总结,并提出相应

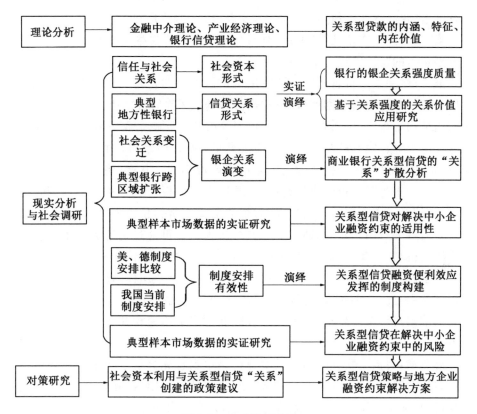

图 1.1 本书逻辑结构

的对策建议。

下面对本书的每一章进行简单的介绍:

第 1 章:导论,是本书的引入与总体介绍部分,分析了本书写作的背景与研究意义,研究对象与研究方法,总体框架结构与内容,并对已有文献进行综述,对本书的创新部分进行概括。

第 2 章:信贷深化、企业成长与关系型贷款。基于信息经济学的技术维度,从信息不对称理论出发,分别从信贷市场的供给与需求两个角度,以信贷深化与信贷市场结构优化、企业成长历程与资金需求变化为主线,来探讨关系型贷款市场的形成与发展,并分析关系型贷款的特点与运行机制。

第 3 章:关系型贷款的内涵、价值与度量。基于社会关系学的技术维度,探讨关系型贷款最为核心的纽带——"关系",分析关系的内涵与特征,银企关系的建立与发展,"关系"的本质,以及"关系"的价值。关系具有互惠性、稀缺性和扩散性的特征,体现了社会关系网络与经济关系网络的互动。"关系"外在体现为关系网络结构、内在价值为社会资本,或者说,"关系"是在关系网络中所形成的社会资本。另外,本章还对"关系"对银企双方产生的收益与成本进行了分析,对关系型贷款的"关系"进行了度量。

第4章:关系型贷款的"关系"应用与扩散。目的是将已度量的"关系强度"运用到银行对企业的信用评价、贷款定价和贷款风险管理之中。首先,在分析企业信用结构中得出:关系强度和企业信用等级共同反映企业信用总量,而企业信用等级由"品质""财务"和"担保"等两大类非关系性因素和5个关系性因素共同构成。本书通过层次分析法构建企业信用评价模型。其次,将测算出的企业信用等级用于银行对企业的贷款定价上,通过回归分析,说明"关系强度"和"企业信用等级"对贷款利率的影响程度,为企业贷款定价提供参考方法。最后,探讨银行如何将关系用于贷款风险管理之中,认为银行可通过构建关系激励机制与关系约束机制,来实现对关系的良好利用。另外,本书从不完备市场治理的三种方法入手,提出三种"关系"扩散路径,分别是构建企业团体、建设中介层模式和建设贷款中心。三种模式的提出,既为银行扩大关系型贷款和应对关系竞争、加固关系结构提供工作思路,也为银行跨区域扩张下迅速构建关系型贷款体系提供策略。

第7章:关系型贷款的违约风险分析。本章首先分析了中小企业融资与银企关系的发展特征,以及关系型贷款违约风险的影响因素,在此基础上,利用实证分析,验证了我国关系型贷款业务发展存在的主要问题。

第8章:主要结论与政策建议。归纳总结本书的研究结论,并提出在社会关系结构变迁和银行现代化进程中银行发展关系型贷款的相关政策建议,主要有:(1)立足社区,充分利用社会资本来构建长期稳定的银企关系;(2)充分利用"关系"的作用,积极支持企业及其所在的团体、区域或社区的社会资本产出;(3)创新关系型贷款技术,提高关系型贷款的科学性;(4)适应形势发展,主动探索关系扩散路径;(5)大力促进地方性银行的发展,为地方经济社会发展提供良好支撑。

1.5 创新点及有待进一步研究的问题

1.5.1 创新点

第一,从经济学和社会学的交叉学科角度来分析关系型贷款的"关系"。从经济学角度分析了关系型贷款的产生、发展与信贷市场结构演进,分析了关系型贷款的特点与运行机制;从社会学角度分析了社会信任结构的演化与社会资本结构的变迁。将两个学科统一到对关系型贷款的"关系"研究上,以此探讨银企关系的本质与特征,认为"关系"的本质是信任,外在表现是关系网络,内在价值是社会资本。

第二,构建综合性的关系强度度量模型,并对关系强度进行测算。已有文献对关系强度的度量大多采用单指标度量法,采用关系长度或关系距离、关系规模、关系深度指标。本书将关系长度、关系规模与关系深度等6个指标统一构建成"关系强度"综合虚拟指标,来对"关系"进行度量,并进行了有效性检验。

第三,建立基于市场调查基础上的适合于地方性银行实际需要的客户信用评价模型。采用专家意见法和层次分析法相结合的方法来构建模型,既能更充分地反映银行一线信贷经营与管理人员对社会资本的利用,同时更能体现对"关系"的重视,将"关系"因素融入企业信用评价中。

第四,建立关系型贷款的贷款定价模型。用"关系强度"变量与"企业信用等级"变量来构建贷款定价模型,具有一定的独创性,能更充分反映关系型贷款中银企关系在贷款定价中的价值,既符合理论逻辑,同时又具有很好的可操作性。

第五,提出关系型贷款"关系"扩散的三种路径。在社会经济关系网络结构及社会资本结构变迁,以及地方性银行跨区域经营的背景下,提出三种"关系"扩散路径,分别是构建企业团体、发展中介层模式和建设贷款中心。既为银行扩大关系型贷款和应对关系竞争、加固关系结构提供工作思路,也为银行跨区域扩张下迅速构建关系型贷款体系提供策略参考,对银行实际工作而言,具有较好的应用层面上的创新。

1.5.2 有待进一步研究的问题

受作者能力与本书篇幅限制,书中还存在诸多有待改进和完善之处,需要在后续的研究中进一步探讨。

在理论研究方面,本书试图立足经济学与社会学的交叉学科来揭示银企关系的本质。从实际效果来看,总体上实现了分别从信息经济学和社会关系学两个维度来分析关系型贷款的形成与发展,分析银企关系的内涵、本质与价值等,但还没有实现两个维度特别高效的交叉融合,逻辑性还有待进一步提高。需要在后面的研究中进一步理顺关系,形成更为科学的理论分析体系。另外,在关系扩散的理论分析中,虽然以不完备契约理论为基础,引出关系扩散的三个路径,但总体来说理论的支持性还不够强,对关系扩散中的关系网络结构变迁的内在规律还没有进行很好的剖析。

在实证分析方面。一方面,由于关系的内涵极为丰富,决定或影响关系强度的变量非常多。本书基于调查数据的可获得性,以 6 个变量来构建关系强度综合指标,但无法检测所构建的综合指标与银企关系实际强度之间的一致性问题。另一方面,本书基于对黑龙江省区域经济社会结构特征及地方性银行发展规律的调研与分析,来进行逻辑推导与实证分析,是否具有普适性还有待进一步分析和论证。

第 2 章　信贷深化、企业成长与关系型贷款

前文已指出,本书研究的逻辑起点是金融中介理论,基础理论是关系型贷款理论,研究的技术维度是信息经济学与社会关系学。本章首先基于信息经济学的技术维度,以信息不对称理论出发,从信贷市场发展所带来的资金供给结构优化、企业成长所带来的资金需求变化两个角度,来探讨关系型贷款市场的形成、发展,并分析关系型贷款的特点与运行机制。

2.1　理论基础

2.1.1　金融中介理论

金融中介理论是针对金融中介机构功能地位等方面进行研究的理论。所谓金融中介即是在资金供求双方之间起媒介作用的单位。一般将金融中介机构分成两类,一类是直接参与货币融通的金融中介机构,该类金融机构参与资金融通,并能创造货币;另一类是非货币的中介机构,该类金融中介在金融市场中仅履行在证券交易以及货币创造过程中的媒介作用,并不直接参与有价证券的交易以及货币创造的功能。在学术上有关金融中介理论的探讨主要划分为以下三个阶段。

1. 古典主义经济学时期

在古典主义经济学时期就有诸多的对金融中介理论的研究和探索,但由于当时金融体系不够完善,机构相对缺乏,在市场上参与货币流通的主要是商业银行,因此,早期的古典经济理论对金融中介的探讨实质上也就是围绕商业银行在社会经济中如何实现功能的研究和探索。亚当·斯密在《国富论》中就曾对银行在社会经济中的作用进行剖析,指出银行可以作为货币的媒介,能够有效利用社会资本,使社会中部分产业过剩的资本转移到资金匮乏的行业,能够有效促进社会产业的发展与进步。大卫·李嘉图(David Ricardo,1817)认为银行可以发行货币、充分货币流通媒介,有效沟通资金的供求双方,并且降低货币资本流通费,

对于社会资金的供求双方而言,起到一个有效的媒介作用。通过资金的媒介作用,银行对社会资本进行了再分配,资金得以在不同所有者间流通,使资金供给方能够通过剩余资金获得利息收入,而资金需求方也能通过资金获取扩大再生产,所以资金在供求方之间的流通提高了双方的利润水平。

2. 新古典主义时期

传统的金融中介理论是在新古典主义经济理论的发展利于社会经济方面进行的重大进步和变革,企业数量迅速增多,服务于企业的银行机构在数量和业务范围上都大幅进行扩展,对其在社会经济领域的研究和探讨也向着更深入和更广泛的角度进行。新古典主义对金融中介理论的研究中,阿罗－德布鲁(Arrow－Debreu)继承了古典主义经济学中对金融中介理论的观点,认为货币是中性的,虽然金融机构在资金流通的过程中充当着媒介作用,促进了产业资本的融合,但由于持有货币中性的观点,所以阿罗－德布鲁认为金融中介机构无效。相对而言,格利和肖的研究和论点更具有时代特色,两者认为,金融中介机构应更注重金融资产和资产证券化及其流通转化,商业银行作为金融机构中唯一能够创造信用货币的金融中介机构,应该更充分地发挥其金融证券化的作用。

3. 现代金融中介理论

现代金融中介理论发展于20世纪70年代,社会经济领域发生了翻天覆地的变化,为了应对不断变化着的外在形势,金融机构不断开展主体创新以及业务创新,信息经济学、网络经济学、制度经济学、博弈论等新兴交叉学科同时伴随其大批涌现。

一是流动性中介理论。Diamond、Dybvig(1983)以D－D模型为依据,证明存款类金融中介机构具有流动性转化功能,金融中介机构既承担着向存款人提供存款合约的角色,也承担着向借款人提供非流动贷款的角色。D－D模型首先阐述了金融中介机构的活期存款合约能为不同时间而进行消费的存款人提供较为有效的风险分担机制,提高了竞争性市场自身效率。其次,实行存款保险制度或者暂停提款来防止金融中介机构挤提。流动性中介理论促进了金融中介机构创新发展,认为不同类型金融中介机构的作用有所不同,商业性银行金融机构能提高其所持资产的流动性。

二是参与成本论。Allen,Santomero(1998)提出所有投资者实际上是"有限参与"而非全面参与市场,投资者直接参与市场投资既要承担接触金融工具所产生的固定成本,又要承担对其监督管理的边际成本。科斯基于现代企业的生产运作,将金融中介机构当成经济活动中的微观主体,以金融企业的投入产出为研究对象,进而探讨金融企业作为金融中介解决降低资金流动过程中的交易费用问题和资金供求双方信息不对称的问题。

三是风险转移理论。Allen,Santomero 提出破产成本、管理者自身利益、信息不对称性税收成本等四个要素是金融企业和非金融企业需要风险管理的原因。金融中介机构主要通过投资组合、互换掉期等多种方式进行风险管理。此外,莱兰德和佩勒等学者更深入地探讨了金融企业在解决社会经济中的信息不对称问题以及降低交易费用方面的作用。

四是代理成本理论。代理成本是由詹森(Jensen)和梅克林(Meckling)于1976年正式提出的。代理成本是指委托人为了防止代理人损害自己的利益,需要为代理过程制定严密的契约约束,并且实施严格的监督,因此花费一定成本。代理成本产生的主要原因是现代企业专业化分工导致所有权与经营权分离,企业所有者寻求企业利益最大化而经营者寻求自身利益最大化,委托人和代理人因此产生不同的利益导向。代理成本在企业管理理论中越来越被重视,代理成本理论内涵也在随着学者们的研究深入而不断得到扩展,主要包括三个方面:一是委托人拟定契约和监督的成本。委托人为了保护自身利益,防范代理人道德风险,首先必须拟定严格的合同并与代理人签订合同;其次事后需要进行监督。二是代理人提供的担保成本。代理人为了得到委托者信任可能需要向委托者缴纳保证金或者某种隐性担保成本。三是剩余损失,如代理人未履行约定造成的损失。

2.1.2 企业贷款违约理论

1. 信贷违约理论

20世纪80年代,随着经济发展,西方学者在信贷市场的分析和应用中引入信息不对称理论,这一理论在评价和分析贷款业务的过程中充分展示出来其优越性。在信贷市场中,实际上借款人和银行之间是信息不对称的,银行作为企业的外部主体,对借款人实际的生产经营状况和财务状况并不了解;而借款人或者贷款企业对自己的经营状况、财务状况、信用水平和偿债能力非常了解,所以在借贷的过程中企业或者借款人是处于信息的垄断地位。而由于银行在信息中所处的不利位置,面临着更多的信贷交易成本加大或信贷损失的风险。J. Stigiitz, A. Weiss(1981)用信息不对称理论合理地解释了信贷市场中的违约现象,两位学者分别从贷款利率、担保标准两个方面研究非对称信息信贷市场的本质,并且解释说明了信息不对称对信贷活动所产生的不利影响,并在此基础上提出了两个著名的经济学理论:逆向选择理论和道德风险理论(宋熔扶,2007)。信息不对称(Information Asymmetry)主要体现在决策前后,事前的信息不对称主要体现为逆向选择(Adverse Selection),事后的信息不对称主要体现为道德风险

(Moral Hazarrd),两种风险的主要区别在于信息不对称对事件前后的选择影响。

2. 不完全合约理论与企业违约

不完全合约理论是阿罗－德布鲁合约模型中的一种普遍情况,交易双方在竞争市场上一般都会追求自己效用的最大化,而非整体效用的最大化,面对复杂的市场和各种不断变化着的信息,很难直接得到一个或者多个商品的完全组合,这就给市场交易合约带来了不完全性。合约模型解释清楚了金融市场交易中的不完全性,对企业理论的发展产生了重要影响。在合约模型的基础上,不完全合约理论也逐渐成为经济学家研究和分析微观经济主体在市场中进行决策的有力工具(马力等,2004)。虽然在合约模型中对影响合约不完全性的因素进行了考量,但并未考虑到造成信息的不完全性以及市场不确定的因素,因此阿罗－德布鲁通过模型的研究并非是完美的。在市场中,交易主体的理性是有限的,信息是不够完善的,交易的环境也是时刻变化着的,进行交易的双方不可能将所有的因素都充分地考虑进去并根据市场环境时刻进行调整,这就会造成合约的不完全性。科斯(1994)放弃了追求完全理性而采用有限理性的观点来解释不完全合约,从而更现实地将合约的理论研究与经济事实结合起来。科斯承认了市场经济中信息的不完全对称以及市场的变化等因素,通过产权理论对交易成本进行修正,从而将不完全合约解释得当。完全合约属于一种完美情况,在现实情况中,合约往往是不完美的。斯蒂格利茨(1999)和施瓦茨(1999)也认为现实的社会经济中,真正完善的合约是不可能存在的,运用相对完美的理论去解释不完美的社会经济运行反而是一种更好的经济研究方式。

不完全合约理论在分析信贷市场时展现出了巨大的优越性,它以直观的形式、清晰的逻辑结构为我们进行经济分析提供了强有力的工具。在我国,市场经济正在向纵深发展,具有完整意义的市场经济意义上的信息流通和信用评级体系正在逐步建立起来。实践中,银行进行信贷审批时缺乏有效的信息。企业为尽快获得所需的发展资金,并不会将自己的实际情况报告给银行。地方政府在企业的信贷中也扮演着更多的角色。地方政府为扶持地方企业以及安定地方国有经济的改革,会选择政策性的贷款支持,而非银行根据市场对企业进行筛选的审批,所以在我国,借贷市场属于一个不完全信息的市场。

3. 软预算约束与信贷违约

软预算约束原本是分析社会主义国家中国有企业发生亏损后政府进行救助的,由 Komai(1979)提出。随着经济的发展和理论研究的深入推进,经济学家开始将预算软约束理论应用到银行与企业之间的信贷关系分析中。计划经济体制下,甚至是在转型中的市场经济中,企业并非是仅仅为了经济利益而存在的,企业还有相当一部分的政治角色,这与纯粹的市场经济体制中的企业有很大的不同。企业可能会为稳定员工而继续运营,在这样的情况下,企业容易发生生产与经营上的困境并且出现一定程度的财务危机。这也是预算软约束形成的真正原因。

4. 企业价值理论与信贷违约

企业是以盈利为目的的市场主体,其经营活动具有明确的盈利导向,并且为了生存与发展,还有一定的盈利要求,只有当企业能够为企业所有者持续带来利润时,企业业主才会将企业经营下去。企业与银行间发生信贷行为是由于企业缺乏资金,在生产以及再生产的过程中需要更多的资金支持,而信贷本身的目的在于持续的生产经营以及更多的利润。如果在企业发生信贷后,企业的生产经营遇到问题,开发的新产品或者新的经营模式并不能及时地给企业带来利润,那企业在面临资金以及经营上的困境时,会拒绝或者不能如期履约。企业可能会出现主动和被动两种情况,当企业发生重大亏损,企业资金紧张并且出现资不抵债时,在贷款到期时没有充裕的资金可以及时还款,会造成企业被动的信贷违约;如果在企业的信贷初期,企业获取信贷本身就是为了企业可以获得可用资金,谋取私利而非扩大再生产或者持续的经营,则到期企业可能会主动拒绝还款。

2.1.3 信息经济学理论

信息经济学理论是以信息经济学的透视方法形成的理论结果和知识体系。微观信息经济学理论是以不完全信息和非对称信息假设为前提进行的各种微观经济学研究成果,形成了当代最富特色的信息经济学理论。微观信息经济学理论是信息经济学理论的重要组成部分,信息不对称理论是微观信息经济学理论的基础。

1. 信息不对称理论

信息不对称理论产生于 20 世纪 70 年代,是由三位美国经济学家——约瑟夫·斯蒂格利茨(J. E. Stigliz)、乔治·阿克尔洛夫(G. Akerlof)和迈克尔·斯彭斯(M. Spence)提出的。信息不对称理论认为,交易双方对相关信息掌握的充分程度不同,信息掌握充分的交易者在交易中处于有利地位,信息掌握不充分的交易者处于弱势地位,尽管会通过市场竞争相互制衡,但是信息不对称依然是阻碍完全竞争市场形成的主要原因,导致市场经济资源配资效率降低。

从 20 世纪 80 年代起,西方经济学家将信息不对称理论引入金融市场理论,积极推动了金融中介理论的发展。信息不对称容易引起逆向选择和道德风险问题。在商业银行为企业融资过程中,在不能对每个企业信用和资金偿还概率做出可靠判断时,商业银行只能依靠市场行业平均水平制定贷款利率,但是稳定性高、经营效益好的企业会因为贷款机会成本高而放弃贷款,商业银行的贷款多被发放到那些经营管理相对滞后的企业,即为信息不对称造成的逆向选择。信息不对称还会引起企业道德风险继而导致贷款违约,第一,企业违反贷款协议,私下里将贷款用于高收益、高风险的投机性项目,这毫无疑问会在很大程度上降低贷款按期偿还的可能性;第二,企业在获取资金以后,对所投资的项目表现出漠不关心,如果项目出现亏损,也在很大程度上会导致贷款无法如预期进行偿还。因此,信息不对称是商业银行不良贷款产生的主要原因之一。

2. 柠檬市场

柠檬市场(The Market for Lemons)理论是 UC Berkeley(加利福尼亚大学伯克利分校)的乔治·阿克尔洛夫教授最早提出的,其因此获得 2001 年诺贝尔经济学奖。其在 1970 年发表于《经济学季刊》的《柠檬市场:质量不确定和市场机制》一文中提出了柠檬市场理论,并举了二手车市场的案例,成为非对称信息学(Asymmetric Information)领域的经典文献。

柠檬在美国俚语中是次品的意思,柠檬市场指的是在信息不对称的市场中,商品的卖方比买方对商品质量拥有更多的信息,而且存在欺骗性交易,即在缺乏管制的情形下,质量差的卖家会虚假宣传。买方由于难以分辨清楚商品质量的好坏,也不敢轻信卖方天花乱坠的"忽悠",因此只能根据商品的平均质量确定的平均价格购买商品,以此避免信息不对称带来的风险损失。对于平均价格,质量好的商品自然吃亏,质量差的商品就占便宜,这种情况下,质量好的商品不愿低价出售,于是就被挤出市场,平均价格又随之下降,次优商品接着被挤出,这个过程不断重复,最后只剩下劣质商品,就变得市场无效率,极端情况下,市场就会萎缩,甚至消失。这就是逆向选择,即劣币驱逐良币。

在银行管理过程中,商业银行为企业提供融资的成本可以通过代理成本进行解释:一方面,银行是资金所有者即委托人,企业是资金使用者即代理人,商业银行期望获取最高租金并且风险最小,企业利用融资投入生产期望最大利润。商业银行对大企业信息能够充分掌握,代理成本相对较低。然而当银行为小企业提供贷款时,小企业信息相对隐蔽,形成高昂代理成本。另一方面,商业银行企业内部也存在委托代理关系,客户经理与贷款决策者(领导),即个人利益与企业利益,组织管理层级越多,信息掌握越难,则代理成本越高。特别是在提供关系型贷款决策过程中,由于软信息难以量化,具有模糊性等特点,导致代理成本增加。综上,内部委托代理应该简化组织结构,外部委托代理应该获取更多信息降低信息不对称。

2.1.4 金融抑制理论

1. 金融抑制假说

美国经济学家McKinnon和Shaw在20世纪60年代以来兴起的金融发展理论中提出了"金融抑制(Financial Repression)"的概念。并且在随后出版的著作《经济发展中的货币与资本》一书中对发展中国家的经济增长与金融发展之间的关系进行了深入探析,据此提出了完整的金融抑制假说理论。该理论认为:相对于发达国家,发展中国家在经济发展过程中有一个重要的特征就是存在金融抑制现象,具体表现为:发展中国家的政府通过控制利率、配给信贷资金、设立金融市场准入门槛或限定经营范围等手段来干预金融机构的金融活动,从而抑制了金融体系的发展。造成的结果就是金融市场被分割,同时存在着国家认可并干预的"正规金融体系"和民间金融生生不息的"非正规金融体系"。因此,正规金融体系被政府干预,国企、大型重工业等以充足、廉价的信贷融资的资金优先发展,而其他中小企业则信贷配给严重而资金匮乏,成为直接受害者。La Porta(1988)、Berger(2005)基于经验数据得出国有金融机构市场份额越高,可能会对非正规的民营金融机构产生挤出效应(Crowding Out),中小企业融资会越来越艰难。

其后,一些学者以金融抑制假说为理论基础,研究了非正规金融的影响及作用。如McKinnon(2001)继续基于金融抑制假说,将民间金融与发展中国家经济结合起来,研究认为民营性质的企业组织遭到歧视与排斥的现象促进了民间金融的发展。

2. 有关完善金融体系的研究

发展中国家的金融抑制如何得到缓解?金融机构体系会对中小企业融资产生什么样的影响?众多学者对此展开了研究,主流观点认为完善金融体系能够有效缓解金融抑制,且对中小企业融资带来帮助。金融体系对中小企业融资的影响研究方面,国外学者主要是实证研究,并且主要研究方向是:对信贷主要供给者——银行规模对于授信对象选择的影响。主流观点是小银行优势论,即中小型商业银行与中小企业融资关系的建立过程中具有相对于大银行的信息优势,因此中小型商业银行更倾向于为中小企业提供贷款。

Levonian和Seller(1995)对不同规模的银行贷款数据进行了分析,发现中小企业和银行的融资关系持续时间与银行规模存在很强的负相关关系。基于中小银行的信息优势,许多学者认为发展中国家金融抑制严重,需要建立中小银行,增加金融领域的竞争,让金融更加自由化,可以很大程度缓解中小企业融资困境。Gelos 和 Werner(2002)对 20 世纪 90 年代墨西哥金融自由化引起的不同企业融资效应进行了深入分析,发现金融自由化及金融市场竞争较为激烈的环境会让银行减弱对抵押、担保的依赖,缓解"抵押品少"的中小企业融资压力。Michael Aliber(2002)发现在乌干达和印度非正规民间金融是非正规部门的企业主创办企业所需资金的主要来源。

我国学者对于克服金融抑制、缓解中小企业融资困境的研究主要从金融制度的角度出发。邱龙广(2006)通过分析当年(2006 年)之前中小企业融资制度,认为:为了让中小企业在不同金融生命周期内都能够获得资金支持,应该建立起多层次、多领域、全方位的立体的、互动的中小企业融资渠道体系。肖玉香(2011)从制度经济学的角度提出,中小企业融资困境是我国现有融资制度的产物,应该打造多层次资本体系。

2.2　信贷深化:从市场供给角度探讨关系型贷款的形成与发展

2.2.1　信贷深化促进了信贷市场结构的优化

1. 信贷市场的发展与信贷深化

信贷是人类社会传统的经济行为。从广义上看,货币产生后所出现的货币借贷都可看成是信贷;狭义上将银行业机构对其他经济主体的货币贷出行为称为信贷。早期人类所发生的货币借贷是分散的,是熟人交往中的自发行为。货币借贷的发生是双方长期交往与合作的结果,主要是基于贷出者对借入者的人格信任。同样,在银行业机构产生后,早期的银行业机构的贷款主要是非生产性的,是高利贷信用,早期银行业机构在筛选客户时也基于对借款者的人格信任,借贷双方建立的是一种特殊的、带有极强的人格性和私密性的信用关系。

资本主义社会化生产的形成与发展需要大量集中社会货币资源,新式银行随之产生。新式银行将分散的小规模的私人资本转化为进入社会化生产的社会资本[①],充分保证了资本主义生产方式发展的资金需要。当时以商业票据为载体的融资成为银行业机构的重要信贷模式,亚当·斯密(1776)在《国富论》中指

---

① 此处的"社会资本"属于政治经济学范畴,与私人资本相对应,与本书其他地方基于社会关系学范畴的"社会资本"不同,两者存在差异。

出:谨慎的银行业务要求对贴现(贷款)加以限制,银行在分配资金时应着重考虑保持高度的流动性,使得银行只针对"真实债权人与真实债务人之间的真实交易票据发放贷款,只要该票据到期,它就可以得到债务人的偿付"。[①] 商业票据融资降低了银行对借款人的人格关注,促进了信贷关系从最初的借贷双方特殊信任关系向一般信任关系转变。银行更多是关注借款人的资产实力、财务运行情况和担保资产实力等。

同时,信贷市场的长期卖方市场特征也保障了银行更多地选择与资产实力强、财务状况良好和担保充足的借款人建立信贷关系,因为这样更有利于银行迅速地选择客户并降低经营成本。但是,这种信贷市场体系是不完整的,存在较严重的信贷配给问题。除一些实力雄厚的社会经济主体获得银行信贷外,还有很多的中小型、微型经济主体却得不到银行的信贷支持,只能通过自发的民间借贷来实现融资。因此,整个社会形成二元信贷市场。

二元信贷市场结构处于不断发展之中,这是因为:一是现代社会的发展,形成众多的中小型生产性经济主体,这些经济主体有自己的经济业务,有较好的现金流,基本能保证资本投入的安全与稳步增值;二是银行业的发展与业务竞争,促使银行不断地扩大信贷业务边界,寻找新的客户资源。因此,原先只能通过民间借贷获得资金的经济主体逐渐被银行所发现并提供信贷融资。同时,在一些中小型经济主体和微型经济主体相对较为发达的地区,产生专门服务于它们的银行,这些银行与当地这些经济主体建立长期关系,形成人格信任。银行的信贷市场不断扩大,信贷融资功能不断深化。

2. 信贷深化是信贷融资功能的拓展

金融深化(Financial Deepening)实质上是金融功能的发展,本书借用金融深化的概念,从功能视角来分析信贷市场的发展。

博迪、莫顿(2000)指出,金融的最基本功能是资源配置。信贷作为金融的核心内容,其基本功能是融资与资源配置(黄达,2003)。自从人类社会进入货币经济时代后,人们的生活及经济活动都离不开货币,势必出现货币余缺及调剂问题,从而形成货币融通需求,这是信贷功能的自发萌生。同时,信贷本身又是稀缺资源,一般来说,经济越不发达,则信贷资源的稀缺性越高;在一国经济发展的过程中,信贷扮演着一个极为重要的角色,信贷市场作为金融市场的重要组成部分,与资本市场、货币市场共同对实体经济的发展起着关键性作用。

金融深化是指政府减少对金融市场和金融体系的干预,放松对利率、汇率等

[①] 亚当·斯密. 国富论[M]. 文熙,译. 武汉:武汉大学出版社,2010.

的管制,取消信贷配给制,推进金融自由化。可见,金融深化中包含着信贷深化的内容。信贷深化是金融深化的核心组成部分,其含义主要包括减少对信贷投向的政策干预,提高信贷决策、利率定价与风险管理的自由度。信贷市场干预与管制的减少和自由化程度的提升,势必产生更多的金融机构,为更多的社会经济主体提供更为丰富的信贷服务;信贷供给结构更为完善,信贷融资功能得以拓展。

因此,信贷深化主要表现为以下三个方面:

一是信贷机构的多元化。信贷机构是信贷市场供给主体,信贷深化的结果是信贷机构的多元化,既有大银行、小银行等规模不同的信贷机构,也有存款类银行业机构和非存款类信贷公司等不同类型的信贷机构,还有不同市场定位的信贷机构。

二是信贷模式的多样化,包括信贷机构对客户的评价模式的不同、对客户贷款定价模式的不同,以及贷款风险管理模式的不同。如一些中小银行定位于服务区域中小微经济主体,与这些经济主体构建长期稳定的信贷关系,通过这种关系来评价客户、约束客户的经济行为,这就是关系型贷款。

三是信贷覆盖面更宽泛。从信贷机构取得贷款是每一个经济主体所拥有的经济权利之一,信贷深化将促使不同经济主体,特别是在传统信贷市场中处于弱势的中小微经济主体的信贷满足度得到提高,有利于促使信贷公平。

2.2.2 关系型贷款的发展是信贷市场非对称信息管理的必然结果

1. 信息不对称与信贷配给的产生

信贷机构以什么样的标准来选择贷款客户?一般而言,信贷机构会从以下两个方面来综合考虑:一是不对称信息的获取与掌控能力,二是交易成本的控制问题。当信贷机构能通过一定的模式选择与机制设计来获取客户的核心信息,并能实现对道德风险和逆向选择的控制;同时,信贷机构对其所采用的模式或机制能实现良好的成本控制时,信贷机构就会选择向客户提供贷款。

一直以来,传统的经济学研究的重要假设前提一是理性经济人,二是完全信息,在此基础上延伸发展而来的信贷理论也是建立在完全理性、信息完备和交易成本为零的基础之上的。但由于存在信息不对称和交易成本,人天生就具有机会主义倾向,即自利的个体会利用信息不对称进行信息不完整的透露或者歪曲的透露,以求利益最大化。对于信贷提供方而言,为了减少机会主义行为引发道德风险和逆向选择,它们以严厉但能有效规避风险的标准来选择客户,并淘汰许多客户,形成信贷配给。20 世纪 60 年代,以霍奇曼(D. R. Hodgman)、杰斐(Jaffee)等为代表的经济学家开始尝试解释在不存在制度约束的情况下信贷配给的成因,其中霍奇曼(1960)最早用违约风险解释信贷配给。在此基础上斯蒂格利茨等证明了信息不对称情况下,因为存在着逆向选择和道德风险,信贷配给将长期存在。一般认为越是不发达的经济体中,信贷配给现象越严重。对于不同经济主体而言,其信贷配给程度差别巨大,小规模的经济主体承受更为严重的信贷配给。一些研究进一步揭示,增加信贷供给对改善信贷配给状态的效果并不显著(Williamson,1987)。

2. 关系型贷款较好地克服信息不对称和交易成本问题,促进了信贷市场深化

一般情况下,信贷双方的信息不是完全对称的。如果客户能充分证明自身业务经营正常且盈利良好,并能为贷款提供充足的担保,那它就能获得金融机构的信贷。也就是说,客户需要具备健全、良好的财务和充足的担保。因此,财务评价和担保评价就成为传统信贷评价标准的基本内容。一方面,财务反映业务经营的大部分信息,金融机构对客户财务进行评价的成本要远远低于对客户经营活动的直接评价,但财务评价要以健全的财务记录为基础。另一方面,担保既是对信贷回收结果的保障,也是对借款者事先机会主义和事后机会主义的防范和制约。Williamson(1987)指出,抵押或者第三方规制能限制机会主义行为。

但在一个完整的经济体中,存在大量的中小企业、个体经营者和农户等经济主体,这些经济主体可能无法提供完整的财务报表,可能无法提供良好的抵质押物作为贷款担保;而且这些经济主体具有规模小、量多、分散的特点,信贷的交易成本大。银行要满足这些经济主体的贷款需求,就必须采用更有效的信贷模式,来克服信息不对称和交易成本问题,关系型贷款于是得以广泛发展。银行通过与借款人建立长期的合作关系,并通过这种关系来掌握借款人的内部信息,并实现对借款人的违约惩罚。另外,银行与区域内经济主体的信贷关系的普遍建立,有利于形成交叉信息产出和履约约束,有效地降低交易成本。

针对银行而言,不同的经济主体在信息管理中应采用不同的方式,由此产生不同的信贷模式。Berlin 和 Mester(1998)按信贷方式将银行信贷划分为交易型贷款(Transactional Lending)和关系型贷款(Relationship Lending),认为交易型贷款一般为一次性交易;而关系型贷款则是银企之间保持长期密切联系,形成长期隐性合作,其主要形式为额度贷款和承诺贷款。Berger 和 Udell(2002)则进一步将银行贷款按技术区分为财务报表型贷款(Financial Statements Lending)、资产保证型贷款(Asset-based Lending)、信用评分型贷款(Credit Scoring Lending)和关系型贷款(Relationship Lending)。其中,财务报表型贷款强调贷款决策和贷款条件设定是依据企业健全的、真实、透明的财务报表;资产保证型贷款强调企业所提供的抵、质押物品作为银行贷款决策与确定贷款条件的依据;信用评分型贷款是运用现代数理统计模型和信息技术对客户进行全面信用计量分析,通过评价客户信用水平而进行贷款决策。这种分类与 Berlin

和 Mester(1998)的分类总体一致,可将前三类贷款归并为交易型贷款(Transactional Lending)。

同样,本书将银行信贷市场划分为关系型贷款和交易型信贷两类。关系型贷款是指银行与其客户建立长期的合作关系,通过关系来积累起非公开的"私人信息",并依据"私人信息"进行贷款决策的信贷模式;交易型信贷是指银行依据客观性的评价指标,通过对客户公开性的财务指标进行评价而发放的,仅适用于当次决策的贷款。

2.2.3 我国的银行业结构决定了关系型贷款有良好的市场供给基础

从前面的分析可知,信贷深化促使信贷机构多元化,但不同的信贷机构有不同的市场定位,其所采用的信贷模式也有所不同。小银行及主要服务于某一区域的地方性银行主要面向中小微经济主体提供信贷服务,是关系型贷款市场的主要供给者。

我国的信贷市场供给主体主要是银行业机构,根据中国银监会的统计,截至2019年底,我国银行业金融机构共有法人机构3 800家,其中1家开发银行、2家政策性银行、5家大型商业银行、12家股份制商业银行、144家城市商业银行、212家农村商业银行、190家农村合作银行、2 265家农村信用社、1家邮政储蓄银行、4家金融资产管理公司、40家外资法人金融机构、66家信托公词、127家企业集团财务公司、18家金融租赁公司、4家货币经纪公司、14家汽车金融公司、4家消费金融公司、635家村镇银行、10家贷款公司、46家农村资金互助社。表2.1反映了我国银行业机构2011~2019年的资产变动情况。

从表2.1中可看出,2011~2019年,我国以城市商业银行、农村合作信用社、农村合作银行、农村商业银行、新型农村金融机构和邮政储蓄银行等为主体的地方性中小银行机构①的发展速度超过银行业整体发展速度,而大型商业银行的发展速度相对较慢。地方性中小银行机构资产合计在8年间增长了5.09倍,比银行业机构整体水平多增了1倍;地方性中小银行机构占全部银行业机构的资产比重增加了近5个百分点,达到24.01%。地方性中小银行机构的发展,既是金融深化的结果,同时又说明我国关系型贷款市场的进一步发展具有良好的供给基础。

---

① 邮政储蓄银行是国有大型商业银行,但其大量提供小额信贷,同时考虑到官方统计数据的可获得性,故将其与其他地方性中小银行合并分析。

第2章 信贷深化、企业成长与关系型贷款

表 2.1 银行业金融机构总资产情况表（2011～2019 年）

单位：亿元，%

机构	2011	2012	2013	2014	2015	2016	2017	2018	2019	增长倍数	资产比重（2011）	资产比重（2019）
政策性银行及国家开发银行	21 247	24 123	29 283	347 32	42 781	56 454	69 456	76 521	93 133	4.38	7.68	8.22
大型商业银行	160 512	179 817	210 050	242 364	285 000	325 751	407 998	468 943	536 336	3.34	58.03	47.34
股份制商业银行	29 599	36 476	44 655	54 446	72 742	88 337	118 181	149 037	183 794	6.21	10.70	16.22
城市商业银行	17 558	20 630	24 433	29 600	36 029	42 928	47 344	78 570	99 905	5.69	6.35	8.82
农村合作金融机构	26 894	31 332	37 206	44 195	55 991	71 437	86 397	106 583	128 599	4.78	9.72	11.35
新型农村金融机构和邮储银行	8 984	10 850	13 787	16 122	17 687	22 163	27 045	35 101	43 536	4.85	3.25	3.84
前三者小计	53 436	62 812	75 426	89 917	109 707	136 528	170 786	220 254	272 040	5.09	19.32	24.01
非银行金融机构	9 100	8 727	10 162	10 594	9 717	11 802	15 504	20 896	26 067	2.86	3.29	2.30
外资银行	4 160	5 823	7 155	9 279	12 525	13 448	13 492	17 423	21 535	5.18	1.50	1.90
银行业金融机构合计	279 584	315 330	374 697	439 500	531 160	631 515	795 146	953 053	1 132 873	4.10	100.00	100.00

注：农村合作（商业）金融机构主要包括农村商业银行、农村合作银行和农村信用社。增长倍数指标是指 2019 年底对 2011 年底的资产规模倍数，其计算公式为：增长倍数＝2019 年底资产／2011 年底资产。资产比重指标是指某类金融机构资产规模占金融机构资产总规模的比重，以 % 来表示。2011～2019 年为法人合计。

资料来源：《中国银保监会 2019 年年报》，中国银行保险监督管理委员会网站。

2.3 企业成长:从市场需求角度探讨关系型贷款的产生与发展

2.3.1 企业成长阶段的融资需求变化

对于任何一个企业,在其成长过程中的不同阶段有不同的资产结构与财务特征。为方便分析,把企业的成长划分为初创期、早期成长期、成长期、成熟期四个阶段。初创期为企业刚开始成立并逐渐开展业务的时期,该阶段的企业还处于摸索发展过程中,没有稳定的现金流;早期成长期的企业已找到自己的主业,但很多项目还处于培育时期,现金流不充足,企业规模与实力较弱;成长期的企业已有较好的盈利项目,有不错的现金流,企业的规模与实力快速增长;成熟期的企业有稳定的、良好的现金流,有较强的资金实力。

不同阶段的企业,其信贷融资途径是不同的。图 2.1 展示了企业成长与信贷融资之间的关系,其分析主要基于三个假设:一是假设每一个企业都经历初创期、早期成长期、成长期和成熟期四个阶段,即每一个企业都是从小企业发展而来,且都能发展壮大;二是假设企业的总融资量随着企业规模的扩张而增加;三是假设随着企业规模的不断扩大,企业的资产实力不断增强,抵质押资产也相应地增加。同时,企业的财务也将不断规范,企业的经营状况可以更多以财务报表等"硬信息"形式显现。

如图 2.1 所示,曲线 B 表示企业所获得的关系型贷款融资,曲线 C 表示企业所获得的交易型信贷融资。在企业初创时期(区域Ⅰ),企业主要依靠原始积累、非正规融资和私募基金等渠道获得创业资金。在企业早期成长阶段(区域Ⅱ),企业主要是获得关系型贷款融资和非正规融资。一旦企业与银行建立良好的关系,关系型贷款融资将迅速增加并替代非正规融资。随着企业生产经营的扩大,企业进入成长期(区域Ⅲ),企业不满足于关系银行所提供的关系型贷款,而在关系银行之外寻求交易型信贷融资。

在企业财务不断规范的配合下,企业所获得的交易型信贷融资不断增长,与关系型贷款同样成为企业融资的主要渠道,特别是在接近成熟期时,交易型信贷会取代关系型贷款成为最主要的信贷融资途径。在企业进入成熟期(区域Ⅳ)后,企业的融资渠道主要是交易型信贷和资本市场融资。由此可见,关系型贷款在企业成长中发挥着十分重要的作用。而且,即便一些企业发展壮大后,与原来的关系银行一直保持着良好的信贷关系。企业需要一家银行作为自己的长期合作银行,在关键时提供援助。

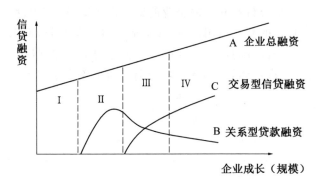

图 2.1 企业成长过程中的阶段性融资特征曲线

需要说明的是,企业的融资除了信贷(包括票据融资)渠道外,还有股票、债券发行等直接融资渠道。但在我国,企业的直接融资所占比重很低(见表2.2)。因此,在企业成长的不同阶段,信贷需求仍然是主要的。

表 2.2 社会融资规模统计表(2018 年)

社会融资	规模/亿元	占比/%
社会融资总规模	157 605	100
其中:人民币贷款	82 035	52.05
外币贷款(折合人民币)	9 163	5.81
委托贷款	12 838	8.15
信托贷款	12 888	8.18
未贴现银行承兑汇票	10 498	6.66
企业债券	22 498	14.28
非金融企业境内股票融资	2 508	1.59

资料来源:中国人民银行调查统计公开数据,中国人民银行网站。

2.3.2 不同规模企业的融资需求特征

不是每一家小企业都能发展成为大企业,也不是每一家初创企业都是小企业。但从一个社会的某个时点上看,大型企业、中型企业、小型企业、微型企业等同时存在,且从数量上看,一般满足金字塔形结构,即越是规模小的企业,其数量越多。因此,从某一个时点上看,一个社会或区域内大量的处于初创或早期成长期的小企业或微型企业,需要通过关系型贷款来满足其正常业务经营与发展的资金需求。

下面以图 2.2 来分析不同规模企业的融资需求特征。交易型信贷以财务评价和担保评价为基本的客户信用评价，成本低并且非常高效，但以此评价为基础就势必排斥了很大一部分的市场需求群体。根据财务记录状况和能提供的贷款担保情况，将信贷需求主体划分为四类，分别以四个象限来表示。

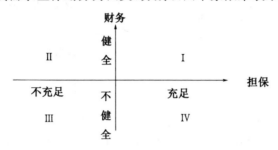

图 2.2　信贷市场区分示意图

位于第Ⅰ象限内的经济主体，其财务健全，并能提供充足担保；位于第Ⅳ象限内的经济主体，虽然没有健全的财务，但能提供充足的担保；位于第Ⅱ象限内的经济主体，其财务健全，金融机构可以运用财务评价选择良好客户，并通过担保创新，或在社会加强担保体系建设下满足其贷款需求。因此，位于上述三个象限内的经济主体都具有较强的外部信息，银行可以通过财务评价和担保评价来实施信贷决策，是交易型信贷的主要对象。而位于第Ⅲ象限的经济主体，既无法通过财务来外在客观地反映经营状况，又不能提供充足的担保，交易型信贷无法建立。但银行可以通过与这些经济主体建立长期的关系，通过内部信息来实现信贷决策，这就需要发展关系型贷款。

2.3.3　我国的经济主体结构决定了关系型贷款有良好的市场需求基础

改革开放以来，虽然我国经济总量实现了跨越式发展，但我国仍属于发展中国家，且不同区域之间的差异十分巨大。在我国，中小企业、个体经济和农户等中小微经济主体是经济体系的主要组成部分，占据了很大的份额。统计数据显示：截至 2019 年底，我国共有中小企业法人单位 494.2 万家，占全部企业法人单位的比重为 99.6%；吸纳从业人员 17 749.4 万人，占全部企业法人单位从业人员的比重达到 81.1%。

我们可以通过信贷需求结构来说明关系型贷款在我国经济发展中的重要作用。信贷市场的需求结构一般以贷款投向结构来表示，由于统计归类方法不同，贷款投向有不同的分类。考虑到本书将立足于地方性银行来分析关系型贷款，所以重点显示中小企业、农户等经济主体所获的贷款比重，如表 2.3 所示。从表中看出,在2019年的我国贷款投向结构中,有40%的贷款投向中小企业,有32%的贷款投向"三农"经济中。

表2.3 我国金融机构人民币贷款投向结构(2019)　　单位:万亿元,%

机构/结构	余额	比重	同比增长
全部金融机构贷款	54.79	100	15.8
其中:中小企业贷款(含票据贴现)	21.77	39.73	18.6
小企业贷款	10.76	19.64	25.8
其中:三农贷款	17.69	32.29	21.66
农村贷款	12.15	22.18	24.7
农户贷款	3.10	5.66	19.1
农业贷款	2.44	4.45	11.2

资料来源:中国人民银行调查统计公开数据,中国人民银行网站。

另据《中国银保监会2019年年报》显示,截至2019年末,全国银行业金融机构中小企业贷款余额(小企业贷款余额与个人经营性贷款余额之和)为15万亿元,占全部贷款余额的27.3%。其中城市商业银行小企业贷款余额1.55万亿元,占其企业贷款的比重达47.8%,占全国银行业小企业贷款的比重为14.35%。加上农村金融机构的中小企业贷款,地方性银行是我国中小企业贷款的重要力量。

可见,中小企业贷款与"三农"贷款在我国信贷结构中占有重要地位,金融机构的贷款对于这些经济主体的发展至关重要,而由于这些经济主体缺乏健全的财务和良好的抵质押物品,关系型贷款是优选策略。我国庞大的中小企业、个体经营者和农户群体的存在,是关系型贷款发展的需求基础。

2.4 关系型贷款的特点与运行机制

2.4.1 关系型贷款的内涵与特点

1. 关系型贷款的基本内涵

关系型贷款是指银行通过与客户进行长期多种渠道的交往,积累了大量的客户及其业主相关的软信息,并主要依据这些软信息及历史交易信息而发放的贷款。软信息是一个较为宽泛的概念,包含一切不能用确定的财务数据或指标(硬信息)来表示的信息,具有非正式、模糊、推断等特征。与关系型贷款相对应的是交易型信贷,它是指银行主要依据客户的公开财务信息进行决策的贷款。关系型贷款是连续的,每一次的贷款决策都参考以前的贷款决策与实际效果;而交易型信贷是不连续的,每次的贷款决策都仅适用于当次的贷款。

关系型贷款与交易型信贷各有自己的市场,这是因为双方所面临的经济社会环境有所不同,主要服务的对象也不相同。对于关系型贷款的主体客户来说,财务信息不健全、担保不充分是其明显的特征。关系型贷款关系的建立是长期博弈的过程,在这个过程中,银行不断地将各种社会资源内化为银行信贷资源,建立与社会环境、主体客户特征等相适应的软信息管理技术。与交易型信贷相比,关系型贷款不仅仅是服务于更为微小的经济主体,作为在交易信贷无法实现良好评价和服务的市场中发展起来的独立信贷模式,关系型贷款有着与交易型信贷不一样的市场选择标准、不一样的信息管理技术等,即有不同的特点和独特的运行机制。

2. 关系型贷款的主要特点

(1)关系性。

关系性是指银行与客户之间的长期互动,包括信息传递、相互监督与约束等,是关系型贷款区别于交易型信贷的核心所在。美国学者伯林和麦斯特(1998)认为银企需要建立一种全面、细致的关系,利用这种长期合作关系,最大限度地减少银企之间的资金借贷风险,这正是关系型贷款发展的基础。关系型贷款市场中必然存在信贷资金供给者与需求者之间的相互选择的合作关系,这种关系直接影响着信贷双方的合作效率,因此需要建立相对稳定的、长期的合作关系。

关系型贷款的关系是多方面的,既有银行与其客户之间直接的双边关系,也有客户与一家以上银行同时发生的竞争性关系;既有银行与借款人或保证人的关系,也有借款人与保证人的关系,还有借款人与周边社区或群体中其他经济主体的关系。因此,"关系"是立体的,是网络化的,体现在区域社会关系网络与经济关系网络之中。

(2)长期性。

在关系型贷款中,企业与关系银行往往通过长期交往不断获得信息,才最终形成较为稳定的合作关系。一般而言,银行与客户关系的紧密程度与双方建立关系的时间长短有很大的关联,建立关系的时间越长,银行越有可能掌握更多的企业内部信息,就越利于银行稳定客户。同时,双方在业务中越长期地博弈,越有利于双方达到均衡状态,形成能充分反映客户实际经营情况与偿债能力的贷款条件。但是,银行与客户的关系持续时间与该区域的银行市场竞争程度有关。一般来说,银行市场竞争程度越高,越不利于银行与客户建立更长期的合作关系。

(3) 社会性。

关系型贷款具有社会性,它是关系型贷款的"关系性"所决定的,也是一般的交易型信贷所不具备的。关系型贷款的"关系"体现在社会关系网络与经济关系网络之中,是银行与客户所处的关系网络、客户与其关系网络等各种关系的总和。在这种具有社会性的关系之中,社会的信任结构,人们共同的规范、准则和习俗,以及人们所组成的各种团体等,都将影响客户的经济行为,都将影响银行对客户的贷款评价。本书在后面以"社会资本"来体现关系型贷款的社会性。

(4) 内部性。

关系型贷款的"关系"具有内部性,是银行与特定客户及其特定的社会经济关系网络之间的关系。关系的内部性主要体现为信息产出的内部性、监督与约束的内部性两面,即银企关系网络中所产出的信息为网络内部享有,为关系银行所收集,而不能成为公开信息;同时,关系所产生的相互监督与约束力具有内部性,离开了关系网络,这些监督与约束能力将不复存在。

2.4.2 关系型贷款具有独特的运行机制

与交易型信贷相比,关系型贷款在客户信用评价、贷款定价、激励机制与风险管理等方面有其独特的运行机制,表2.4对交易型信贷与关系型贷款的运行机制差异进行了概括。

表2.4 交易型信贷与关系型贷款运行机制的差异

信贷运行	交易型信贷	关系型贷款
客户信用评价	以财务评价与担保评价为核心	业主评价、道德风险评价等非财务评价与财务评价相结合
贷款定价	风险定价	关系定价
激励	交易性激励	动态性激励
风险管理	外生信用风险管理	内生信用风险管理

关系型贷款的运行机制主要体现在以下几方面。

第一,非财务评价与财务评价相结合的信用评价机制。交易型信贷基于客户的财务状况开展信用评价,可以通过构建财务评价指标体系来实现;而关系型贷款的主体客户不具备健全的财务信息,无法开展全面的财务评价,只能将财务评价作为信用评价的一部分。但同时,关系型贷款建立起长期的银企关系,通过内部信息,将客户(法人)评价与业主(个人)评价相统一,全面评价客户道德风险和社会资本,形成财务评价与非财务评价相结合的信用评价机制。

第二,关系定价机制。风险定价是交易型信贷定价的基本方法,但对于关系型贷款而言,一方面其风险因素较为复杂;另一方面作为主要风险因素的道德风险难以量化,即使采用量化模型,但由于风险测算的高弹性,量化结果本身又产生极大的道德风险。因此,关系型贷款的定价常常是关系定价,即通过衡量银企关系的紧密程度来确定客户的贷款利率。衡量关系定价的"关系"是多方面的,既有关系持续时间,也有贷款次数或金额,还有客户在银行的存款余额等。关系定价与风险定价不同,但其中也体现了一定的风险因素,是不完全风险定价方法。

第三,动态性激励机制。交易型信贷一般是非连续性的,每一次交易成本都取决于当次的信贷评价结果,因此银行提供的激励是交易性激励。而关系型贷款从长期连续性的交易出发,实施长期的累积激励,是一种动态性激励机制,如动态的贷款定价激励、贷款额度、贷款条件激励等。即银行根据客户不断累积的历史交易记录,给予正向的、条件不断优惠的贷款激励,或给予反向的、要求不断提高的惩罚性激励。对于关系型贷款而言,动态激励可促使借款人采用合作策略,注重形成良好声誉,有利于降低信贷风险。

第四,内生信用风险管理机制。交易型信贷中,银行的风险管理方式往往是对客户不合规的警告、要求客户提前偿还贷款、对担保物品变现等,这种风险管理体现为外部管理特征。而对于关系型贷款而言,银行与客户建立起长期的合作关系,银行通过社会经济关系网络、保证人等来监督、约束借款人,依据长期评价来为暂时资金困难的客户提供贷款援助,这种风险管理具有内部管理特征,更有利于分散、弱小的经济主体实现长期成长,也有利于银行自身的稳定发展。

本章小结

作为本书分析的两大技术维度之一,本章首先基于信息经济学的信息不对称理论来探讨关系型贷款市场是如何形成和发展的。

本章分别从信贷市场的供给和需求两个角度来探讨关系型贷款的形成与发展。经济社会的发展促进了信贷功能的发展,推动信贷深化,体现为信贷机构的多元化、信贷模式的多样化和信贷覆盖面更加宽泛。随着信贷深化,关系型贷款较好地克服了信息不对称和交易成本问题,由此形成由关系型贷款和交易型信贷这两类基本信贷模式所组成的现代信贷市场结构。另外,企业的发展壮大历经不同阶段,具有不同的财务、资产特征,所能获得的融资方式也不断变化。企业在发展壮大的不同发展阶段,或在同一时期处于不同发展阶段的企业,银行可通过不同的信贷方式来满足其融资需求,由此形成关系型贷款与交易型信贷共同发展的信贷市场格局。

关系型贷款是指银行通过与客户进行长期多种渠道的交往,积累了大量的客户及其业主相关的软信息,并主要依据这些软信息及历史交易信息而发放的贷款。关系型贷款是连续的,每一次的贷款决策都参考以前的贷款决策与实际效果;而交易型信贷是不连续的,每次的贷款决策都仅适用于当次的贷款。关系型贷款具有关系性、长期性、社会性和内部性的特点。同时,关系型贷款有着与交易型信贷不一样的市场选择标准、不一样的信息管理技术等,因此有其独特的运行机制,主要体现在:(1)非财务评价与财务评价相结合的信用评价机制;(2)关系定价机制;(3)动态性激励机制;(4)内生信用风险管理机制等方面。

第3章 关系型贷款的内涵、价值与度量

在关系型贷款中,银行与企业"关系"的建立与互动,对于维持相对稳定的银行与企业之间业务往来具有至关重要的作用。通过"关系",银企之间实现了良好的信息交流与管理约束,双方都获得关系剩余。本章将立足本书研究的另一技术维度——社会关系学,来探讨关系型贷款最为核心的纽带——"关系"。

3.1 "关系"的内涵与特征

关系是跨学科的概念,在社会学研究及实际社会生活中,关系被经常提及,在经济生活中,关系在许多地方都发生着作用。因此,研究关系的内涵需要从多角度入手。

3.1.1 社会学中的"关系"

以个人、家庭、亲戚朋友及同事等构建起来的社会中,关系作为社会活动的主线在社会行为中发挥着重要的作用。关系是人和人或人和事物之间某种性质的联系。在社会学中关系有其特定的含义,其随着人类社会的诞生而出现,也随着人类社会的发展而发展。中国社会在发展过程中依据传统的社会伦理道德,即以儒家为主,道法为辅的伦理体系(何似龙,2006),在"家国一体"的宗法制度基础上构建了我国传统的社会"关系"模式。这种社会关系模式不仅包括了政治管理关系,也包括了人类社会关系。由于中国古代社会管理者认为治国就是治人(张岱年,2002),因此在对关系的讨论中强调了"人"在社会行为中的主体作用。

在社会学中,关系(Relation)的一般定义是事物(包括人的个体,下同)与事物之间,以及事物内部各要素之间的客观联系。关系在人类社会发展过程中产生,并不断进行自我变化。马克思认为事物之间普遍存在着联系,关系是事物之间联系的一种表现形式,在《雇佣劳动和资本》中提及关系时,认为人们在生产中不仅同大自然发生关系,也同不同人及群体发生关系,他们如果不以一定的方式结合起来共同活动和互相交换其活动,便不能进行生产。韦伯认为"关系"是人

和社会互动的主要表现形式(王善英,2007)。这种"关系"的互动形成了错综复杂的关系网络,其中社会"关系"互动中最为常见的是经济"关系"的互动。

3.1.2 经济学中的"关系"

马克思(1847)认为,社会经济生活中存在着生产力与生产关系之间的相互适应关系。人们在自己的生活和社会生产中发生一定的、必然的、不以他们的意志为转移的关系。亚当·斯密(Adam Smith)在《国富论》中提出了"分工论",在社会化大生产的背景下,人与人之间存在差异,专业的分工改变了人与人之间的经济"关系"互动模式。经济"关系"互动的形成,为某种社会关系的产生奠定了基础,即由于分工而产生了人类活动的一定联系和依存关系;同时一旦失去某种相互关系,分工也无法存在。

经济学在进行经济行为的分析时,将人假定为"理性人"或"经济人"。随着管理哲学的发展,人们逐渐认识到每个个体具有"社会人"的行为角色。马斯洛在"社会人"的基础上提出了"自我实现人"。可见,人在社会经济中扮演着"经济人"和"社会人"的双重角色。作为具有经济能力的个体,人们将经济行为嵌入社会关系之中,因此经济学中对关系的定义其实包含了人的经济关系和人的社会关系。这种双重关系的融合在我国社会关系体系中表现得尤为突出。

新制度经济学派在研究人际关系时认为应该根据人的实际活动来定义人性,修正了新古典经济学对人性的假设,认为:(1)人的行为是有限理性的;(2)人都具有为自己谋取最大利益的机会主义行为倾向。"关系"在有限理性和机会主义行为中,强化了专业分工基础上的经济主体之间的行为互动。客户关系管理(Customer Relationship Management,CRM)在经济关系互动中被重视,客户在供应链中具有重要意义,是产品实现社会价值的重要环节。不管是在以商品流通为主的实体经济中,还是在以金融产品为主的虚拟经济中,客户关系的维护都具有重要的意义。

3.1.3 关系型融资中的"关系"含义

融资行为中的"关系"是虚拟经济与实体经济进行"关系"建立的主要渠道。经济行为主体之间的"关系"是否具备建立条件主要取决于"关系"的风险控制、"关系"的管理成本和"关系"构建的难易程度等。不完备的金融市场中存在着信息的不对称,增加了建立信贷关系的成本,也为关系型贷款的产生和发展提供了必要条件。为降低信贷资金流通的成本和投融资的风险,资金供求双方需要形成简单的非正式金融合约的关系,其目的在于尽可能地获得资金需求者的内部信息,降低信息不对称性,并通过长期客户关系管理来获得关系剩余。

关系型贷款中的"关系"能够对金融市场中经济行为风险进行有效控制。关系型贷款"关系"管理存在甄别与监督的风险评估和控制过程。在银行主导型的金融体系中，在向市场化转型的阶段，必然存在相对较为严重的信息不对称问题。经济行为主体"关系"的建立有利于信贷的提供者获得对借款人的隐性信息（Tacit Knowledge），并据此做出客观的信用评价和风险定价。经济行为主体之间关系紧密程度即"关系强度"为信贷供给者提供了风险评测的依据，也是对经济行为发生前市场风险的预测和事后风险的补偿。因此，贷款者在对借款人的贷款决策中，风险成为主要考虑的内容，而风险的评估与控制需要通过"关系"来开展。

对于贷款人而言，通过关系型贷款"关系"的建立来平衡成本和收益之间的关系。"关系"的管理是在不完备金融市场或信息不对称的关系交往中成本控制的重要手段，关系紧密程度的不同，不仅反映了金融市场上经济主体的信息披露的程度，也反映了对隐性信息的掌握与控制程度。通过长期的关系互动，不仅可以提高隐性信息的产出能力，也可以促进隐性信息的私下传递。另外，关系紧密度即关系强度还在一定程度上反映了贷款人对社会优势投资资源的整合和利用能力，较高的关系强度有利于贷款人获得长期借款。信贷"关系"的长期维系，强化了贷款人对社会资本投资的稳定性，可以为贷款人带来更多的隐性契约，实现对区域内优势投资资源的合理利用，提高了社会资源的配置效率。

因此，本书认为，关系型贷款的"关系"是指银行与贷款客户及其群体之间，在业务交往中逐渐建立起来的，开展信息交流和形成相互约束力的纽带。这个定义包含以下几层含义：

其一，"关系"的主体是银行与贷款客户及其群体。群体成员包括与贷款或贷款客户直接相关的人，如保证人、贷款客户的亲属等，以及贷款客户所在的社会关系网络与经济关系网络中各关联个体。群体能产出社会资本，是银企关系的组成部分。

其二，"关系"的本质是信任。"关系"是隐性的，非合约化的，"关系"的建立是基于人与人之间的信任，是在长期合作中逐渐建立起来的，一般随着时间的推移，"关系"的强度由于信任的增加而产生累加。

其三，"关系"的价值是产生内部信息，并形成相互的监督与约束能力，这就是社会资本。关系网络中的许多信息是内部化的，关系网络之外的经济主体无法得到；同时，关系网络有自我稳定功能，能产生相互的监督与约束作用。

因此，"关系"以信任为基础，外在表现为关系网络结构、内在体现为社会资本，或者说，"关系"是在关系网络中所形成的社会资本。

3.1.4 关系型融资中的"关系"特征

在不完全竞争的市场背景下,信贷市场本身无法消除逆向选择和道德风险,也就无法在市场条件下全面实现合作契约的激励相容。完全依赖市场的竞争机制,通过交易型信贷还不能全面有效地发挥资源配置的作用,特别是针对信息不对称较严重的市场。关系型融资通过"关系"的建立与发展,依据长期合作关系来开展风险评估和监督控制,可以有效地降低信息不对称下信贷市场成本收益失衡的风险。长期关系的有效利用,能实现对信息收集成本的跨期分担,降低信贷的交易成本。

因此,关系型贷款的"关系"具有互惠性、稀缺性和扩散性的特征。互惠性特征体现在两个方面。一是银企双方的互惠。即关系的建立有利于降低市场机制失灵所导致的信贷双方的成本和收益失衡,而长期关系有利于信息成本的跨期分担,从而降低信贷交易成本。因此,关系有利于银企双方实现对剩余的共享。二是关系网络内部各成员之间的互惠。因为关系体现在一定的网络结构中,具有很强的外部性,能提高网络结构中各成员的收益。关系的稀缺性体现了关系是一种资源,在不同的社会经济关系网络中,关系的产生强度是不同的。也就是说,不同的社会经济关系网络具有不同的社会资本,是一种稀缺性资源,可以为社会经济关系网络中的成员带来收益。另外,关系处于不断变化之中,它既可以在一定的社会经济关系网络内部进行扩散,也可以扩散到网络之外。对于银企关系而言,关系扩散可以是新的信贷关系的建立,从个体到团体的信贷模式扩散,也可以是信贷关系维度的改变,从双边的关系模式到多边的关系,同时也将伴随着信息体的多维度改变。因此,关系型融资的关系发展是一种动态的扩散过程。

3.2 "关系"的本质:信任

前文界定关系型贷款的"关系"时指出,"关系"的本质是信任,是在长期合作中逐渐建立和发展起来的相互信任,且一般随着时间的推移而产生累加。因此,有必要先探讨信任问题。

3.2.1 信任的内涵与本质

1. 信任的内涵

在人际交往中,信任是一种交往态度,也是一种价值心理,更是一种文化模式,同时还是一种社会资本①,而本书的研究主要基于经济学的视角,将信任作为一种以减少交易成本的理性人行为,是经济交换的润滑剂,是控制契约最有效的机制。这种信任机制在不同的社会形态中,作为正式的或者非正式的诚实合作行为的共同体,可以看成社会资本的组成部分,同时依靠人们反复的市场交换而对他人经济行为形成稳定期望的能力。

信任具有道德的范畴,但同时又体现在经济活动之中。本书将信任的道德范畴和经济内涵融合起来:一方面,信任意味着社会的善②;另一方面,社会资本理论中的信任与传统经济学中的信任概念有很大的相同之处。

2. 信任的本质

信任从根本上说,是人们在社会活动和交往过程中,基于对交往对象及交往行为能产生预期结果的一种相信态度。信任是由区域文化所决定的,不同国家或地区的文化差异造成了信任方式与信任程度的不同。韦伯(2004)在有关中国传统社会的论述中提到:"中国的伦理,在自然生产的个人关系团体里,发展出其最强烈的推动力"。③ 帕金森将西方与中国社会的区别归结于普遍性和特殊性的特征差异,因为西方文化是一种极端反对任人唯亲的文化,这与儒家伦理恰好形成强烈对比,儒家是给予一个人与其他特定个人之间的关系以伦理神圣性,并进行伦理强调,是一种特殊性的体现④。

费孝通先生的"差序格局"对这种普遍性和特殊性的信任理论进行了延续。费孝通(2002)⑤将社会结构分为乡土社会和契约社会,人类社会的发展是从乡土社会逐渐向契约社会转型:乡土社会是指以族缘、地缘、血缘关系为基础而形成的社会结构,由熟人之间的相互信赖而构成经济交易和非经济活动的基础;而契约社会是由经济主体之间按照平等和公平的原则自愿达成合约。费孝通先生也阐述了中国自古以来长期处于"乡土社会",信任是发生于对一种行为的规矩熟悉到不假思索时的可靠性,这种信任是以"己"为中心,像水纹一般,一圈圈推出去,愈推愈远,也愈推愈薄,这便是中国社会结构的基本特性,称为差序格局。

---

① 白春阳.现代社会信任问题研究[M].北京:中国社会出版社,2009.
② 弗兰·汤克斯.信任、社会资本与经济[J]//李煜,编译.马克思主义与现实(双月刊),2002(5):8.
③ 马克思·韦伯.韦伯作品集.中国的宗教(第五卷)[M].简惠美,译.桂林:广西师范大学出版社,2004.
④ 何兆武,柳卸林.中国印象——世界名人论中国文化(下册)[M].桂林:广西师范大学出版社,2001.
⑤ 费孝通.乡土中国:生育制度[M].北京,北京大学出版社,2002.

因此,在乡土社会中的交易是否达成,须依赖交易者自身对交易对方在这个差序格局中所占据的位置的考察,一旦交易扩展到陌生人的层次,变易双方的信任感就大大降低。

3. 信任与信用

信用中包含了信任。所有对信用的解释,都内含着"信任"的成分。信用的发生是以信任为基础,信任是一切信用形式的共同基础。经济活动中所涉及的借贷活动首先需要贷出者对借入者的信任,才能够不需要提供物资保证而进行赊销、赊购。从现实来看,没有信任,就没有商业信用的产生,也就谈不上银行信用、国家信用、消费信用以及信用衍生产品等。同时,信用又是信任的一种外在体现形式,是信任的效用。

3.2.2 双边信任与多边信任

信任关系是社会资本中的核心元素,社会资本建立在人们频繁交往所形成信任的基础上。无论社会经济关系网络有多大,网络中的成员之间首先存在双边信任,即一个成员对另一成员的信任。但是,社会经济关系网络是由众多成员共同组成的,网络中错综复杂的双边信任形成了多边信任,任一双边信任都有可能对多边信任中的某些信任产生影响;同时,多边信任结构与信任程度也影响了网络中任一双边信任。

信任的存在,有利于群体内部达成一致。信任关系是在组织或个人不断重复的社会活动中逐渐形成的,随着彼此交往的密切和相互了解的加深而不断被强化。社会资本的关键特性就在于信任的可传递性:A 信任 C 是因为 B 处于 A 与 C 的中间,联系了 A 与 C,也就是说 A 和 C 都信任 B,于是这种信任关系通过 B 分别传递给 A 和 C,从而 A、C 与 B 的信任关系得以建立,随着这种双边关系的递进,逐渐形成社会资本。为什么社会资本与信任存在着如此密切的联系?一方面,人与人之间的普遍信任与社会资本来自社会成员之间的互动。而这些互动的基础均建立在社会共享的规范、价值观之上。如果一个群体的成员开始期望其他成员的行为举止将会是正当可靠的,那么他们就会相互信任。另一方面,信任度的高低决定了社会资本的多少。信任半径越长,社会资本越多。

3.2.3 我国社会信任关系结构及其变迁

社会信任是在人们的社会经济生活和交往活动中形成的,同时又作为社会经济生活的一种因素,作用于实际的社会经济生活过程,影响着人们的社会交往与经济活动。因此,在不同的社会经济生活和交往条件下,社会信任的模式也是不同的。

在中国传统的社会背景下,与之相对应的信任仅仅是通过人与人之间互相接触而产生的,人与人之间的直接了解和道德规范构成传统信用文化的基础。这种信用文化只适用于范围较狭小的社会经济活动。随着经济的发展,传统的信用文化不再能满足需求,经济交易中所产生的信任部分替代了传统的社会生活中形成的信任,信任结构趋向多元化。

1. 传统社会中的人格信任

在中国传统社会中,家庭是社会生活的核心,是社会制度的原型、社会秩序的要素,因此人们的交往往往都是直接的,交往的对象以具有一定关系的熟人为主,这就限定了传统社会的信任是一种人格化的信任。人格信任是对具体个人的人品、人格的了解、熟悉和相信,依靠的是交往对象的个人诚信。人格信任是一种特殊信任,是在特定圈子内对特定人的信任。费孝通将人格信任形成的社会结构称为差序格局。福山(Fukuyama)认为:"传统中国的家族主义文化强调和重视家庭、亲戚及血亲关系,将信任家族之外的人看成是一种不可允许的错误。因此,中国人所相信的人就只是他自己家族的内部成员,对外人则极度不信任。"[1]

传统的人格信任模式存在一定的局限:第一,作用范围十分有限,局限血缘、族缘和地缘之内;第二,极难形成具有普遍性的社会责任,以亲缘关系来取舍人际关系,以熟悉程度为本位参与社会活动,势必增加了与亲缘关系之外个体建立信任的难度;第三,在相当程度上遮蔽了制度建设的重要意义,人治因素会相对得到放大,同样人治的弊端也得到显现和放大;第四,人格信任潜藏着"信任危机"的可能,出现"劣币驱除良币"的现象,引发普遍的不信任。这些局限性决定了我国进入现代社会后,现代化生产与流动背景下单纯人格信任之间明显的不适应性。

2. 转型中的社会信任

在传统社会向现代社会转变或过渡过程中,市场经济冲击了原先自给自足的生产方式,使农业附属于工业,农村附属于城市,使整个社会越来越成为依赖于市场交换而存在的社会,从根本上改变了人们的生活方式、交往方式、思维方式和价值观念,市场交换和契约观念逐渐深入人心并影响人们的社会行为。

市场交易大多是采取契约形式来实现的,建立在市场经济至上的现代社会本质上是一个契约型社会,是依靠各种契约而存在的社会。契约就是承诺和由

---

[1] 李伟民,梁玉成.特殊信任与普遍信任:中国人信任的结构与特征[J].社会学研究,2002(3):2.

此建立的人与制度以及人与人之间的信任关系,是双方或多方协议认可并承诺遵守的行动规则。对于现代社会来说,需要的是一种系统信任,包括能够保障人民的合法权利和利益不受侵害的法律体系、制度系统和规则系统[①]。系统信任模式的产生,主要不是依赖于人与人之间的熟悉程度,而是建立在正式、合法的社会规则制度基础上,依靠整个法制系统、制度系统和规则系统而形成的一种新型信任模式。

3.3 "关系"的价值:社会资本

3.3.1 社会资本的内涵与构成

本书所研究的社会资本是一个场域概念。从广义看包括区域社会文化和关系网络;从微观来看,主要指关系网络,包括经济关系网络和社会关系网络。其中经济关系网络包括生产关系和交易关系,社会关系网络包括血缘、族缘、地缘关系网络和社区关系网络。

已有文献从不同角度对社会资本的界定可以概括为:(1)社会网络说。认为社会资本本质上是一种社会网络关系。社会资本重点在于拥有特定资源的成员嵌入的链接,且这种链接依靠成员在频繁交流过程中形成的内部信任关系维系,使人们能够从这种稳定的网络关系中获得利益。(2)权威关系说。詹姆斯·科尔曼(Coleman,1990)认为社会资本是"个人拥有的以社会结构资源为特征的资本财产,社会资本由构成社会结构的各个要素构成,存在于人际关系的结构中,人们将自己的一部分权利转让给他人,以换取对他人资源的控制",他强调人们之间对资源控制的权威关系为社会资本的表现形式。由此,社会资本是在网络关系中树立一定的权威,来影响和约束网络成员的行为和态度。(3)社会参与说。社会资本作为一种社会性的资本,更主要的是通过不同个体和团体的参与,作用于政治和经济生活。因此,社会资本是嵌入的结果,是一种资产或者获取稀缺资源的潜力。

本书认为,上述三个角度对社会资本的界定都有较强的科学性,都从一个维度较好地说明了社会资本的内涵或本质:社会网络说阐明了社会资本的外在表现形式,是一种社会关系网络,包括经济生活的关系网络和社会生活的关系网络;权威关系说揭示了社会资本的本质是一种资源,是内生的一种权威或约束

---

① 马俊峰.当代中国社会信任问题研究[M].北京:北京师范大学出版社,2012:96.

力;社会参与说认为社会资本具有互动性,它是联系社会网络说和权威关系说的纽带,揭示了社会资本外在表现与内在功能之间的关联在于关系网络内部之间的互动。

因此,本书充分接受上述三种学说对社会资本的分析,并将三种学说综合起来界定社会资本的内涵:社会资本是指在社会关系网络中所形成的信任资源。社会资本以一定的社会经济关系网络为运作基础,网络结构中的每个成员根据占有资源情况各自拥有自己的场域和位置,并通过成员之间的互动,形成具有权威性的信任。社会经济关系网络成员彼此间频繁的交流、接触和互动产生了信任,这种信任生成声望和制约关系,从而能够使网络成员对稀缺资源进行配置。可见,社会经济关系网络是社会资本的运作基础,信任、声望和参与是社会资本的核心要素,图3.1从关系网络角度分析社会资本结构。

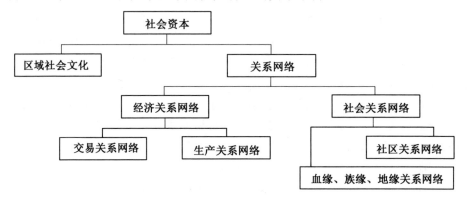

图 3.1 关系网络中的社会资本结构[①]

3.3.2 信任是社会资本的基础

信任是社会资本的基础,它根植于人们形成的社会经济关系网络中,并成为关系网络目标实现的重要纽带。普特南(Putnam,2001)认为"社会资本是由一系列的信任、网络和规范构成的,这种具有组织性质的网络可以促进集体合作意愿的达成,进而提高工作效率"。他重点强调了信任的重要性,指出公民信任对合作行为的内在作用机理,公民间越信任,合作行为越有可能达成。福山(Fukuyama,1998)从社区角度出发,扩展了普特南的界定,认为社会资本是根据

---

① 社区关系与费孝通先生的地缘关系是不同的概念。地缘是一个传统的空间概念,是指由空间地理所产生的熟人关系,如同乡。社区范畴很广泛,具体见本书后续章节对社区的界定。

社区的传统建立起来的群体成员之间共享的非正式的价值观念和规范,因其趋同性可以产生对成员的信任,从而促进合作行为。因此,社会资本体现关系网络成员中的信任,这种信任突破了个体的限制,可以拓展到整个关系网络范围内,而且成员间的信任致使他们之间更容易发生合作行为。

3.3.3 关系网络是社会资本的外在表现

中国传统社会的经济关系网络,不同于西方的普遍性,是以个人、家庭本位为基点,如图 3.2 所示,从自己到宗亲、姻亲,到朋友、熟人,最后再向陌生人发散,从情感性关系变成混合性关系再到工具性关系,关系强度慢慢减弱,这种关系恰好与费孝通的水波纹理论中的"差序格局"是相符的,并且这个范畴是以自己为中心,能放能收、能伸能缩的社会范围。这个社会关系网络构图体现了中国人在交往中的亲疏远近特点,也反映出关系的一贯性、延续性,同时更重要的是作为社会稀缺资源,不同成员之间的关系具有差异性。

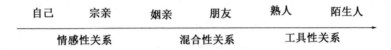

图 3.2 社会关系网络结构图

另外,社会资本都与经济、社会和政治领域相关联,是社会关系与经济生活相互影响的结果。在现实经济生活中,经济关系与人际交往必然存在着强烈的密切联系(见图 3.3)。目标主体在社会网络中的经济关系,包括合作关系和交易关系,都是从"熟人"逐渐向"生人"的向外扩散,由紧密变成松散。随着社会关系的松散,经济合作的动机就会降低,交易成本则会提高,那么就会转而依赖于经济代理人之间的关系及这些代理人的正式和非正式组织,从而提高经济行动效率。

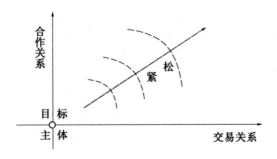

图 3.3 经济关系网络结构图

3.3.4 信息共享、协调行动与声誉约束是社会资本的内在功能

社会资本是"那些在一个社会中通过创造和维持社会关系和社会组织模式来增强经济发展潜力的因素"[1]。经济发展潜力是多元因素的结合,本书认为,社会资本通过其信息共享、协调行动和声誉约束的三大功能可以增强经济发展潜力。

首先,关系网络具有信息产出与共享功能。关系网络无论是社会关系网络还是经济关系网络,内部成员之间的信息透明度要强于其与外部成员之间的信息透明度。内部成员之间能更准确地了解其他成员真实的资产实力、经营能力与经营状况等,特别是能掌握其他成员所处的经济关系与社会关系网络,以及其在网络中的地位、利益关系与受约束情况。

其次,关系网络具有协调行动的功能。一个理性的成员,在共享了内部信息后,都会自我评估关系网络所形成的社会资本的价值。关系网络能提供给成员们互惠的预期,促使各成员在决策中进行协调,达到协调行动的效果。

最后,关系网络具有声誉约束的功能。声誉机制是社会资本的核心组成部分,声誉机制的存在,一方面促使关系网络中的成员具有自我约束能力,能保持关系网络的稳定;另一方面,也促使每一个成员都产生对其他网络中成员的监督,形成关系网络内的相互约束作用。

3.3.5 我国企业社会资本形成及其特点

1. 我国社会资本的发展

社会资本是中国社会结构转型时期经济发展的特殊动力,无论是农村家庭承包责任制还是后来家族企业的繁荣和私营企业的发展,都可以看到中国传统社会结构中的社会资本在其中所发挥的作用[2]。

我国是一个城乡分割的二元社会。在发达的大城市,在市场化程度高的经济环境下,社会信任关系已逐渐向制度信任发展。在此背景下,社会资本也将越来越显性化,法律、规章、公约等制度性因素在社会资本形成中发挥越来越大的作用。但人格信任仍是当前我国社会信用的主要形式。虽然经过改革开放后持续快速的经济发展,并带来人员流动和社会关系结构的变化,但以人格信任所形成的社会关系网络,以及人格信任产生重要影响的经济关系网络共同决定了我

---

[1] 乔纳森·H. 特纳. 社会资本的形成[M]. 北京:中国人民大学出版社,2005.
[2] 张克中. 社会资本:中国经济转型与发展的新视角[M]. 北京:人民出版社,2010.

国当前社会资本。

2. 我国企业的社会资本

企业的类型很多,其所处的区域经济社会环境也各不相同,为便于讨论,本书仅探讨地方性企业(中小企业为主体)所在的社会关系网络中的社会资本。经济活动嵌入于社会关系中,不存在独立的经济实践和关系。从我国各基层地方的区域环境来看,经济关系网络同样是嵌入于社会关系网络之中的,其社会资本是经济关系网络和社会关系网络共同构成的关系网络所内生的。因此,我国企业的社会资本具有以下三个特点。

(1)社会关系网络是由以"熟人社区"为核心的社会关系网络和以市场为核心的经济关系网络共同形成的。

我国的中中小企业多产生于"熟人社区",家族企业较多,或有一定的血缘、族缘、地缘关系的企业之间容易形成合作关系(社区)。即使在一个产业或市场内,企业之间的合作关系建立也是遵循从"情感性关系"到"混合性关系"再到"工具性关系"的社会关系扩散过程,以此形成社会关系网络。

另外,经济关系网络的建立,除受到社会关系网络的重要影响外,以地缘为基础的市场成为经济关系网络的重要纽带。经济关系网络的建立,以人格信任为基础,先相信人,再谈经济合作。White(1981)[①]指出市场是从社会网络发展而来的,因为:生产经营者们从一开始就处在同一社会网络中,他们互相接触,社会网络为他们提供了必要的经营信息;处于同一网络中的生产经营者们相互传递信息并相互暗示,从而建立了一种信任关系,形成一定的共识和规则;市场秩序事实上产生于同处一个网络圈子中的生产经营者,是生产经营者网络内部相互交往产生的暗示、信任和规律的反映。以市场为核心的经济关系网络,体现了人格合作与交易合作。

(2)社会资本以非正式框架为主体,正式框架为补充。

前文已将社会资本界定为在信任的基础上所形成的社会资源。社会资源可以正式框架形式体现,也可以非正式框架形式体现。若将社会资源视为一种利益与权力,则有显性与隐性之分。一般而言,正式框架是显性的,而非正式框架是隐性的。非正式框架体现在文化之中,而正式框架体现在制度之中。我国企业的社会资本是由"熟人社区"的社会关系网络,以及建立在人格信任基础上的生产合作所形成的经济关系网络共同组成,主要表现为约定俗成的规则、规矩

---

① HARRISON C W. Where do markets come from? [J]. American Journal of Sociology,1981(87):517-547.

等,属于非正式框架,而正式框架下的行业公约、区域信用体系等只能是社会资本的补充。

(3)社会资本的产出更需要"关系"去发现和挖掘。

"熟人社区"的私密性和以市场为基础的经济关系网络的分散、小规模和多样化,都说明了我国企业在其社会关系与经济关系的网络中内生着强大的社会资本。但这些社会资本主要以非正式制度形式而存在,社会资本的产生具有较强的内部性,对于关系网络之外的其他经济主体,如银行,要想获得并利用社会资本来开展业务(如关系型贷款),必须在自己与企业的社会经济关系网络之间建立某种有效的"关系"。这种"关系"将直接影响到银行对企业社会资本的利用程度,也即企业社会资本的实际产出水平。因此,对于地方性银行而言,构建合理的"关系"模式,是开展关系型贷款的前提和保障。

3.4 银企关系价值的外在体现:成本与收益

建立与发展银企关系,需要有效控制融资风险,其最终目的在于实现信贷的成本与收益之间的平衡。其中关系的决定因素影响着关系型贷款的效率和效益。在多边的信贷市场中,银企关系具有多维的特征,因此影响银企关系的决定因素也具有多维性。

3.4.1 银企关系的决定因素

在银行主导型的金融体系中,银行因素对信贷关系的建立和发展具有决定性的作用。根据迈克尔·波特(Michael E. Porter)的"五力"模型,银行竞争力在行业中受到行业竞争者、存款者、信贷者、其他金融机构和信贷替代品等五个因素的影响。银行需要在竞争的信贷市场中形成自身的竞争优势,而实现低成本的竞争优势关键在于信贷关系中的软信息的获得。

信贷资金的需求者即信贷的客户,在信贷关系管理中处于弱势。尤其是中小企业融资渠道相对单一,企业竞争能力相对大型企业而言较弱,其进入信贷关系市场成为信贷关系中的核心客户难度较大。要提升自身的融资能力,主要取决于自身的较高投资的预期、信用评价和公司管理效率,这也影响着与信贷机构建立的信贷关系强度。客户的投资预期和信用评价是建立和维护信贷关系的基础,体现关系型贷款互惠共赢的特征。信用评价是对投融资风险的客观评价,也决定着长期合作契约的签订和信贷关系维持的预期。信贷关系的决定因素中,公司的管理效率也起到重要的作用。企业的管理效率与公司的治理结构和管理结构相关,它决定着投融资预期的实现,影响着公司的信用评价。

信贷的市场环境是信贷关系建立的基础,主要包括市场的竞争环境、市场的监管制度和信贷关系的发展规律等。信贷市场的制度环境为信贷关系的建立和发展提供了保障。有效的市场制度环境有利于促进信贷关系的良性管理,科学的信贷市场监管确保了信贷关系的合法发展,因此信贷市场的制度环境决定着"关系"的质量。信贷关系维护需要有良性的市场竞争环境,发挥对信贷双方优胜劣汰的市场机制。信贷的市场作为金融市场的一部分,在社会经济发展中扮演着重要的角色,其受到国家宏观调控的影响,也影响着信贷市场中信贷双方选择性建立关系。信贷市场中的信贷关系互动是多个社会关系网络之间的互动,关系网络的扩散程度也对信贷关系的维系起到积极的作用。

3.4.2 关系收益分析

信贷关系双方在交易合作中的共赢性博弈关系最终体现为信贷关系双方收益的实现。关系收益可以分为关系租金和合约收益,其中关系租金又包含信息租金、跨期优化租金和声誉租金等,包括信贷资金供给者、信贷资金需求者的收益和信贷关系双方总体收益的总和。关系收益的变化受信贷市场供需关系的影响,取决于长期信贷关系的维持获得的信贷主体的软信息的详尽程度和长期信贷关系维持的质量高低。

关系型贷款是在软信息溢出效应加剧时,为弥补非对称信息的信贷市场机制失灵而产生的,降低交易成本成为其主要目标。关系收益中包含关系效应获得的信息租金。这种信息租金可以通过对关系中信息的重复利用来确定其大小。对长期的关系管理而言,信贷双方或者多方通过关系的长期判断,用信贷资金援助的方式来获得信贷的跨期优化租金,也成为关系租金的重要组成部分。跨期优化租金的大小取决于企业团体之间的关系强度、企业资金实力和对团体总体收益的预期。企业团体之间的相互监督和约束保证了企业团体的良好声誉,从而产生了声誉租金,成为关系租金的一部分。另外,关系型贷款更容易形成长期合约,产生合约租金。合约租金可能是显性租金,也可能是隐性租金,显性租金的主要形式有长期的信贷额度授予、信用贷款合约等。

银企关系收益可以通过以下方式获得。一是增加资金的可得性。资金的可得性与资金需求者自身竞争能力、信贷关系强度和融资渠道是否多元化等相关。由于新的信贷资金需求者关系风险的未知,信贷资金供给者更倾向对现有关系客户提供或扩大信贷,并提供多元化的金融服务。二是降低信贷利率。长期的关系管理和可重复利用的信息,降低了客户的信用评估成本,因此可以降低信贷利率。市场化的信贷利率除信贷关系的强度和信用评价之外,还取决于信贷资金供给与需求之间的平衡关系。在相对比较集中的信贷市场中,由于信贷双方关系能实现持久化,企业更容易从银行中获得较低利率的信贷产品。三是降低担保条件。长期的信贷关系中包含隐性的较高的信用评价,因此信贷的担保要求会逐步降低。四是提高风险控制能力,降低风险程度。风险控制是确保关系收益的内在要求,信贷资金供给者也越来越倾向于通过对信贷资金需求者企业管理的干预,来控制信贷风险。

3.4.3 关系成本分析

关系型贷款的关系成本指维持与信贷客户的信贷关系所需要的非利息性成本。信贷市场化的过程中,信贷关系成本衡量的关键因素在于信贷主体对于信贷关系的依赖程度,其中最主要的是预算软约束和锁定成本问题。

面对前期成本变成沉没成本,贷款人为防止借款人破产清算,在对借款困境的解决预期进行评判的基础上,偏向于选择继续向资金需求者提供融资和再融资,以帮助其渡过暂时性困难。这种决策使得其关系成本超出了预期收益的范围,产生预算软约束问题。银行可能在各个时期分担融资成本获得投资的净收益,在成本收益不均衡的情况,也会向困难企业提供暂时性融资服务。

一方面,关系型贷款主体之间通过关系管理建立了过于紧密的利益关系,而因此错过更好的投融资机会和新的合作契约关系建立机会,导致出现了锁定成本,也即"套牢"(Holdup)风险。随着信贷关系的边际收益下降,原有的信贷关系对于融资方而言不再具有吸引力,反而造成融资方被锁定在原有的信贷关系上,出现价值的减损。另一方面,由于信贷资金供给者对软信息的垄断控制导致借款人也产生关系锁定成本。在相对单一的信贷市场,投融资主体缺乏有效的关系互动,使得投融资渠道单一,这种双边的信贷关系容易导致锁定成本上升。随着信贷市场的进一步发展和信贷市场竞争的引入与加剧,投融资主体开始多边关系的扩散,投融资渠道多元化使减少锁定成本成为可能。多边信贷关系可能出现信贷市场的过度竞争降低,信用出现恶化。这就出现需要用投融资主体的信誉来降低锁定成本的情况。

接下来,本书需要通过实证说明在关系型贷款中,"关系"确实存在并对企业贷款可获得性和贷款定价水平产生影响。为此,首先要对"关系"本身进行度量,并从"关系"对企业贷款可获得性影响中来检验"关系"的存在。而"关系"对企业贷款利率水平的影响是"关系"的应用价值,将在下一章中进行分析。

3.5 关系强度及其度量方法的比较

3.5.1 关系强度

关系型贷款的"关系"大小称为关系强度(Strength),它是衡量银企之间建立关系的紧密程度。无论是社会学视角还是经济学视角,"关系"都是一个复杂的系统网络。从理论上看,网络中的多维关系都构成关系强度的组成部分。因此,关系强度是一个虚拟变量,一般在统计时常用其他的能直观地反映双边或多边关系大小且能简单地统计出来的变量来替代。

3.5.2 关系强度的度量方法

关系强度的度量是关系型贷款理论研究的一个难题,一方面,关系强度本身没有明确的范畴;另一方面,反映银企关系紧密程度的许多指标难以量化或取得完整的数据。常见的实证研究基于样本数据的可获得性,选择一个或几个变量作为代理变量来反映关系强度,并以此来确定关系强度的指标内涵。国内外的相关文献中,采用的关系强度代理变量一般是关系长度、关系距离、关系深度和关系规模。

1. 关系长度

(1)关系长度的度量与应用。

关系长度(Length)是关系型贷款关系度量最常用的指标。关系长度是指银企关系的持续时间,常用银行与企业发生融资关系的持续期限(年)来计量。关系长度长,表明关系对银企两者而言都更为重要,则银企关系强度更强。一般而言,关系持续时间越长,银行与企业之间有更为充分的信息交换,彼此有较全面的了解,越能有效地降低信息不对称问题,增强银行对企业的约束力,提高企业的贷款可获得性。同时,关系长度越长,越有利于银行内化企业信息,提升企业转换银行的成本。

童牧(2004)将相关文献做了综合,本书引用他的研究成果,并通过对原文献的查阅,以表格(见表3.1)形式进行对比分析,并得出如下结论。

①企业规模与银企关系长度存在较大的正相关关系。一般而言,企业规模越大,银企关系的持续时间越长。可以解释如下:一是企业规模大,其倒闭、破产的可能性会小些,银行越会努力维持与企业的关系;二是企业规模大,且银企关系维持较长的时间,说明企业在这期间有了较好的发展,是在众多中小企业或微型企业的发展中保留下来的,有相对较好的市场发展前景,与银行之间存在较好

的合作关系。而许多中小企业与银行维持一段时间的关系后,由于其发展能力差、规模增长慢,逐渐被市场淘汰,其银企关系长度就短。因此,选择关系长度指标来度量银企关系强度的方法,对不同规模的企业具有较强的适用性。

表3.1 关于关系型融资中关系长度的实证研究

文献	国别	样本时间	样本规模	企业规模平均值（中位数）	关系长度平均值（中位数）
Cole(1998)	美国	1993	5 356	账面资产:1.63	7.03
Blackwell 和 Winters(1997)	美国	1988	174	账面资产:13.5	9.01
Peterson 和 Rajan(1994)	美国	1987	3 404	账面资产:1.05(0.3) 雇员数:26(5)	10.8
Angelini 等(1998)	意大利	1995	1 858	雇员数:10.3	14.0
Harhoff 和 Krfling(1998)	德国	1997	994	雇员数:40(10)	12
Elsas 和 Krahnen(1998)	德国	1992~1996	125	销售额:(30~150)	22.2
Ongena 和 Smith(1998)	挪威	1979~1995	111	市值:150	(15.8~18.1)
Zineldin(1995)	瑞典	1994	179	雇员数:(<49)	(>5)
Sjdgren(1994)	瑞典	1916~1947	50	最大型企业	>20(5.29)
Deryse 和 Van Cayseele(1998)	比利时	1997	1776	雇员数:(1)	7.82
Horiuchi 等(1988)	日本	1962~1972 1972~1983	479 668	最大型企业	(21) (30)

注:表中的样本规模为企业的数目;企业规模的单位为百万美元或人数。
资料来源:综合童牧(2004)文献综述及查阅相关原始实证文献所得。

②不同国家、不同金融体制与经济社会环境下,银企关系长度存在较大的差异。上述资料中显示德国、日本的银企关系长度要好于美国,这与德国的主办银行制和日本的主银行制密切相关。相对德国、日本,美国银行市场的竞争水平更高,银行与企业保持的关系时间明显要短。因此,关系长度指标在跨国之间的银企关系度量与比较分析中缺乏相应的现实意义。

③实证分析的结果总体上支持了关系长度与企业贷款可获得性之间的正向关系,即银企关系持续时间越长,则企业越有可能从银行获得贷款,且贷款条件

也会改善,如 Peterson 和 Rajan(1994)研究认为,关系长度成为对银企关系强度比较有解释力的重要指标。但也有部分实证研究没有支持关系长度的正向作用,如 Blackwell 相 Winters(1997)在分析美国两家银行控股公司后认为,关系长度没有改善企业贷款可获得性,也没有影响贷款利率。Deryse 和 Van Cayseele(1998)发现银企关系长度不能持续增长,原因是关系时间越长,贷款条件反而恶化。或者是关系在建立初期对贷款可获得性具有正向作用,但随着关系长度的增加,其作用不断衰落或不起作用。也有部分研究将关系长度指标进行分解,来进一步分析关系长度的作用机制,如曹敏等(2003)以企业"年龄"与"合作关系"两个角度来度量广东外资企业与银行的关系强度。

(2)以关系长度来度量关系强度的不足。

①关系长度的代表性问题。其一,选择关系长度变量在不同国家、不同银行及不同企业样本之间缺乏比较的有效性,关系长度长,但不一定说明该企业与关系银行之间有较充分的信息交换;其二,除了关系长度外,影响银企关系强度的因素有很多,如银行市场定位、企业规模、区域银行市场特征与竞争等,这些因素可能成为关系强度的主要自变量,而上述研究中缺乏排他性的实证分析支持。

②数据截面问题。关系长度衡量常以某一时间点为截面来获取相关数据,在这个截面数据中,有银企关系时间很长的企业,也有时间短的企业,这些企业之间千差万别,银行所掌握的信息有发展能力、盈利能力、业主素质等,单以关系长度来度量,难以较准确地反映关系对银行贷款决策的影响。

2. 关系距离

关系距离(Distance)是指银行与企业之间的空间距离。以空间距离来衡量关系的大小,是依据社会学的社会资本理论,将银行作为社会经济组织嵌入社会关系中。在相对开放度不高的社会关系网络中,社会关系强度与双方的距离存在一定的正相关关系。同样在一个较为封闭的社会关系网络中,企业与银行的空间距离越近,则双方的信息交换越充分,相互之间的关系就越紧密,企业就越能获得银行的贷款或得到更好的贷款条件。

在开放的经济关系网络中,各经济主体可以自由地与当地的银行形成业务关系,以空间距离来度量银企关系强度,缺乏理论逻辑上的有效性。首先,一家银行(支行)所服务的区域要比社区的范围大,银行服务于多个社区,不同社区之间的网络关系存在较大差异,其信息产出也有差异;其次,在一家银行(支行)的服务区域内,一般会有多个市场、企业集中地或集群,它们的内部信息产出水平、内部之间的网络关系紧密程度和相互合作与控制能力不一定与其跟银行的空间距离成正比;最后,每家银行(支行)都存在一定的服务空间边界,在边界内,难以说明其服务能力是随着距离的变长而降低。

同时,实证研究并不支持关系距离是解释关系强度的有效变量。一方面,一些研究表明企业与银行的空间距离与其贷款申请被批准并不相关,如 Cole 等(2004);另一方面,也有一些研究表明,银行信贷技术的不断进步,特别是银行采用电子信息技术服务于信贷业务,但银行业务服务的空间距离却变化不大(如 Deryse 和 Ongena,2003;Brevoort 和 Hannan,2003),银行仍是在原有的空间中不断挖掘新客户,在一定的空间内(如一家支行的服务区域内),银行在开发客户时并没有考虑企业与银行空间距离的远近,或者是将其作为很重要的因素。

3. 关系深度

关系深度(Depth)是指银行与企业之间在业务与管理上的结合程度。关系深度是一个相对抽象的指标,常用业务深度和决策深度来替代。业务深度是指关系银行利用关系对企业进行金融业务开发的程度,也即关系银行与企业之间的金融业务往来水平,一般以除贷款之外的其他业务(主要是存款业务、中间业务)发生情况来衡量。决策深度是指关系银行对企业决策的介入或控制程度。

从理论上讲,关系深度是度量关系强度的理想指标。银行与企业之间业务越紧密,银行为企业提供更多品种的金融服务,银行就越能了解企业的实际情况,就拥有越多的私人信息。另外,银行与企业之间有更深的决策深度,则银行能实质性地参与到企业的公司治理结构中,参与到企业的各项投融资决策中,能实现对企业真实信息的获取和实际控制。因此,关系深度高,更能解决银企关系中的信息不对称问题,最大限度地提高企业贷款的可获得性。

但在现实中,关系深度难以成为有效的指标来度量关系强度。其一,银行可以为企业提供除存贷款之外的其他业务,特别是中间业务,但这些业务很难量化。其二,银行为企业提供多样化业务服务的前提是企业有实质性需求,而企业对银行不同业务服务需求与企业的规模等有很大关系,不同规模的企业样本之间缺乏比较价值。其三,在特定的金融体制下(如日本、德国),关系银行能通过在董事会中占有席位或直接持有投票权股份来参与到企业的公司治理结构中,或通过董事聘任、核心岗位选派(如审计岗位等)等来实现对企业的控制或部分控制。在这种体制下,选取相关反映决策控制力指标来度量银企关系强度是有意义的。但是,在我国的金融体制下,关系银行或在职银行员工还不能通过正常渠道实现对企业的决策控制(董事的关联贷款仅是个别现象,不能作为一种关系深度模式进行实证研究)。个别文献采用"有多少银行工作经验的员工(从银行辞职或退休员工)进入企业管理层"的方法来衡量关系深度。

4. 关系规模

关系规模(Scope)是指与一家企业保持融资关系的银行数量。一般来说,企

第3章 关系型贷款的内涵、价值与度量

业与银行的关系规模与企业的资产规模、业务经营特性(如跨国业务经营、跨区域经营、多样化业务经营等)相关。一定规模以上的企业大都会与多家银行建立关系,大型企业、跨国经营企业、跨区域经营企业或有多个主营业务的企业,其与银行的关系规模要大,而小企业与银行的关系规模要小,特别是微型企业、个体工商户等,可能只与一家银行保持着融资关系。

同样引用童牧(2004)的研究成果,并通过对原文献的查阅,以表3.2(去掉不反映集中度指标的相关文献)来反映。

表3.2 关于关系型融资中关系规模(集中度)的实证研究

文献	国别	样本规模	企业规模平均值(中位数)	关系规模平均值(中位数)	集中度
Ongena 和 Smith (1998)	挪威	70	1 500	15.2	35.9
Barth(1997)	葡萄牙	43	750	11.5	38.1
	法国	25	1 500	11.3	63.6
	比利时	10	3 500	11.1	44.4
	西班牙	68	1 500	9.7	50.1
	德国	67	3 500	8.1	89.5
	希腊	41	750	7.4	98.3
	奥地利	37	1 500	5.2	61.4
	卢森堡	8	375	5.0	17.2
	芬兰	89	750	3.6	93.8
	瑞士	39	3 500	3.6	79.8
	丹麦	51	750	3.5	63.7
	荷兰	49	1 500	3.5	63.7
	爱尔兰	67	750	3.2	93.6
	英国	142	1 500	2.9	29.1
	瑞典	50	1 500	2.5	86.6
Nordal 等(1995)	挪威	41	750	2.3	48.8

表3.2(续)

文献	国别	样本规模	企业规模平均值（中位数）	关系规模平均值（中位数）	集中度
Horiuchi(1993,1994)	日本	126/309 175/189	<300/>300 （雇员数） <10/>10 （雇员数）	3.4/7.7 2.9(3)/3.1(3)	28.3
Peterson 等(1995)	美国	3 404	1.05(0.3) （账面资产） 26(5) （雇员数）	1.4(1)	13.3

注:表中的样本规模为企业的数目;企业规模的单位为百万美元或人数。集中度指标为银行体系中最大三家银行资产在银行业总资产中所占的比重。

资料来源:综合童牧(2004)的文献综述及查阅相关原始实证文献所得。

在分析关系规模这一变量时,必须要考虑关系集中度指标。关系集中度是指关系银行对目标企业的融资额度占所有银行给目标企业的融资总额的比重,常用 Herfindahl(赫芬达尔)指数来衡量。Herfindahl 指数是测算每个银行向目标企业提供的融资额占目标企业从各家银行的融资总额比重的平方和,计算公式为

$$H_i = \sum_{i=1}^{m} \left\{ \frac{L_i}{\sum_{i=1}^{m} L_i} \right\}^2$$

其中,i 为融资银行个数($1 \leqslant i \leqslant m$),$L_i$ 表示第 i 个银行给目标企业的融资额。

也可以选择融资额最大的一家或几家银行所占目标企业总融资额的比重来反映关系集中度,两种统计方式产生的结论基本一致:关系规模越大,则关系集中度越低;关系集中度既与区域内银行的垄断程度有关,也与样本企业的规模大小有关。关系集中度更高的信贷市场有利于银行维持与中小企业的关系,可以为中小企业提供更多的贷款。Elsas 等(2004)的研究成果在说明关系规模(集中度)上有很强的解释力,他们通过构建最优负债结构模型,得出结论:中小企业可以与多家银行发生关系并取得贷款,只要这些贷款是不对称分布,就可以平衡与关系型银行的合作风险。也就是说,企业从关系银行那里取得主要的贷款,而从其他的多家银行借得少量贷款,这是维持关系型贷款关系的最佳选择。

总体来看,企业与多家银行存在关系会对其贷款可获得性产生负面影响,其中大银行的决策在统计上具有显著性,而小银行决策在统计上不显著,其解释是

第 3 章 关系型贷款的内涵、价值与度量

银行一般愿意成为企业独占性的金融服务提供者,即关系规模与企业的贷款可获得性负相关,其结论也支持了"关系型贷款有利于企业的贷款获得"(如 Cole 等,2004)的观点。但也有一些研究认为,企业与多家银行保持融资关系,一方面在银企市场中引入竞争机制,增加资金供给的潜在竞争对手有利于企业获得更为合理的资金成本,减少了关系银行索取垄断租金的可能性;另一方面将分散风险,降低银行因关系企业局部危机产生的风险集中转嫁,也降低因银行承受关系企业风险而向其他企业转嫁风险的可能性,有利于企业的整体稳定经营。

3.6 关系强度的度量

在充分吸收已有文献所取得的相关研究成果的基础上,本书采用直接构建"关系强度"虚拟变量,将反映关系长度、关系规模和关系深度的相关指标进行加权综合,来全面反映银企关系的紧密程度。

3.6.1 关系强度变量的建立:理论分析

1. 选择构建关系强度综合变量的理由

(1)综合关系长度、距离、规模、深度等指标来全面反映银企关系紧密程度。由前文的分析得知:以关系长度、关系距离、关系规模或关系深度中的任一指标来反映银企关系紧密程度,都存在一定的片面性。若能采用综合性变量,将以上能反映关系紧密程度的变量以一定结构进行组建,从理论上讲能更全面地反映银企关系的实际情况。

(2)考虑数据的可获得性。在构建关系强度变量时,数据的可获得性是现实因素。通过本书的调研,可以得出反映银企关系且能较好地度量的若干变量,因此具备构建综合变量的客观条件。

2. 关系强度变量的构建思路

(1)不采纳关系距离的指标。一方面,从前文的分析得知,关系距离指标对关系紧密程度具有较差的解释能力。另一方面,关系距离数据很难获取。

(2)采用关系长度、关系规模、关系深度的相关指标,并将三类指标综合起来构建"关系强度"虚拟指标。

3.6.2 样本分析

1. 样本总体情况

本书实证的调查对象为浙江一家地方性商业银行,从该行 2012 年 12 月 1

日至 2013 年 1 月 21 日期间所发放的短期贷款(6 个月以内,包括 6 个月)客户中随机抽取了 163 个客户,并通过银行的内部贷款调查、审查系统得到目标客户的相关数据。样本的具体数据详见书后附表(样本数据一览表)。

另外,本书在调查中还随机查找了 100 家向银行提出贷款申请但最终未得到贷款的客户数据(2018 年 12 月 1 日至 2019 年 1 月 21 日)。由于这些客户的相关数据严重不足(特别是在申请登记阶段就被银行以初步调查不符合要求为理由而拒绝的客户),因此,这 100 家客户的数据只有银行拒绝贷款的理由(见表3.3),这些客户数据无法纳入实证分析中。

表 3.3　被银行拒绝贷款的客户分布情况(2018.12.1—2019.1.21)

(a)拒绝类型分布

序号	拒绝类型	数量/家	占比/%
1	申请登记时拒绝	86	86
2	贷款审批时拒绝	14	14
合计		100	100

(b)拒绝的理由分布

序号	拒绝理由	数量/家	占比/%
1	客户信用风险大(客户有赌博、吸毒等不良偏好,有较大的风险偏好,且业主不可控因素大)	17	17
2	客户负债高	24	24
3	客户有民间借贷,或债务关系复杂	9	9
4	客户有不良信用记录(征信),或以前申请贷款被拒绝且情况没有好转	5	5
5	客户经营不稳定,或无经营主业	10	10
6	客户经营连续亏损,主业前景不明	4	4
7	贷款用途风险大	16	16
8	客户不能提供良好的担保,或所提供的保证人因对客户没有信心而拒绝担保	4	4
9	客户主动放弃(本行愿意提供贷款,但因客户嫌额度小或期限、利率等条件而主动放弃贷款)	3	3
10	其他因素	8	8
合计		100	100

第3章 关系型贷款的内涵、价值与度量

2. 样本特征

第一,客户类型。163 家客户中,其中 134 家由银行以个人名义发放的贷款,另 29 家由银行以企业名义发放贷款(见图 3.4)。实际上,这些个人大多是中小企业,银行偏好向个人贷款,由个人负有偿还的无限责任。另外,所有样本客户的贷款都是保证贷款。理由:一是中小企业缺乏良好的抵质押物;二是该银行在额度不大的贷款中偏向采用保证贷款,认为保证人具有主动约束借款人履约的作用。在 163 家客户中,有 61 家客户的基本户开在本行,占所有样本数的 37.42%。

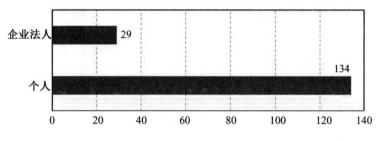

图 3.4 客户类型分布

第二,客户资产实力。样本客户的平均资产规模为 1 296 万元,其中资产最多的为 17 518 万元,最少的为 43 万元,其分布见表 3.4。需要说明的是,样本客户的总体资产规模偏大,与我们对地方性银行主要服务于中小企业的定位有所不符。经与银行沟通,主要有两种原因:一是中小企业、个体经营者及农户的个人财务与经营性财务很难区分,加上银行偏好对业主贷款(为无限责任),因此,客户的资产既包括企业法人的财产,也包括个人财产(如房产、汽车等),故其资产总额偏大。二是样本选择的问题。样本选取时间是 2018 年 12 月 1 日至 2019 年 1 月 21 日,是年末与春节前时间,这段时间内会有许多相对资产规模大的客户,在银行申请小额贷款用于年底结算及发放职工薪金与资金。

表 3.4 客户资产实力分布表

100 万元以下(含)	12	7.36
100 万~500 万元(含)	61	37.42
500 万~1 000 万元(含)	29	17.79
1 000 万~5 000 万元(含)	54	33.13
5 000 万~1 亿元(含)	2	1.23
1 亿元以上	5	3.07
合计	163	100.00

第三,贷款金额与满足率。样本中贷款最高额度为 800 万元,最低为 1 万元,平均贷款额(单笔)为 65.18 万元,符合"额度小、分散"的贷款市场定位。各区间分布见表 3.5。以本次实际在该银行得到的贷款与其申请的贷款额对比来测算贷款满足率指标,则样本客户的平均贷款满足率为 76%。

表 3.5 贷款额度分布表

贷款分类	数量/家	占比/%
500 万元以上	1	0.61
300 万~500 万元(含)	1	0.61
100 万~300 万元(含)	26	15.95
50 万~100 万元(含)	27	16.56
10 万~50 万元(含)	78	47.85
5 万~10 万元(含)	15	9.20
5 万元以下(含)	15	9.20
合计	163	100.00

第四,与该银行合作时间及贷款次数。样本客户平均与该银行的合作时间(以最初开户时间开始计算,以整数计,不满一年的计为一年)为 3 年,最长合作时间为 11 年。其中合作时间 10 年以上者有 2 家,占比为 1.23%;合作时间 5 至 10 年(含)的有 11 家,占比为 6.75%;合作时间为 3 至 5 年(含)的有 47 家,占比为 28.83%;合作时间为 1 至 3 年(含)的有 74 家,占比为 45.40%;合作时间 1 年以内的有 29 家,占比为 17.79%。本次调查中发现有两个因素影响了银企合作时间。一是企业成长与银行市场定位问题。调查中发现,一些当地的企业经过几年发展壮大后,会选择与全国性银行发生金融业务关系,在该银行的贷款出现减少。二是银行在 2013 进行全面系统升级,也有少量客户因为重新登记而出现合作时间漏记的问题。

样本客户平均在该银行贷款的次数为 3 次,最多的客户贷款次数为 21 次,其中贷款 10 次以上的客户为 8 家,占比仅为 0.5%,主要与前面分析的两个原因有关。

第五,客户与银行合作的关系规模及在该银行的贷款集中度。平均来看,所有客户除在该银行申请了贷款后,调查时还在其他 2 家银行成功申请了贷款(在贷款期间内)。其中最多的客户在其他 9 家银行申请了共计 3 065 万元贷款;另有两个客户在其他 7 家银行申请了贷款。以"该银行贷款(包括本次贷款)÷客户全部贷款余额"来计算贷款集中度,则样本客户的平均贷款集中度为 44%。

第3章 关系型贷款的内涵、价值与度量

第六,积数比(存款贷款积数比)。这里的积数比是指样本客户在该银行的存款积数与其申请贷款的积数之比。积数定价法实际上是一种关系定价模式,对隐性长期关系合约的形成具有积极作用。本书将积数比当作衡量关系深度的指标。样本客户的最高积数比达到2,最低不足0.1。因积数比仅仅是一个区间数字,现有数据下无法测算均值。样本的其他数据与特征将根据需要在后面进行介绍,本书主要介绍与关系强度度量及检验有关的样本数据与特征。

3.6.3 关系强度实证度量

1. 实证的基本思路

(1)测度设计思路。

关系型贷款的关系度量用关系强度指标来衡量。理论上关系强度为关系长度、关系规模、关系距离和关系深度四个关键因素共同作用的结果,前面的分析已排除了关系距离,因此本书认为,关系强度指标由关系长度、关系规模和关系深度共同决定。

综合前面的分析,本书认为,影响关系长度、关系规模和关系深度的因素主要包括"银行与企业之间合作时间长短""在该银行发生贷款次数的多少""企业是否为银行的基本户""融资的银行数""在该银行的融资集中度"和"存款贷款积数比"等六个方面。要测算出关系强度,首先需要将上述六个主要影响因素通过一定的测算方法整合为三个关键因素,然后再由三个关键因素通过三者各自对关系的影响作用大小,综合得出关系强度。因此,其基本思路可由图3.5来示意。

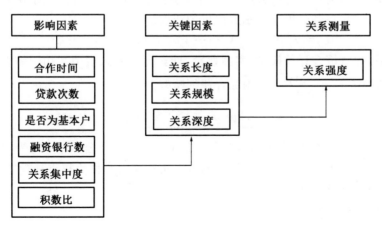

图3.5 关系强度度量模型

(2)实证方法选择及算法原理。

本书采用因子分析综合评价方法来测算关系强度。因子分析是通过研究多个变量间相关系数矩阵(或协方差矩阵)的内部依赖关系,将所有变量综合为数量较少的几组变量,称之为因子,使得同组内的变量具有较高的相关性,不同组间的变量具有较低的相关性,各个因子间互不相关,所有变量都可以表示成公因子的线性组合,并用这少数几个因子再现原始变量所包含全部信息的一种多元统计分析方法。

采用因子分析综合评价方法测算关系型贷款中关系强度的基本算法原理的步骤如下:

首先,设有 p 个影响关系强度的指标,记为 $X=(X_1,X_2,X_3,\cdots,X_p)T$,对原始数据进行标准化处理,在此基础上将上述变量表示为 m 个公因子 $F=(F_1,F_2,\cdots,F_m)T$ 的如下线性组合

$$X_i = a_{i1}F_1 + a_{i2}F_2 + \cdots + a_{im}F_m + \varepsilon_i \quad (i=1,2,\cdots,p)$$

上述模型称为初始因子模型。矩阵 $\mathbf{A}=(a_{ij})$ 称为因子载荷矩阵,a_{ij} 为因子载荷,其实质为公因子 F_i 和变量 X_j 的相关系数,反映了第 j 个变量 X_j 对于第 i 个公因子 F_i 的重要性。

然后估计公因子 F_i 的方差贡献率、因子载荷系数等参数,确定公因子个数。参数估计的方法主要有主成分法、最大似然法、最小平方法等。由于因子分析要求提取出的公因子有实际含义,当各因子的意义不明显时,还需要通过旋转处理的方式使得因子载荷矩阵中系数更加显著。公因子个数主要根据特征值大小或者累积方差贡献率来确定。

其次,求出关系强度的公因子 F_i 后,还要用回归估计等方法求出各因子得分的数学模型,将各公因子表示成变量的线性形式,即

$$F_i = b_{j1}X_1 + b_{j2}X_2 + \cdots + b_{jn}X_n (j=1,2,\cdots,m)$$

最后,构造综合评价模型,实施评价,计算出关系强度值。用于综合评价的第 i 个公因子 $F'=\sum C_{ij}x_j$,则综合评价模型为

$$F = \sum_{i=1}^{m} W_i F'_i = \sum_{i=1}^{m}\sum_{j=1}^{p} W_i c_{ij} x_j$$

其中,F 为综合评价值,即关系强度;F' 为确定的第 i 个公因子;W_i 为因子的权重,综合评价中习惯采用每一个因子的方差贡献率大小作为权重进行加权;x_j 为第 j 个指标的标准化值。

2. 关系强度的度量

(1)实证研究方法的适用性检验。

采用因子分析综合评价方法来测量关系型贷款的关系强度,首先需要对影

第3章 关系型贷款的内涵、价值与度量

响关系强度的各因素变量合作时间(X_1)、在该银行贷款次数(X_2)、是否为基本户(X_3)、融资银行数量(X_4)、关系集中度(X_5)和积数比(X_6)是否适合因子分析进行适用性检验,检验的指标主要包括 KMO(Kaiser-Meyer-Olkin)和 Bartlett(球状)检验,KMO 检验各因素变量间的偏相关是否较小,Bartlett 检验判断相关阵是否为单位阵。运用 SPSS18.0 软件对 163 份问卷数据的检验结果显示,KMO 值为 0.786,Bartlett 检验结果显著(sig.=0.000),这表明拒绝各变量独立的原假设,即变量间具有较高的相关性,但是 KMO 值较大,表明变量间信息的重叠程度较高,因此适合进行因子分析(见表 3.6)。

表 3.6 KMO 和 Bartlett 的检验

取样足够度的 KMO 度量		0.786
Bartlett(球状)检验	近似卡方	339.575
	df	15
	Sig.	0.000

(2)因子分析结果。

在因子分析过程中,本书根据上述六个因素变量的相关系数矩阵计算特征值、方差贡献率和累计方差贡献率,采用主成分方法提取公因子;同时为了使因子载荷矩阵中的系数更具显著性,采用方差最大正交旋转方法对因子载荷矩阵进行旋转;在提取公因子时,习惯上可根据累计方差贡献率和公因子特征根的大小结合起来选取。本书在实证分析过程中发现,前三个公因子的累积方差贡献率达到 81.462%,超过 80%,且特征根较大,因此最终决定提取三个公因子(见表 3.7)。

表 3.7 解释的总方差

成分	初始特征值			提取平方和载入			旋转平方和载入		
	合计	方差/%	累积/%	合计	方差/%	累积/%	合计	方差/%	累积/%
1	2.303	38.380	38.380	2.303	38.380	38.380	1.946	32.435	32.435
2	1.798	29.967	68.347	1.798	29.967	68.347	1.810	30.169	62.604
3	0.787	13.115	81.462	0.87	13.115	81.462	1.132	18.858	81.462
4	0.631	10.516	91.978						
5	0.274	4.559	96.537						
6	0.208	3.463	100.000						

提取方法:主成分分析。

变量共同度用于表示各变量中所包含原始信息被提取的公因子所表示的程度,从提取三个公因子后计算得到的变量共同度可知:几乎所有变量的共同度都在70%以上,因此提取出的三个公因子对各变量的解释能力是较强的(见表3.8)。

表 3.8 变量共同度

变量	初始	提取
合作时间(年)X_1	1.000	0.700
在该银行贷款次数 X_2	1.000	0.859
是否为基本户 X_3	1.000	0.734
融资银行家数 X_4	1.000	0.852
关系集中度 X_5	1.000	0.843
积数比 X_6	1.000	0.900

提取方法:主成分分析。

方差最大正交旋转后得到的因子载荷矩阵如表3.9所示,载荷矩阵用于说明各因子在各变量上的载荷,即影响程度。从中可以发现,第一个公因子在X_1(合作时间)、X_2(在该银行贷款次数)和X_3(是否为基本户)三个变量上具有较大的载荷,其主要表现为长度对关系强度的作用,因此将此因子定义为关系长度因子,记为F_1;第二个公因子在X_4(融资银行家数)和X_5(关系集中度)两个变量上具有较大的载荷,其主要表现为规模对关系强度的作用,因此将此因子定义为关系规模因子,记为F_2;第三个公因子在X_6(积数比)变量上具有较大的载荷,其主要表现深度对关系强度的影响,因此将此因子定义为关系深度因子,记为F_3。

表 3.9 旋转成分矩阵

变量	成分		
	1	2	3
在本行贷款次数 X_2	0.860	0.191	0.288
是否基本户 X_3	0.816	−0.242	−0.095
合作时间(年)X_1	0.713	0.130	0.418
融资银行家数 X_4	0.002	−0.923	−0.008
关系集中度 X_5	−0.019	0.918	0.027
积数比 X_6	0.177	−0.067	0.930

提取方法:主成分分析

(3)关系强度的测量。

运用因子分析综合评价方法计算关系型贷款中的关系强度包括三个步骤：一是根据因子分析的结果计算因子得分系数 F_i；二是根据各公因子对应的方差贡献率大小作为计算关系强度权重 W_i 的依据；三是将因子得分进行加权，计算得到关系强度。具体计算结果如下。

①因子得分系数 F_i 的计算。

常见的计算方法有回归方法、Bartlett 方法和 Anderson-Rubin 方法等，本书采用回归方法计算因子得分系数，SPSS18.0 输出的系数得分系数矩阵结果如表 3.10 所示。

表 3.10　因子得分系数矩阵

变量	因子		
	F_1	F_2	F_3
合作时间(年)X_1	0.299	0.057	0.200
在该银行贷款次数 X_2	0.436	0.089	0.007
是否为基本户 X_3	0.550	−0.146	−0.386
融资银行家数 X_4	−0.011	−0.511	−0.018
关系集中度 X_5	−0.007	0.508	0.044
积数比 X_6	−0.213	−0.049	0.943

提取方法：主成分分析。

由上述系数矩阵将关系长度因子 F_1、关系规模因子 F_2 和关系深度因子 F_3 表示为 6 个指标的线性形式，分别为

$$F_1 = 0.299X_1 + 0.436X_2 + 0.550X_3 - 0.011X_4 - 0.007X_5 - 0.213X_6$$
$$F_2 = 0.057X_1 + 0.089X_2 - 0.146X_3 - 0.511X_4 + 0.508X_5 - 0.409X_6$$
$$F_3 = 0.200X_1 + 0.007X_2 - 0.386X_3 - 0.018X_4 + 0.044X_5 + 0.943X_6$$

上述三个因子分别从关系长度、关系规模和关系深度反映各个样本银企间的关系强度。

②权重值的确定。

采用因子分析综合评价方法可以按各公因子对应的方差贡献率作为权数计算综合统计量。由于本书选取了前三个公因子，从前文的分析中可以得到，三个公因子的方差贡献率分别为 38.38%、29.967% 和 13.115%，三者累积方差贡献率为 81.462%，将三个公因子按照各自方差贡献率的大小，作归一化处理，计算得到三者的权重分别为

F_1 的权重 $W_1 = 38.38\% \div 81.462\% = 47.11\%$

F_2 的权重 $W_2 = 29.967\% \div 81.462\% = 36.79\%$

F_3 的权重 $W_3 = 13.115\% \div 81.462\% = 16.10\%$

③关系强度 F 的计算。

将关系长度、关系规模和关系深度三个公因子,按照上述权重进行加权,便可以计算得到关系强度 F,其计算公式为

$$F = W_1 \times F_1 + W_2 \times F_2 + W_3 \times F_3$$
$$= 0.4711 \times F_1 + 0.3679 \times F_2 + 0.1610 \times F_3$$

对此次调查回收的 163 个样本,分别计算得到其关系长度、关系规模和关系深度三个公因子得分,然后加权便可以得到各个样本最终的关系强度,其结果的统计描述如表 3.11 与表 3.12 所示。

表 3.11 对 163 个样本关系强度得分的频数统计结果

关系强度	频率	百分比	有效百分比	累积百分比
≤-1.00	6	3.7	3.7	3.7
-0.99~0.75	11	6.7	6.7	10.4
-0.74~0.50	17	10.4	10.4	20.9
-0.49~0.25	21	12.9	12.9	33.7
-0.24~0.0	29	17.8	17.8	51.5
0.01~0.25	29	17.8	17.8	69.3
0.26~0.50	20	12.3	12.3	81.6
0.51~0.75	12	7.4	7.4	89.0
0.76~1.00	10	6.1	6.1	95.1
1.01~1.50	5	3.1	3.1	98.2
1.51~2.00	2	1.2	1.2	99.4
2.01+	1	0.6	0.6	100.0
合计	163	100.0	100.0	

第3章 关系型贷款的内涵、价值与度量

表3.12 对163个样本关系强度计算结果的统计描述

关系强度		统计量	标准误
均值		—	0.048 64
均值的95%置信区间	下限	−0.096 0	
	上限	0.096 0	
5%修整均值		−0.028 3	
中值		−0.021 4	
方差		0.383	
标准差		0.619 04	
极小值		−1.16	
极大值		2.55	
极差		3.72	
四分位距		0.70	
偏度		0.740	0.191
峰度		1.488	0.379

3. 实证结果分析

影响银企之间关系型贷款的关系强度的因素众多,但主要受三个方面因素的影响,即关系长度、关系规模和关系深度。其中关系长度取决于银企之间合作时间的长短,在同一家银行贷款次数的多少,以及是否为该行的基本户,在上述因子得分系数 F_1 的计算公式中,X_1、X_2 和 X_3 的系数显著大于零,这表明关系长度与三者之间呈正相关关系,即合作时间越长,在同一家银行贷款次数越多,以及成为该行的基本户,将会增加两者之间的关系长度,从而有助于提升两者之间的关系强度。关系规模取决于融资银行的数量以及融资关系集中度,在上述因子得分系数 F_2 的计算公式中,X_4 和 X_5 的系数显著异于零,其中融资银行数量 X_4 系数显著小于零,融资关系集中度 X_5 系数显著大于零,这表明融资银行数量与关系规模负相关,融资银行数量越多,其关系规模越大,则关系强度越低;而融资关系集中度与关系规模正相关,即融资关系集中度越高,则关系强度越高。关系深度取决于银企之间的积数比,在上述因子得分系数 F_3 的计算公式中,X_6 的系数显著大于零,表明积数比与关系深度呈正相关关系,也即较高的积数比意味着银企之间具有较高的关系深度,从而有较高的关系强度。

需要进一步分析的是,对于上述六大指标的归类,"银企合作时间"及"贷款

次数"指标归纳为关系长度、提供贷款的"融资银行数量"及该银行贷款占客户贷款总额的"贷款集中度"指标归纳为关系规模等,都与传统文献的归类相一致,被大家所接受。而"是否为基本户"指标纳入关系长度,其解释如下:

第一,是否为基本户是衡量关系强度的指标之一。一般而言,基本户能为银行提供更多的企业业务往来信息,是关系维系的重要渠道。因此,是否为基本户应纳入衡量关系强度指标之中。

第二,从表面看,是否为基本户与银企关系建立的时间长短没有必然联系,但从长期考虑,企业将基本户开在某家银行,一般意味着该企业将选择与该银行建立长期的合作关系,有利于未来银企关系的持续保持或深入。因此,将是否为基本户指标纳入关系长度指标之中有一定的解释力。

3.7 关系强度的实证检验

在建立关系强度测算模型并对样本中各客户与银行的关系强度进行测算后,有必要通过分析关系强度对企业贷款可获得性的影响,对关系强度测算的有效性进行检验。

3.7.1 基本假设

第一,关系型贷款中,企业与银行之间的关系强度与企业从该银行获得贷款的容易程度相关,即关系强度与企业贷款可获得性正相关。关系强度越高,则企业贷款可获得性也越高;反之也成立。

第二,以贷款满足率指标来衡量企业的贷款可获得性,则进一步假设为:关系强度影响企业向该银行申请贷款时获得全额批准的可能性,即关系强度影响企业的贷款满足率;且关系强度指标与企业的贷款满足率指标正相关,关系强度越高,则企业的贷款满足率就越高,反之也成立。

3.7.2 变量选择、研究方法与数据来源

1. 被解释变量与解释变量

本书用于反映银行贷款的被解释变量为贷款可获得性指标。贷款可获得性指标不宜直接使用该企业所能获得贷款总额的绝对规模来衡量,因为其受企业规模的影响,大型企业所获得的贷款绝对额度一般总高于小型企业,但这并不表示大型企业贷款的可获得性一定优于小型企业,这取决于不同规模企业自身对资金的不同需求量。

本书以贷款满足率指标判断一个企业贷款的可获得性,贷款满足率用数学

符号记为 Y,该指标是企业申请的贷款额度占银行批准贷款额度的比重,理论上其取值范围为 $[0,100\%]$,显然贷款满足率越高,企业的贷款可获得性越强;反之,贷款满足率越低,企业的贷款可获得性就越低。

影响银行信贷的解释变量为关系,从前文的分析中可以得知,关系同样是一个受诸多因素影响的复杂变量,因此可采用前文中采用因子分析综合评价方法测量所得的关系强度指标来表示,用数学符号记为 X,其主要受关系长度(F_1)、关系规模(F_2)和关系深度(F_3)三个因子的影响,为三者的加权和(F)。

2. 研究方法

对关系与信贷影响的上述研究假设将采用如下计量模型来加以验证:首先,通过计算关系强度指标与贷款满足率指标的相关系数,并进行相关性检验,用以验证两者的相关关系是否成立,确定相关关系的方向;然后,在相关性检验的基础上,通过建立关系强度和贷款满足率的线性回归模型,用以定量分析关系强度对贷款满足率的影响大小。因此,采用的实证研究方法为相关分析与回归分析法。

3. 数据来源

上述实证研究的数据为前文测算关系强度指标时所调查回收的 163 份问卷数据,其中计算关系强度值的指标和数据前文已作介绍,由问卷中 163 个样本提供的合作时间、贷款次数、是否为基本户、融资银行数、关系集中度、积数比等调查数据采用因子分析评价方法测算得出,贷款满足率由获批货款金额除以申请贷款金额计算得出,获批贷款金额与申请贷款金额数据同样来源于调查回收的 163 个样本。全部分析均在 SPSS18.0 中完成。

3.7.3 模型设定

1. 关系强度和贷款满足率的相关分析模型设定

记关系强度(X)和贷款满足率(Y)两者的相关系数为 R,建立如下假设。

原假设 $H_0:R=0$(即两者不相关)。

备择假设 $H_1:R\neq 0$(即两者相关)。

采用如下检验统计量

$$r=\frac{\sigma_{XY}}{\sigma_X\sigma_Y}=\frac{\sum(X-\overline{X})(Y-\overline{Y})}{\sqrt{\sum(X-\overline{X})^2\sum(Y-\overline{Y})^2}}$$

拒绝域为

$$W=\{|R|>R_{1-\alpha}(n-2)\}$$

其中，$R_{1-\alpha}(n-2)$ 为 $|R|$ 分布的 $1-\alpha$ 分位数。

若拒绝原假设，则认为关系强度和贷款满足率两者相关。如果 $R>0$，表示两者存在正相关关系；如果 $R<0$，表示两者存在负相关关系。

2. 关系强度和贷款满足率的回归分析模型设定

在相关性检验的基础上，进一步采用回归分析方法对关系强度和贷款满足率两者建立线性回归模型，并对关系强度对贷款满足率的影响大小进行计量分析。关系型贷款的关系强度与贷款可获得性线性回归模型可设定如下

$$Y=\alpha+\beta X+\varepsilon$$

其中，Y 代表贷款满足率；X 代表关系强度；α 为常数项；β 解释变量关系强度的回归系数；ε 为误差项。上述回归模型中，如果参数 β 显著异于零，则表明关系强度对贷款可获得性存在影响的假设成立，否则不成立，且其值的大小反映了关系强度对关系信贷可获得性的影响大小。

3.7.4 计量结果及检验

1. 关系型贷款的关系强度与贷款满足率相关性检验

对关系强度和贷款满足率计算 Pearson 相关系数，其系数为 0.816，显著性检验的结果显示，该系数在 1% 水平上（双侧检验）显著相关（见表 3.13）。因此，可以认为关系强度和贷款满足率两者之间存在显著的相关关系。相关系数 0.816 大于 0，表明两者呈正相关关系，即关系强度值越大，贷款满足率越高；相关系数值越小，贷款满足率越低。因此符合基本假设中关于关系型贷款中关系与信贷相关的理论假定。

表 3.13 关系强度与贷款满足率相关性检验

		关系强度	贷款满足率
关系强度	Pearson 相关系数	1	0.816**
	显著性（两侧检验）		0.000
	N	163	163
贷款满足率	Pearson 相关系数	0.816**	1
	显著性（两侧检验）	0.000	
	N	163	163

注：** 表示该系数在 1% 的水平上显著。

2. 关系型贷款的关系强度与贷款满足率线性回归结果及检验

解释变量（自变量）关系强度与被解释变量（因变量）贷款满足率两者的简单

线性回归结果如表 3.14 所示。

表 3.14　解释变量与被解释变量的简单线性回归结果

模型		非标准化系数		标准化系数	t	显著性
		回归系数	标准误差	回归系数		
1	常数项	75.498	1.135		66.535	0.000
	关系强度	32.874	1.835	0.816	17.911	0.000

将其表述成线性回归模型如下

$$\hat{Y}=75.498+32.874X$$
$$t=(66.535)(17.911)$$
$$s.e.=(1.135)(1.835)$$

上述回归方程中,回归系数的 t 值为 17.911,p 值为 0.000,在 1% 水平上高度显著,表明两者之间的线性回归关系成立。

运用方差分析对模型进行检验,其检验结果如表 3.15 所示。

表 3.15　方差分析

模型		平方和	自由度	均方	F	显著性
1	回归系数	67 326.837	1	67 326.837	320.816	.000ª
	残差	33 787.625	161	209.861		
	合计	101 114.462	162			

方差分析的结果显示:F 值为 320.816,p 值为 0.000,因此上述线性回归模型设定有效。

模型的拟合优度检验结果如表 3.16 所示:决定系数值为 0.666,调整后决定系数值为 0.664。决定系数整体上不是特别高,造成这一现象的原因主要是关系强度仅是造成贷款满足率变动的其中一个影响因素而非唯一因素,不过模型的拟合效果总体上还是理想的。

表 3.16　拟合优度检验

模型		复相关系数	决定系数	校正决定系数	估计标准误差
Dimension 0	1	0.816	0.666	0.664	14.486 58

3.7.5　研究结论

回归分析结果表明,解释变量关系强度的回归系数显著,有统计意义,这表明解释变量关系强度对信贷满足率有影响,其回归系数值为 32.874,表明关系强度每提高 1 个单位,贷款满足率将提高 32.874 个百分点。在关系型贷款中,维持良好的银企关系,提升关系强度,有助于企业的贷款申请得到满足。研究符合假设,也进一步证明了本书对关系强度指标的测算符合理论逻辑与实际情况,所测算的结果具有较强的现实应用价值。

本章小结

本章立足本书研究的另一技术维度——社会关系学,来探讨关系型贷款最为核心的纽带——"关系"。

人在社会经济中扮演着"经济人"和"社会人"的双重角色。具有经济能力的人将经济行为嵌入社会关系之中。关系是人类社会经济关系中客观存在的,它具有互惠性、稀缺性和扩散性的特征。因此,关系型贷款的"关系"是指银行与贷款客户及其群体之间,在业务交往中逐渐建立起来的,开展内部信息交流和形成相互约束力的纽带。

"关系"的本质是信任。"关系"是隐性的,非合约化的,"关系"的建立是基于人与人之间的信任,是在长期合作中逐渐建立起来的,一般随着时间的推移,"关系"由于信任的增加而产生累加。信任是人们在社会活动和交往过程中基于对对方以及交往行为能产生合意的结果的相信而形成的一种理性化的交往态度,是基于对自己的包括利益、人身、名誉等在内的安全的考虑和行为结果的预期而形成的一种价值心理机制。随着经济交往的频繁,以经济关系所形成的信任不断增强,信任结构趋向多元化。

"关系"的价值是社会资本。社会资本是指在信任基础上所形成的社会资源。社会资本由关系网络和区域社会文化共同构成,社会关系网络和经济关系网络是社会资本的外在表现,而信息共享、协调行动与声誉约束是社会资本的内在功能。在我国,以人格信任所形成的社会关系网络,以及人格信任重要影响的经济关系网络共同决定了我国当前的社会资本。我国企业的社会资本具有以下三个特点:(1)社会关系网络由以"熟人社区"为核心的社会关系网络和以市场为核心的经济关系网络共同形成;(2)社会资本以非正式框架为主体,正式框架为补充;(3)社会资本的产出更需要"关系"去发现和挖掘。因此,对于地方性银行而言,构建合理的"关系"模式,是开展关系型贷款的前提和保障。

在银企关系中,关系的收益可以分为关系租金和合约收益,其中关系租金又包含信息租金、跨期优化租金和声誉租金等。关系收益获得方式有:(1)增加资金的可得性;(2)降低信贷利率;(3)降低担保条件;(4)提高风险控制能力,降低

第3章 关系型贷款的内涵、价值与度量

风险程度。关系成本衡量的关键因素在于信贷主体对于信贷关系的依赖程度,关系成本主要有预算软约束和锁定成本。

关系长度指标比较直观,容易获得相关数据,但以合作时间长短来与关系强度进行对等,有一定的片面性,但总体上具有较好的解释力;将关系距离等同于关系强度,在逻辑上、实证上都没有较好的解释力;关系规模指标也同样比较容易获取,虽然许多实证分析得出关系规模与关系强度之间存在关联性,但以企业与多银行建立业务关系会降低银行与其中一家银行的关系强度为逻辑,缺乏相应的理论支持;从理论上看,关系深度应是关系强度的最优替代变量,但关系深度变量本身很难量化,寻找良好的关系深度变量有一定难度。

本章将上述四类指标中的三类(排除了关系距离指标)进行综合,形成关系强度虚拟变量,并采用因子分析综合评价方法来测算关系强度。本章以浙江一家地方性商业银行的163个客户为样本,通过调查得到相关数据。将银行与企业之间"合作时间"长短、在该银行发生"贷款次数"的多少、企业"是否为基本户"(该银行)、"融资银行数"、在该银行的"融资集中度"和存款贷款"积数比"等六个指标认为是"关系强度"指标的组成部分(三级指标),通过实证分析,上述六个指标通过一定的测算方法整合为三个二级指标,即"关系长度"(F_1)、"关系规模"(F_2)和"关系深度"(F_3),再由三个二级指标各自对关系的影响作用大小,构建成"关系强度"指标。实证结果显示,关系强度(F)的测算公式为

$$F = 0.4711 \times F_1 + 0.3679 \times F_2 + 0.1610 \times F_3$$

其中,关系长度指标包括:"合作时间""贷款次数""是否为基本户"三个指标;关系规模指标包括"融资银行数"和"融资集中度"两个指标;反映关系深度的指标是"积数比"。结果显示:"合作时间""贷款次数""是否基本户""关系集中度""积数比"五个指标与关系强度正相关,而"融资银行数"与关系强度负相关。

为检验关系强度模型的有效性,本章对关系强度进行检测。检验以测算出来的"关系强度"为自变量,以企业的贷款可获得性程度(贷款满足率指标)为因变量,在相关性检验的基础上,通过回归模型来分析两者之间的关系。通过实证分析,证明本章所测算出来的关系强度是有效的,它对企业贷款可获得性的影响符合统计原理和理论逻辑。

第4章 关系型贷款的"关系"应用与扩散

通过关系强度的度量,从中看出在关系型贷款中,银行与不同企业之间的关系强度存在差异,且关系强度的大小影响了企业的贷款可获得能力,影响了企业获得贷款的成本与条件。那么,如何利用银企之间的关系,并将"关系"运用到银行对企业的信用评价、贷款定价和风险管理之中,对地方性银行而言具有极强的现实意义。本章将对"关系"在企业信用评价、贷款定价和贷款风险管理中的实际应用价值做出评价和分析。

4.1 "关系"在企业信用评价中的应用

在开展贷款前,银行首先要对企业信用进行全面评价。在关系型贷款中,银行应充分利用"关系"的作用,将关系因素和非关系因素共同作为企业信用评价的核心因素。

4.1.1 企业信用评价及其发展

1. 企业信用评价

信用评价又可称为信用评级、信用评估、资信评估等,它是通过一个完整的评价体系和科学的评价方法,对目标经济主体的履约能力、偿债能力及其可信度所做出的综合分析和测定。信用评价可以是由交易一方对另一方所做出的评价,也可以是由第三方独立做出的评价,能为交易双方的顺利进行提供基础性参考。

根据评价对象的不同,信用评价可分为企业信用评价、证券信用评价、项目信用评价和国家主权信用评价四类,分别服务于不同的领域。企业信用评价是由银行或第三方所做出的对目标企业的偿债能力、履约能力的综合评价,主要服务于企业融资、商业信用建立和交易合约达成等。

2. 传统的企业信用评价方法

企业信用评价是银行对企业进行贷款之前所做的基础工作,对于交易型信

第4章 关系型贷款的"关系"应用与扩散

贷来说,银行对企业的信用评价以企业的财务指标和担保水平为主体,相对有统一的标准。常用的信用评价方法如下。

(1) 信用要素评价法。

信用要素评价法是采用归纳法将影响企业信用等级的要素归纳为几大因素,分别评价并最终确定企业的综合信用等的方法,主要有以下两类。

① "5C"分析法。由美国银行家爱德华(Edward F. Gee)提出,指银行对企业信用评价时对企业的 Character(品格)、Capacity(能力)、Capital(资本)、Collateral(担保品)和 Condition(环境状况)五个方面进行考察。在"5C"分析法的基础上,还衍生出"6C"分析法(加入保险因素,Coverage Insurance)等,还有 5W 和 5P 分析法等,其基本原理相同。

② LAPP 法则。该方法从借款人的流动性(Liquidity)、活动性(Activity)、营利性(Profitability)和发展潜力(Potentiality)四个方面评估企业信用风险。

(2) 财务比率综合分析法。

财务比率综合分析法通过对影响企业信用等级的重要的财务指标进行统计,并构建相应的模型来综合测算企业的信用等级。常用的具体方法如下。

① 杜邦财务分析法,是利用各个主要财务比率指标之间的内在联系,来综合分析、评价企业财务状况的一种分析方法。杜邦财务分析法的关键是建立完整的、连贯的财务比率体系,运用指标分解的方法建立起各个指标之间的相互联系,通过数据的替换,分析从属指标对总指标的影响。

② 沃尔比重法。它由亚历山大·沃尔(Alexander Wole)提出,通过选定的七项财务比率(流动比率、产权比率、固定资产比率、存货周转率、应收账款周转率、固定资产周转率和自有资金周转率),分别给定权重,通过与标准比率(行业平均比率)进行比较,确定各项指标的得分加总综合得分,来测算其信用等级。

(3) 信用度量分析法。

信用度量分析法通过模型的构建来分析企业的信用度。常用模型有以下几种。

① 多元判别分析模型(MDA)。该模型为很多发达国家的金融机构所采用,它先是筛选出有效财务变量并建立模型,度量目标企业的违约概率或财务危机概率,来度量企业的信用程度。

② Logistic 分析模型。它采用一系列财务比率变量来预测公司破产或违约的概率,然后根据银行、投资者的风险偏好程度设定风险警戒线,以此对分析对象进行风险定位和决策。

③ 人工神经网络(NNW)模型。神经网络方法开始主要用于预测公司破产概率,20 世纪 90 年代末,神经网络方法与模糊技术结合产生信用评价的神经模

糊网络技术,被用于银行的授信决策。

传统的企业信用评价主要立足企业的财务指标,其特点是客观性强,主观因素影响小。但缺点是条件高,一是要求企业财务健全,二是要求银行通过不断的修正来建立一套适合其客户的严格的指标体系与评价模型。对于关系型贷款而言,上述两个条件都不适合。一是关系型贷款的主体客户是中中小企业、个体经营者和农户,一般都不具备健全的财务条件;二是关系型贷款的主体——地方性银行本身也无法建立一个工具式的指标体系与评价模型。因此,传统的企业信用评价方法不适合于关系型贷款。

3. 关系型贷款的企业信用评价

对关系型贷款企业信用评价的研究都立足于关系型贷款主体客户的实际情况,如客户的财务信息不健全,不能提供充足担保,企业经营业绩与其业主(所有者)素质、能力高度关联,借款人存在很大的非经营性风险等,其企业信用评价体系与方法的构建与交易型信贷存在较大的不同。相关的研究有:付英(1997)从企业概况考察、企业的财务分析、信托的条件分析、外部的环境分析和企业生产能力辨别五个方面初步构建企业资信评估指标体系;王玉娥和叶莉等(2004)研究了工业企业信用评价方法,构建了由企业素质、生产能力、盈利能力、竞争能力、偿债能力和发展能力等指标组成的信用评价指标体系;陈中华(2006)从偿债能力、获利能力、经营管理、信用状况、资产利用率和发展潜力六个方面分析信用程度;彭书凤(2007)则在层次分析法的基础上提出了运用模糊层次分析法进行信用评价的观点;蒋常红(2006)用改进后的 Logistic 分析模型进行小额贷款的信用评价;雷晓敏(2008)认为要重视对企业家信用的评价,他以"5C"分析法为基础,通过对一级指标、二级指标、三级指标的细分与设定,运用专家意见法(德尔菲法)筛选企业家信用评价指标体系。潘威宇(2018)从关系型贷款的实践应用角度出发,构建了基于关系型贷款的小微企业信用评价指标体系,建立了应用于企业信用评价的模糊综合评价模型、BP神经网络模型和核极限学习机模型,并通过实证检验对比了上述模型的实际应用效果,证明了核极限学习机模型更为优异的性能表现。

综合对关系型贷款企业信用评价的相关研究,可以发现:

(1)多采用财务评价与非财务评价相结合的方法,且许多文献认为非财务评价的重要性要大于财务评价,至少是重要性不低于财务评价。

(2)非财务评价中强调企业家素质的评价、企业自身创新能力与市场适应能力的评价。

(3)在关系型贷款的企业信用评价体系构建方法上,德尔菲法和层次分析法在对信用指标因素选择和体系构建时经常被采用。因为关系型贷款中对客户信用评价更多地立足于非财务因素与银行(支行长、客户经理)的经验评价,很难量化或进行回归分析,而采用德尔菲法－层次分析法的搭配可以较好地适应这一条件。

这些研究成果有很好的参考价值,但总体而言值得更进一步的研究,特别是将关系强度进行度量并利用到企业信用评价体系建设之中,能更好地适应关系型贷款的地区差异,解决跨区域经营下的关系扩散问题。

4.1.2 对企业信用结构的分析

信用是一种综合性指标,具有非常广的内涵。对银行而言,企业信用的构成既有企业自身的品质和财务等因素,也有企业所处的信用环境和产业、行业发展能力,还有担保人(抵质押物品)所提供的支持。

本书对企业信用评价的分析以"5C"分析法为基础,先将大量的影响企业信用的因素考虑在内,再经过科学的选择,将重要影响因素保留并形成企业信用评价指标结构体系。

1. 假定

(1)企业信用能全面反映借款企业的所有信息,即企业的所有信息总和就是企业的信用。

(2)企业的全部信息都可以归纳为关系因素和非关系因素两大类,用公式表示为

$$企业信用 = 关系(因素) + 非关系(因素)$$

(3)非关系(因素)是由借款企业的财务能力、担保能力共同决定的,用公式表示为

$$非关系(因素) = 财务(因素) + 担保(因素)$$

其中,财务能力是指企业的财务运行与财务保障水平,以一系列财务指标反映出来;担保能力是指为本次贷款进行担保的抵质押物或保证人所具有的财务担保能力,以及银行对担保(物或人)的可控程度。

(4)关系(因素)由关系强度、企业与环境品质共同决定,而企业与环境品质又包括企业所处行业的发展能力、自身的发展能力、业主(管理者)的素质,以及其所拥有的社会资源水平等。企业所拥有的社会资源即社会资本,主要由社会关系网络与经济关系网络(这里以产业约束能力来替代)组成。用公式表示为

$$\begin{aligned}关系(因素) &= 关系强度 + (企业与环境)品质(企业与环境)品质 \\ &= 行业素质(行业前景) + 企业素质(产品与市场) + 业主(管理\\&\quad 者)素质 + 社会资本(社会关系 + 产业约束)\end{aligned}$$

综上,企业信用结构可用公式表示为

企业信用＝关系＋非关系＝关系强度＋品质＋财务＋担保

(5)将除关系强度之外的所有因素界定为企业信用等级,企业信用等级由相应的信用评价模型测算而成,则

企业信用＝关系强度＋企业信用等级

2. 结论与相关说明

(1)结论。

企业信用等级＝品质＋财务＋担保＝财务＋担保＋行业素质＋企业素质＋业主素质＋社会关系＋产业约束

即企业信用等级由两大类非关系性因素和五个关系性因素共同构成,关系性因素对企业的信用等级评价产生较大的作用,具体有多大的作用还需要在后面进一步探讨。

(2)相关说明。

①业主素质与社会资本因素作为关系性因素是比较好理解的,企业的社会资源即社会资本,它是企业在社会交往和经济交往中所形成的信任租金,一旦为银行所利用就成为银企关系的组成部分,因此放入关系性因素。行业素质表示行业的发展前景与行业的稳定性;企业素质表示企业的产品创新与市场开拓能力。这两类指标一方面为非财务指标,与财务指标差别大;另一方面有较强的主观性、评判性,需要银行(信贷员)通过市场调查及社会关系来全面把握,即社会资本对其评价更为重要,故纳入关系性因素之中。

②将关系强度单独列出且排除在企业信用等级之外,是因为关系强度与信用等级是两个不同范畴,两者缺乏应有的关联性。关系强度可以影响企业的贷款可获得性,信用等级相同的两个企业,与银行关系强度大的企业可以获得更多的贷款满足度或更优惠的贷款条件。同样在关系强度相同的两个企业中,谁的信用等级高,一般意义上能得到更多的贷款或更好的贷款条件。

4.1.3 关系型贷款的企业信用评价模型

1. 企业信用评价模型构建工作过程

(1)步骤设想。

①在前面对企业信用结构分析的基础上,根据对已有相关研究成果的查阅和对相关指标的内涵界定与逻辑推断,初步选择了相应的信用评价指标,建立企业信用评价指标的初始体系。

②将初始体系向被调查银行征询(专题调查),采用专家意见法(德尔菲法),在统一各方意见的基础上,选择形成企业信用评价指标体系。

③将企业信用评价指标分类构建体系后,采用问卷调查方式,以层次分析法为基本工具,最终确定各指标的权重。

④将赋予权重的各指标构建为企业信用评价模型。

⑤运用企业信用评价模型来进行贷款定价,通过对模型的运用进行实证检验。

(2)工作过程流程图(见图4.1)。

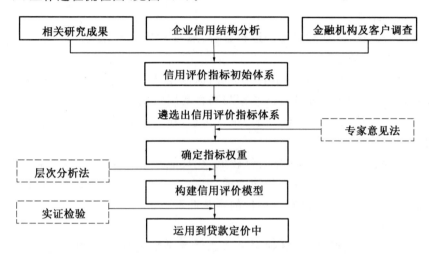

图4.1　企业信用评价模型构建工作过程流程图

2. 用评价指标遴选

(1)初始指标体系构建。

依据对已有相关文献的查阅,以及根据4.1.2节对企业信用结构的分析,构建了以下初始信用评价指标体系。

①财务指标:资产负债率、资产贷款比、流动比率、速动比率、已获利息倍数、存货周转率、应收账款周转率、销售收入增长率、销售利润率(毛利率)、资本净利率(净利率)等10个指标。

②担保指标:抵押(质押)价值贷款比(抵押物价值与贷款额的比值,适用于抵质押贷款)或保证人净值贷款比(保证人净值与贷款额的比值,适用于保证贷款)、担保可控性等两个指标。

③品质指标:行业前景预测、产品创新与市场拓展能力、企业在行业中地位、业主(管理层)素质、偿债记录、社会关系、产业约束等7个指标。

(2)指标遴选与体系构建。

①遴选方法。

采用专家意见法,以3家总部在浙江的地方性银行(城市商业银行)的100名信贷工作人员为调查对象(专家),其中支行行长(包括一级支行与二级支行)为20名,客户经理(信贷员)为80名。方式为现场调查,通过访谈、现场打分等方式让调查对象对初始企业信用评价指标进行选择,找出认为不重要或无法统计、重复统计的指标。同时,被调查者也可以提出建议将自己认为重要的其他指标纳入指标体系之中。

②遴选结果。

经统一意见,并通过必要的逻辑分析,采纳了以下意见。

第一类:财务指标。

"已获利息倍数"指标的重要性不够,原因是3家银行在实际工作中都没有采用该指标,认为小企业的利润总额与利息费用数据有较大的随意性,该指标的说服力不足。且银行关注企业能否正常付息,却因企业财务报表不健全,无法监控付息资金的来源。

"销售收入增长率"相对重要性较低,在其他9个财务指标中,若采用末位淘汰制,则多数被调查者建议去掉该指标,理由是中小企业的每个月销售收入很难是准确数值,一般为估计值,该指标的客观性不强。

第二类:担保指标。

3家银行的抵押、质押贷款余额占总贷款余额的比重平均不足10%,原因有:一是中小企业特别是微小企业、个体经营者和农户一般缺乏良好的抵押、质押物品;二是这3家银行在实际贷款中倾向于采用保证贷款形式,认为保证人的主动作为有利于发挥更好的担保作用。另外,保证人的净值也因其财务信息不健全而缺乏客观性。因此,"抵押(质押)价值贷款比或保证人净值贷款比"指标很难量化,建议与担保可控性合并,设"担保能力"指标来概括评价。

第三类:品质指标。

"企业在行业中地位"指标难以做出判断,理由是大多数企业的规模与行业地位都差别不大,特别是产业集聚区,行业由大量的中小企业组成,单体企业在行业中地位都很低,而地位多的龙头企业一般是大中企业,不属于关系型贷款范畴。

"偿债记录"指标很重要,但在实际工作中都并入"业主(管理层)素质"指标一起考核,两个指标之间的自相关系数高,建议只保留"业主(管理层)素质"指标。

另外,在专题调查中,没有出现相对较为集中的初始体系之外的指标的采用建议。

因此,通过遴选,共保留了14个指标并进行分类,由于财务指标相对较多,

第4章 关系型贷款的"关系"应用与扩散

根据财务指标所反映的企业信息的不同又分为两类,分别为负债能力指标和经营能力指标,各类指标具体如下:

品质指标(5个):行业前景、产品创新与市场拓展能力、业主(管理层)素质、社会关系、产业约束。

负债能力指标(4个):资产负债率(负债/资产)、资产贷款比(资产总额/本次申请贷款金额)、流动比率(流动资产/流动负债)、速动比率[(流动资产－存货)/流动负债]。

经营能力指标(4个):应收账款周转率(销售收入/应收账平均余额)、存货周转率(销货成本/平均存货)、销售利润率(销售利润/销售收入)、资本净利率(净利润/净资产)。

担保指标(1个):担保能力。

3. 指标权重确定

(1)采用的方法。

本书采用层次分析法(Analytic Hierarchy Process,AHP)来构建权重。层次分析法是一种定性、定量相结合的、系统化、层次化的分析方法,其基本思路是将一个复杂的决策问题进行多层次、递阶式的剖析、细分,形成目标层、准则层和指标层的不同层次的多因素分析模型,并确定不同因素在模型中的权重。

本书采用层次分析法的理由是:其一,层次分析法系统性强,能较好地解决多因素的内在关联问题;其二,由于关系型贷款的企业信用评价指标有很多关系变量,这些变量大多是非数字化变量,而层次分析法在解决非准确计量决策问题上存在优势。

(2)调查对象与方法。

本书的调查对象是银行的支行长和客户经理(信贷员),将他们认可为关系型贷款的专家,通过问卷调查方法来获得各信用评价指标重要性的评价。问卷由本书调查小组提供,即将上述的4类14个指标制成"客户信用评价指标重要性对比调查表"(见表4.1),由被调查者根据实际工作进行重要性对比选择。在进行比较时统一采用9级标度打分法,即其中"9"表示两指标前者相对后者"绝对重要",重要程度最高,相应地"8,7,…,2,1"代表重要程度依次降低,分别表示"十分重要""比较重要""稍重要""同等重要""稍不重要""比较不重要""十分不重要"和"绝对不重要"。在判断矩阵中,这些数字分别以"9,7,5,3,1,1/3,1/5,1/7,1/9"来测评。

本书同样以3家地方性银行(城市商业银行)的100名信贷工作人员为调查对象(专家),其中支行行长(包括一级支行与二级支行)为20名,客户经理(信贷员)为80名。本次问卷调查共发放问卷100份,回收100份,有效问卷100份,问卷回收率与有效回收率均为100%。

经统计,得到各指标对比评价的汇总情况,具体见表4.1。

表 4.1 客户信用评价指标重要性对比调查表(汇总)

(a)一级指标重要程度评价

两个指标的重要性对比	绝对重要	十分重要	比较重要	稍重要	同等重要	稍不重要	比较不重要	十分不重要	绝对不重要
品质指标相对负债能力指标	3	3	15	43	23	13	0	0	0
品质指标相对经营能力指标	2	1	20	34	28	11	1	2	1
品质指标相对担保能力指标	0	2	8	26	52	10	0	2	0
负债能力指标相对经营能力指标	0	2	0	21	66	9	1	1	0
负债能力指标相对担保能力指标	0	1	7	39	48	5	0	0	0
经营能力指标相对担保能力指标	1	0	1	20	71	7	0	0	0

(b)二级指标重要程度评价

品质指标下二级指标的重要性对比	绝对重要	十分重要	比较重要	稍重要	同等重要	稍不重要	比较不重要	十分不重要	绝对不重要
行业前景相对业主素质	0	0	2	12	56	21	6	2	1
行业前景相对企业素质	0	0	9	26	46	15	4	0	0
行业前景相对社会关系	2	6	23	34	25	6	4	0	0
行业前景相对产业约束	1	5	17	43	32	1	1	0	0
业务素质相对企业素质	4	7	33	24	21	9	2	0	0
业务素质相对社会关系	5	14	35	12	26	5	2	1	0
业主素质相对产业约束	6	11	41	32	6	3	1	0	0
企业素质相对社会关系	0	2	3	21	47	24	3	0	0
企业素质相对产业约束	0	0	5	23	61	11	0	0	0
社会关系相对产业约束	0	3	8	35	39	11	2	2	0
负债能力指标下二级指标的重要性对比									
资产负债率相对资产贷款比	0	0	6	8	46	32	7	1	0
资产负债率相对流动比率	0	2	21	34	33	7	1	2	0
资产负债率相对速动比率	0	2	2	6	44	38	8	0	0
资产贷款比相对流动比率	0	4	8	29	41	11	7	0	0

第4章 关系型贷款的"关系"应用与扩散

表4.1(续)

品质指标下二级指标的重要性对比	绝对重要	十分重要	比较重要	稍重要	同等重要	稍不重要	比较不重要	十分不重要	绝对不重要
资产贷款比相对速动比率	0	0	9	18	51	19	2	1	0
流动比率相对速动比率	0	0	0	8	65	25	2	0	0
经营能力指标下二级指标的重要性对比									
应收账款周转率相对存货周转率	0	2	2	12	43	34	6	1	0
应收账款周转率相对销售利润率	0	2	3	16	57	21	1	0	0
应收账款周转率相对资本净利率	0	0	5	21	51	23	0	0	0
存货周转率相对销售利润率	0	0	2	46	38	12	1	1	0
存货周转率相对资本净利率	0	1	1	38	54	6	0	0	0
销售利润率相对资本净利率	0	0	30	37	51	8	1	0	0

(3) 权重确定。

本书采用 Matlab 软件来完成分析。运行软件,得到如表4.2至表4.6所示结果(问卷调查结果一次性通过一致性检验)。

表 4.2 总体结果

备选方案	权重(W_i)
A_1 行业前景	0.108 28
A_2 业主素质	0.139 90
A_3 企业素质	0.076 67
A_4 社会关系	0.042 18
A_5 产业约束	0.042 18
B_1 资产负债率	0.052 14
B_2 资产贷款比	0.043 10
B_3 流动比率	0.036 68
B_4 速动比率	0.043 12
C_1 应收账款周转率	0.042 13
C_2 存货周转率	0.057 94
C_3 销售利润率	0.032 83
C_4 资本净利率	0.042 13
D_1 担保能力	0.240 72

表4.3 一级指标体系(判断矩阵一致性比例:0.057 2;对总目标的权重:1.000 0)

一级指标	品质	负债能力	经营能力	担保能力	权重(W_i)
品质	1.000 0	3.000 0	3.000 0	1.000 0	0.409 22
负债能力	0.333 3	1.000 0	1.000 0	1.000 0	0.175 03
经营能力	0.333 3	1.000 0	1.000 0	1.000 0	0.175 03
担保能力	1.000 0	1.000 0	1.000 0	1.000 0	0.240 72

表4.4 品质指标(判断矩阵一致性比例:0.075 223;对总目标的权重:0.409 22)

品质指标	行业前景	业务素质	企业素质	社会关系	产业约束	权重(W_i)
行业前景	1.000 0	1.000 0	1.000 0	3.000 0	3.000 0	0.264 60
业主素质	1.000 0	1.000 0	1.000 0	5.000 0	5.000 0	0.341 88
企业素质	1.000 0	1.000 0	1.000 0	1.000 0	1.000 0	0.187 36
社会关系	0.333 3	0.200 0	1.000 0	1.000 0	1.000 0	0.103 08
产业约束	0.333 3	0.200 0	1.000 0	1.000 0	1.000 0	0.103 08

表4.5 负债能力指标(判断矩阵一致性比例:0.022 44;对总目标的权重:0.175 03)

负债能力指标	资产负债率	资产贷款比	流动比率	速动比率	权重(W_i)
资产负债率	1.000 0	1.000 0	2.000 0	1.000 0	0.297 87
资产贷款比	1.000 0	1.000 0	1.000 0	1.000 0	0.246 27
流动比率	0.500 0	1.000 0	1.000 0	1.000 0	0.209 58
速动比率	1.000 0	1.000 0	1.000 0	1.000 0	0.246 27

表4.6 经营能力指标(判断矩阵一致性比例:0.051 5;对总目标的权重:0.175 03)

经营能力指标	应收账款周转率	存货周转率	毛利率	净利率	W_i
应收账款周转率	1.000 0	1.000 0	1.000 0	1.000 0	0.240 71
存货周转率	1.000 0	1.000 0	3.000 0	1.000 0	0.331 02
销售利润率	1.000 0	0.333 3	1.000 0	1.000 0	0.187 56
资本净利率	1.000 0	1.000 0	1.000 0	1.000 0	0.240 71

4. 指标体系与模型构建

根据层次分析法所确定的各指标权重,构建关系型贷款的企业信用评价指标体系,具体见表4.7。

表4.7 企业信用评价指标体系

目标	一层指标及权重	二层指标及权重	
企业信用评价	品质指标 A 0.409 22	A_1 行业前景	0.264 60
		A_2 业主素质	0.341 88
		A_3 企业素质	0.187 36
		A_4 社会关系	0.103 08
		A_5 产业约束	0.103 08
	负债能力指标 B 0.175 03	B_1 资产负债率	0.297 87
		B_2 资产贷款比	0.246 27
		B_3 流动比率	0.209 58
		B_4 速动比率	0.246 27
	经营能力指标 C 0.175 03	C_1 应收账款周转率	0.240 71
		C_2 存货周转率	0.331 02
		C_3 销售利润率	0.187 56
		C_4 资本净利率	0.240 71
	担保能力指标 D 0.240 72	D_1 担保能力	1.000 0

因此,企业信用评价模型为

$$\begin{aligned}R =& 0.409\ 22A+0.175\ 03B+0.175\ 03C+0.240\ 72D \\ =& 0.264\ 60A_1+0.341\ 88A_2+0.187\ 36A_3+0.103\ 08A_4+0.103\ 08A_5+ \\ & 0.297\ 87B_1+0.246\ 27B_2+0.209\ 58B_3+0.246\ 27B_4+0.240\ 71C_1+ \\ & 0.331\ 02C_2+0.187\ 56C_3+0.240\ 71C_4+0.240\ 72D_1\end{aligned}$$

其中,R 表示企业的信用评价得分,模型中其他英文字母所代表的指标与表4.7相同。

通过对信用评价指标体系的分析,可得出如下结论。

(1)"关系"在关系型贷款的企业信用评价中至关重要。

按照前文对企业信用结构的分析,决定企业信用的因素为关系强度与企业信用等级,而企业信用等级包括品质、财务和担保三类因素。根据信用评价指标体系,品质在企业信用等级中权重最大,占了40%。再加上关系强度,可见关系因素对企业信用的总体影响很大。

(2) 非财务评价是关系型贷款企业信用评价的主要内容。

在权重分布中,负债能力与经营能力的指标权重相同,合计占有权重为 0.350 06。负债能力与经营能力都是通过企业的财务水平反映出来的,而品质指标与担保能力指标都是通过非财务评价反映出来的。因此,在关系型贷款中,财务评价在企业信用总评价中贡献 35%,而非财务评价贡献了 65%。非财务评价相对财务评价具有更大的现实意义。

4.1.4 企业信用评价模型的运用

1. 指标的评分标准

各指标的值不同,定量指标用不同的数值反映,而定性指标用 A、B、C、D 四个等级来表示。因此,必然将指标数值按照一定的评分标准转化为评分值。本书在对 3 家地方性银行的 100 名员工(20 名支行长、80 名信贷员)进行调查时,向他们征求了客户信用评价指标评分标准,经统一意见后形成如表 4.8 所示的评分标准。

表 4.8 信用评价指标评分标准

项目	评价系数			
分值	100	80	50	20
品质指标				
行业品质 (行业前景)	好(A)	较好(B)	一般(C)	差(D)
企业品质(产品创新与市场拓展能力)①	产品竞争力强,销售渠道通畅	产品竞争力较强,销售渠道基本能保证生产	产品竞争力一般,销售渠道略有不足	产品竞争力弱,销售渠道不畅通
业主(管理层)品质	好(A)	较好(B)	一般(C)	差(D)
社会关系	社会责任感强,在当地团队组织中发挥较大作用	有社会责任感,积极参与团体活动	责任感不强,社会关系一般	社会关系差
产业约束	当地产业链完整,相互约束强	有一定的产业集聚,并有互相约束力	有较少的集群约束或上下游企业约束	无产业链约束力

---

① 从同类产品的竞争力、销售渠道两个角度进行评价。

第4章 关系型贷款的"关系"应用与扩散

表4.8(续)

负债能力指标				
资产负债率/%	≤15	(15,30]	(30,50]	≥50
资产贷款比	≥30	[15,30)	[5,15)	<5
流动比率	≥4	[2.5,4)	[1,2.5)	<1
速动比率	≥2	[1.25,2)	[0.5,1.25)	<0.5
经营能力指标				
存货周转率	≥25	[15,25)	[5,15)	<5
应收账款周转率	≥25	[15,25)	[5,15)	<5
销售利润率/%	≥25	[15,25)	[7.5,15)	<7.5
资本净利率/%	≥25	[15,25)	[7.5,15)	<7.5
担保指标				
担保能力	充足,可控性强,处置方便	一般情况下能覆盖风险,可控,处理较方便	有潜在的风险,或有一定的处置困难	不能覆盖风险,处置困难

需要说明的是:通过对照分析,发现本标准与传统的企业信用评价中的指标标准(一般用于交易型贷款,下称普通标准)有一定的差别,其中存货周转率与应收账款周转率两个指标的评分标准较高,两个指标的"较好"水平都要求达到15以上,大约高于普通标准1倍以上。经与银行沟通,认为设定高标准是符合实际情况的。原因是关系型贷款的对象是中小企业、个体经营者和农户,这些经济主体大多只保留很少量的存货,且应收款期限也很短,一般平均保留1个月的存货或1个月的应收款都已是较高水平了。特别是直接面向消费者的企业(如餐饮、零售企业等),现金收付(或卡付款)占了很大比重,基本上没有应收款,存货也极少。

2. 企业信用等级的评定

将企业信用评价指标的数据转化为分值,再通过信用评价模型可以测算出各个企业的信用分,最后可以得到信用等级。根据《中国人民银行信用评级管理指导意见》(银发〔2006〕95号),以及地方性银行对企业进行信用评级的具体做法,将企业的信用等级划分为三等九级,分别是:AAA、AA、A、BBB、BB、B、CCC、CC、C,具体信用等级评价表与等级标准见表4.9。

表4.9 企业信用等级评价与等级标准

一、企业信用等级评价

信用等级		信用状况
A	AAA	企业信用极好,几乎无风险
	AA	企业信用良好,基本无风险
	A	企业信用较好,具备支付能力,风险较小
B	BBB	企业信用一般,基本具备支付能力,稍有风险
	BB	企业信用欠佳,支付能力不稳定,有一定风险
	B	企业信用交叉,近期内支付能力不稳定,有很大风险
C	CCC	企业信用很差,偿债能力不可靠,可能违约
	CC	企业信用太差,偿债能力差
	C	企业信用极差,完全丧失支付能力

二、信用等级标准

信用等级	AAA	AA	A	BBB	BB	B	CCC	CC	C
综合信用评价得分	91~100	81~90	71~80	61~70	51~60	41~50	31~40	21~30	11~20

3. 样本测评结果

根据企业信用评价模型对样本企业进行测算,得到每一家企业的信用评价分值,再根据信用等级标准进行测评,最终得到样本各企业的信用等级,结果如下:样本企业平均的信用评价分值为75分,最高分为95分(信用等级为9级—AAA级),最低分为45分(信用等级为4级—B级)。信用等级分布图如图4.2所示。

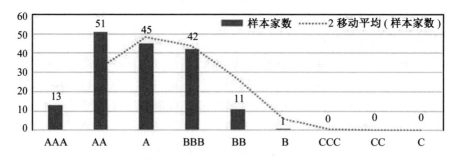

图4.2 样本企业信用等级分布图

4.2 "关系"在贷款定价中的应用

从前文的分析中可知:企业信用是由关系强度和信用等级共同体现出来的。那么,在测算了银企关系强度和企业信用等级后,如何将其运用到贷款定价之中?

4.2.1 "关系"在贷款定价中应用的分析逻辑

在第 3 章中,我们分析了关系强度对企业贷款可获得性的影响。其结论是关系强度确实影响了企业贷款的可获得性,企业贷款的可获得性与其跟银行之间的关系强度呈正相关关系。但是,现在又面临一个新的问题:"关系"是否影响了银行对企业贷款的定价。

这里不能简单地将度量出来的关系强度与企业贷款利率进行回归分析,理由如下。

(1) 贷款可获得性与贷款定价这两个变量有很大区别,前者是一个相对模糊的概念,其精准度不大。但后者反映贷款利率的高低,是精准数值,对其进行回归分析,应尽量将影响贷款利率的重要变量都考虑在内,共同构建模型进行回归分析。

(2) 银行对一家企业的贷款定价,既受银行与企业之间关系紧密程度的影响,同时还要充分考虑企业自身的经营情况、还款能力、品质的高低等,也就是说,银行在贷款定价中,除关系强度外,企业信用等级是一个不得不考虑的因素。

(3) 关系、企业信用等级与贷款定价。

同样以企业信用结构来分析:

公式 1:企业信用=关系+非关系。

公式 2:非关系=财务+担保。

公式 3:关系=关系强度+品质。

得出公式 4:企业信用=关系强度+品质+财务+担保=关系强度+企业信用等级,则:企业信用等级=品质+财务+担保。

其中,品质是银行通过其关系所掌握的有关企业及其环境的、除财务和担保之外的全部信息,包括行业品质、企业品质、业主品质和社会资本等。

企业信用等级的高低及其与银行的关系紧密程度决定了贷款利率的高低,而企业信用等级是由企业财务能力、担保能力和企业及其环境的品质(关系因素)所决定的。因此,关系对企业贷款利率产生重要影响。

4.2.2 "关系"对企业贷款定价影响的实证分析

1. 基本假设

假设1:企业信用是对企业所有信息的反映,企业信用决定了银行对该企业贷款的利率高低。

假设2:企业信用由企业与银行的关系强度和企业信用等级共同决定,即关系强度变量与企业信用等级变量对贷款利率的影响都是显著的。

假设3:关系强度与企业信用等级均与企业贷款利率负相关,即关系强度越高,则企业所得到的贷款利率就越低,反之则相反;企业信用等级越高,其贷款利率同样也越低,反之则相反。

2. 变量说明与样本数据

(1)变量说明。

反映企业贷款定价的指标为贷款利率,用数学符号记为 I,在实证分析过程中,贷款利率作为解释变量。

企业的贷款定价是一个十分复杂的问题,影响企业贷款定价的变量众多,通过建立回归分析模型对企业贷款定价进行定量分析,一方面如果将上述全部变量作为解释变量引入模型容易造成多重共线性等计量分析问题;另一方面如此多的解释变量会使得该模型的实际应用价值受到极大的限制。考虑到这些,本书将影响企业贷款定价的因素分为两大综合因素:第一类综合因素为"关系"因素,用关系强度来表示;第二类综合因素为企业"信用水平"因素,用信用等级来表示。两类因素囊括了影响企业贷款定价的方方面面,同时又较好地解决了计量分析中的问题,增强了实证应用的价值。基于上述考虑,本书的被解释变量包括两个:一是关系强度指标,用数学符号记为 X_1,其主要受关系长度 F_1、关系规模 F_2 和关系深度 F_3 三个因子的影响,为三者的加权和 F,其数据来源于前文中因子分析综合评价方法测量所得的关系强度指标,测量对象为 163 个样本企业;二是信用等级,用数学符号记为 X_2,其主要受企业的信用品质、负债能力、经营能力和担保能力四个方面的影响,其数据根据 163 个样本企业提供的四大方面的 14 个指标数据,采用企业信用评价模型计算得出信用等级,共计 9 个信用级别,用 1~9 级来表示,级别越高,信用水平越高,级别越低,信用水平越低。

(2)样本数据。

仍采用与前文一样的样本,样本总数为 163 个,具体数据详见书后附表(样本数据一览表)。以样本企业实际发生的最近一次获批贷款享受的贷款利率为直接依据。

第4章 关系型贷款的"关系"应用与扩散

前文已对样本客户类型、资产实力、贷款金额与满足率、与该银行合作时间及贷款次数、客户合作银行规模及在该银行的贷款集中度、积数比(存款贷款积数比)六个方面的特征进行了分析,这里根据需要再对样本的部分特征分析如下。

①关系强度。

根据第3章所构建的关系强度测算模型($F=0.4711\times F_1+0.3679\times F_2+0.1610\times F_3$,$F_1$、$F_2$、$F_3$分别代表关系长度、关系规模与关系深度指标)对163个样本进行测算,得出各客户的关系强度值;另外,第3章对163个样本关系强度的统计结果进行了描述,中值为-0.0214,极大值为2.55,极小值为-1.16,详见第3章的表3.11、表3.12。

②企业信用等级。

根据上一节所构建的企业信用等级测算模型对163个样本进行测算,计算出每个企业的信用评价分,再对照等级标准换算出每个样本的信用等级。

③贷款利率。

样本数据中的贷款利率为月利率,以‰来表示。样本企业的平均贷款利率为8.21‰,折合年利率为9.85%,略低于该银行2018年末全部贷款客户的平均贷款利率10.08%。这与第5章对样本的分析一致,第4章中发现样本客户的资产总额偏大,平均每笔贷款金额偏高(2018年末被调查银行全行户均贷款余额为50.77万元),并分析了两个原因。样本平均贷款余额略高,而贷款利率略低,符合经济学逻辑。样本中最高贷款利率为11.64‰,最低为4.83‰。可以看出,样本企业的贷款利率主要集中于7‰~10‰。

3. 研究方法

对关系对企业贷款定价影响的上述研究假设将采用如下计量模型来加以验证:(1)检验贷款利率与企业信用等级的相关性,确定相关的程度和相关的方向;(2)检验利率与关系强度的相关性,确定相关的程度和相关的方向;(3)建立企业贷款利率、信用等级和关系强度之间的线性回归模型,测量信用等级和关系强度指标对贷款利率的实际影响大小。上述分析均在SPSS18.0中完成。

模型1:贷款利率与关系强度之间的线性回归模型设定为

$$I=\alpha_1+\beta_1 X_1+\varepsilon_1 \tag{4.1}$$

模型2:贷款利率与信用等级之间的线性回归模型设定为

$$I=\alpha_2+\beta_2 X_2+\varepsilon_2 \tag{4.2}$$

模型3:贷款利率与关系强度、信用等级之间的线性回归模型设定为

$$I=\alpha_3+\beta_{31} X_1+\beta_{32} X_2+\varepsilon_3 \tag{4.3}$$

式(4.1)至式(4.3)中,I代表贷款利率,用于反映企业的贷款定价;X_1、X_2分别代表关系强度和信用等级;α_1、α_2和α_3为常数项;β_1、β_2、β_{31}和β_{32}为对应线性回归模型的回归系数,如果其显著异于零,表示解释变量与被解释变量之间的上述假定关系成立,否则便不成立;ε_1、ε_2、ε_3为误差项。

4. 计量结果及检验

(1)关系强度与贷款利率的相关性检验。

对关系强度和贷款满足率计算 Pearson 相关系数,其系数为-0.425,显著性检验的结果显示,该系数在1%水平上(双侧检验)显著相关(见表4.10)。因此,可以认为关系强度和贷款利率两者之间存在显著的相关关系。相关系数-0.425小于0,表明两者呈负相关关系,即关系强度值越大,贷款利率越低;关系强度值越小,贷款利率越高。因此关系强度与贷款利率呈负相关的理论假定成立。

表4.10 关系强度与贷款利率的相关性检验

Pearson 相关系数		I 贷款利率	X_1 关系强度
I 贷款利率	Pearson 相关系数	1	-0.425
	显著性(两侧检验)		0.000
	N	163	163
X_1 关系强度	Pearson 相关系数	$-0.425**$	1
	显著性(两侧检验)	0.000	
	N	163	163

注:**表示该系数在1%水平上显著,下同。

(2)信用等级与贷款利率的相关性检验。

对信用等级与贷款利率的相关性检验结果显示,两者的相关系数值为-0.828,在1%显著性水平上,双侧检验结果为显著负相关(见表4.11)。因此,同样验证了信用等级与贷款利率负相关的理论假定。

表4.11 信用等级与贷款利率的相关性检验

Pearson 相关系数		I 贷款利率	X_2 信用水平(已离散化)
I 贷款利率	Pearson 相关系数	1	$-0.828***$
	显著性(两侧检验)		0.000
	N	163	163

第4章 关系型贷款的"关系"应用与扩散

表4.11(续)

Pearson 相关系数		I 贷款利率	X_2 信用水平(已离散化)
X_2 信用水平	Pearson 相关系数	−0.828**	1
	显著性(两侧检验)	0.000	
	N	163	163

(3)贷款利率与关系强度、信用等级之间的回归分析结果。

①贷款利率与关系强度的回归分析结果。

根据模型1中对贷款利率与关系强度的模型设定,式(4.1)的计量分析结果为

$$\hat{I} = 8.210 - 0.816 X_1$$
$$t = (97.026)(-5.961)$$
$$s.e. = (0.085)(0.137)$$
$$R^2 = 0.181 \quad F = 35.532 \quad S.E. = 1.08015$$

上述回归方程中,回归系数的 t 值为 −0.816,P 值为 0.000,在1%水平上高度显著,表明两者之间的线性回归关系成立。F 值为 35.532,P 值为 0.000,因此上述线性回归模型设定有效。模型的拟合优度检验结果,决定系数值为 0.181,决定系数整体上不是特别高(见表4.12)。造成这一现象的原因主要是关系强度仅是造成贷款利率变动中一个影响因素而非唯一因素,不过模型的拟合效果总体上还是理想的。

表4.12 关系强度的单因素检验

模型		平方和	自由度	均方	F	显著性
1	回归系数	41.456	1	41.456	35.532	0.000a
	残差	187.843	161	1.167		
	合计	229.299	162			

②贷款利率与信用等级的回归分析结果。

根据模型2中对贷款利率与信用等级的模型设定,式(4.2)的计量分析结果为

$$\hat{I} = 14.505 - 0.892 X_2$$
$$t = (42.580)(-18.715)$$
$$s.e. = (0.341)(0.048)$$

$R^2=0.685$ $F=350.225$ $S.E.=0.6697$

上述回归结果显示，F 值为 350.225，模型设定有效；决定系数值 0.685，模型拟合优度高（见表 4.13）。所有参数的回归系数均高度显著，这表明信用等级是影响贷款利率的重要因素的假定成立。

表 4.13　信用水平的单因素检验

模型		平方和	自由度	均方	F	显著性
2	回归系数	157.090	1	127.090	350.255	0.000
	残差	72.209	161	0.449		
	合计	229.299	162			

③贷款利率与关系强度、信用等级的回归分析结果。

由模型 3 得到式(4.3)的结果为

$$\hat{I}=14.200-0.185X_1-0.849X_2$$
$$t=(38.329)(-2.003)(-16.330)$$
$$s.e.=(0.370)(0.093)(0.052)$$

$R^2=0.693$　$F=180.409$　$S.E.=0.6635$　$DW=2.095$　$TOL=0.826$

上述回归方程中，F 值为 180.409，在 1% 水平上显著，可以认为上述模型的设定有效；决定系数值为 0.693，拟合优度较高；残差的 DW 检验结果显示，不存在自相关问题；对模型设定进行多重共线性检验，结果显示，方差膨胀因子检验容许度 TOL 值接近 1，表明模型不存在多重共线性（见表 4.14）。

表 4.14　贷款利率与关系强度、信用等级的回归分析

模型		平方和	自由度	均方	F	显著性
3	回归系数	158.856	2	79.428	180.409	0.000
	残差	70.443	160	0.440		
	合计	229.299	162			

5. 研究结论

回归分析的结果显示，解释变量关系强度对贷款利率的回归系数值在 5% 水平上显著，信用等级对贷款利率的回归系数值在 1% 水平上显著，因此上述回归方程的全部参数均显著，有统计意义，可以认为贷款利率受关系强度和信用等级的影响，前述理论假定成立。对 163 个样本的具体测量结果显示，关系强度每提高一个单位，将有助于降低贷款利率 0.185 个百分点，信用等级每提高一个级别，将有助于降低贷款利率 0.849 个百分点。

第4章 关系型贷款的"关系"应用与扩散

再联系信用等级的构成。根据第4.1节所测算的企业信用等级模型（$R=0.40922A+0.17503B+0.17503C+0.24072D$），企业信用等级评价中有40%的决定因素来自品质指标，也就是说，企业信用等级中有近一半的因素是由关系性因素所决定的。因此，"关系"既通过关系强度指标来影响贷款利率，又通过信用等级指标来影响贷款利率，即"关系"对企业贷款定价有很大的影响。

因此，在关系型贷款中，提升企业的业主素质、社会资本等，并保持贷款银行之间良好的"关系"，有助于降低企业的融资成本。

综合第3章的"关系强度"度量、本章第4.1节的"信用等级"测算，以及本节的贷款定价模型，可以得出：若掌握企业与银行之间的6个关系强度变量、5个品质变量、8个财务指标变量和担保能力情况，就可以对目标企业的贷款利率进行测算，这是企业贷款定价实证的应用。

4.2.3 积数定价法的理论分析与现实意义

本书主要调查的3家地方性银行（城市商业银行），其在开展中小企业市场贷款中，都采用积数定价法来进行贷款定价。同时，对照相关文献，也发现国内许多地方性在贷款中采用或参考积数定价法。从关系型贷款的关系视角，可以发现积数定价法实际上是一种关系定价模式，且对隐性长期关系合约的形成具有积极作用。

1. 积数定价法

（1）积数与积数比。

积数也就是累积数，它是银行计息的常用方法，即将每日的资金余额累加，得到积数后乘以日利率，就可得到资金使用的利息。积数有存款积数和贷款积数。存款积数是将一个阶段内的每日存款余额累加，可得到月存款积数、年存款积数等；以同样方法，将每日贷款余额累加可得贷款积数，贷款积数在可提前部分还贷或在贷款额度内灵活贷款、还款，以及透支的方式下被经常使用。

存贷款积数比（简称积数比，下文若没有特别说明，积数比均指存贷款积数比）是指存款积数与贷款积数的比率，用公式表示为

$$存贷款积数比 = \frac{\sum_{i=1}^{n} D_i}{\sum_{j=1}^{m} L_j}$$

其中，D_i 表示存款积数；L_j 表示贷款积数。

（2）积数定价法。

积数定价法是指银行给企业贷款时，依据该企业一定时期内在银行的存款

贷款积数比来确定企业的贷款利率的一种贷款定价方法。严格上讲,积数定价法应该是积数比定价法。一般而言,银行将测算企业存款积数的期限选择为一年,以一年内在该行的所有存款积数与在该行的所有贷款积数来测算积数比。

积数定价法下,银行以积数比来确定或协助确定企业所获得贷款的利率。许多地方性银行采用积数定价法,但各行的实际做法有所不同。有的银行以积数比的高低来确定各级贷款的基本利率,并规定一定的上下浮动幅度,浮动的依据是企业的信用评价水平、企业与银行的关系程度等。浮动幅度是限定的,信贷审批线上各级的权限不同,若需要突破本级的浮动幅度,还需要上一级来批准。还有的银行将积数比作为参考因素融入贷款定价中,这种方式以银行对企业的信用评价水平为基础来确定基本利率,同时赋予积数一定的优惠幅度,积数比越高,则优惠幅度越大。但无论采用何种方式,积数定价法都是充分考虑了积数在贷款定价中的作用,也就是说,企业所获得贷款的利率水平,与其在银行的存款、贷款积数比紧密相关。

(3)积数定价法的案例分析。

①具体方法。

在本书的调研中,所调查的3家地方性商业银行中,有一家银行是最早在国内推行积数定价法的,该行称之为"存贷挂钩、利率优惠"的贷款基础定价方法。具体做法是银行根据客户账户的存款情况测算客户的本期可用存款积数,将本期可用存款积数与本期客户申请的贷款积数相比,得到积数比,以此来决定客户的贷款利率水平。其测算公式为

本期可用存款积数＝客户存款总积数－上期已用存款积数

上期已用存款积数＝上期贷款积数

积数比＝本期可用存款积数/本期拟发放贷款积数

②基础定价。

银行根据积数比来制定客户的基本贷款利率(见表4.15)。

表4.15　某样本商业银行贷款基本利率表(30万元以内,含30万元)　　单位:‰

积数比	6个月(含)以内		6个月至1年(含)		1年至3年(含)	
	保证贷款	抵质押贷款	保证贷款	抵质押贷款	保证贷款	抵质押贷款
6.0:1	4.71	4.38	5.04	4.71	5.10	4.77
4.0:1	5.52	5.04	5.97	5.25	7.26	6.33
3.0:1	5.85	5.51	6.24	5.67	7.55	6.75
2.5:1	6.21	5.64	6.65	5.85	7.89	6.99
2.0:1	6.57	5.88	6.93	6.06	8.16	7.20

表4.15(续)

积数比	6个月(含)以内		6个月至1年(含)		1年至3年(含)	
	保证贷款	抵质押贷款	保证贷款	抵质押贷款	保证贷款	抵质押贷款
1.5∶1	6.87	6.12	7.23	6.27	8.46	7.41
1.0∶1	7.20	6.33	7.56	6.48	8.79	7.68
0.7∶1	7.53	6.57	7.86	6.72	9.09	7.92
0.5∶1	7.89	6.81	8.19	7.02	9.42	8.34
0.4∶1	8.28	7.05	8.58	7.29	9.81	9.61
0.3∶1	9.03	7.44	9.63	7.74	10.86	9.06
0.25∶1	9.84	7.65	10.25	8.04	11.46	9.36
0.2∶1	10.29	8.01	10.83	8.34	12.06	9.72
0.1∶1	11.10	8.46	11.43	8.73	12.66	10.08
0.1∶1以下	11.64	8.58	13.20	8.88	14.16	10.44

从表4.15中可以看出,若不考虑其他因素,积数比对贷款利率的影响非常大。如同样是6个月的保证贷款,积数比在6.0∶1以上的利率优惠至4.71‰,而积数比在0.1∶1以下的利率高至11.64‰,后者是前者的2.47倍。

再来看实际情况,本次调查共获得该行163个贷款客户的实际利率数据(详见附表),这些客户全部是保证贷款,期限都在6个月以下。本书随机抽取了序号为1~10的共10个客户的积数比、基本利率与实际利率,如表4.16所示,其中利率差=实际利率-基本利率。

表4.16 前10个客户的积数与贷款利率　　　　　　　　单位:‰

积数比	基本利率	实际利率	利率差
0.5	7.89	7.41	-0.48
0.3	9.03	8.55	-0.48
0.3	9.03	7.41	-1.62
0.4	8.28	7.8	-0.48
0.3	9.03	7.41	-1.62
0.3	9.03	7.17	-1.86
<0.1	11.64	9.03	-2.61
<0.1	11.64	9.6	-2.04
0.3	9.03	9.6	0.57
0.3	7.89	7.89	0

可以看出,该银行的贷款定价以积数比为基础,但又赋予了较大的浮动幅度。说明该银行不是完全的积数比定价法,而是参考了企业信用等级与关系强度的积数比基础定价法。

2. 积数定价是关系定价的一种表现形式

当然,存款积数的高低也在一定程度上反映了企业的资金宽裕程度,部分反映了企业的信用等级。但积数定价还不能归纳为风险定价模式,因此,对银行而言,银行也通过贷款调查掌握或局部掌握了企业的信用等级,银行没有依据企业信用等级来确定贷款利率的基础水平,而只是将信用等级作为参考依据,来实现在积数定价上的浮动。

积数定价实际上是关系定价的一种形式。关系定价是指银行依据其与企业的关系紧密程度而确定基础贷款利率的一种定价方法。前面对关系结构的分析已得知,关系体现在很多方面,有关系长度、关系距离、关系规模、关系深度等,其中存款贷款积数比是关系深度的一大衡量指标。原因如下:

(1)积数比反映了企业在银行账户中平均存款余额的高低,而存款多有两种情况:一是企业的大量资金往来都通过该银行,账户中会经常性地保留交易结余资金;二是企业将自己的资金大量地存入该银行。这两种情况都说明企业与银行之间保持着良好的资金合作,有利于银行更好地了解企业,建立更为密切的关系。

(2)积数比是银企之间隐性长期关系合约的外在表现。从静态看,积数比是企业到某个时间点为止向银行的融出资金与从银行融入资金的对比关系。从动态看,积数比与贷款利率高低挂钩,直接影响企业的资金成本。对企业而言,其最优选择是维护或继续增进这种关系,以获得更为优惠的资金。因此,积数比将银企之间的隐性的长期合约关系直接外在地表现出来。

3. 积数定价法的现实意义

(1)积数定价法首先体现了银行按照客户对其贡献的大小来确定基础利率,有利于地方性银行获得稳定的资金来源。

(2)积数定价法有利于直观简单地反映关系程度。关系是内在的,需要通过一定的途径反映出来,而积数定价法便于客户直观地了解自己与银行之间的相关支持与长期合作关系。

(3)有利于简化定价程序。风险定价是一个复杂的系统工程,对于地方性银行的主体客户而言,其信用评价及结果很难直观地被客户所接受,而积数定价法大大简化了定价程序,一般客户都能简单地测算出自身的贷款基础利率。

(4)有利于简化贷款定价环节中的银行内部委托—代理关系,减少道德风险。银企关系中一个很重要的环节是银行内部的委托—代理关系,即银行与信贷员(客户经理)之间的关系。地方性银行的主体客户都存在财务信息不健全现象,对其进行信用评价存在较强的主观性,容易产生道德风险。而积数定价法简化定价过程,信贷员(客户经理)主观判断对定价的影响作用降低,是避免道德风险的良好选择。

(5)有利于企业与银行达到长期关系合约。积数意味着资金成本,企业更愿意与银行建立长期的存款关系,促进银企之间的隐性长期关系合约形成。

4.3 "关系"在贷款风险管理中的应用

4.3.1 贷款风险及管理

贷款风险管理是银行贷款业务中的重要组成部分,没有良好的贷款风险管理,银行就无法进行可持续的贷款。企业贷款违约产生的原因很多,既可能是宏观因素或系统性风险所造成的,也可能是非系统性风险所造成的;有信息不对称所带来的道德风险与逆向选择的原因,这其中有银企关系中银行与信贷人员之间的内部委托—代理关系中的信息不对称,也有银行与企业之间的信息不对称问题;有不完全合约理论对企业违约行业的解释,也有企业的预算软约束问题所带来的贷款风险。

对贷款风险的防范,以及贷款风险发生后的处理,是贷款风险管理的主要内容。对于关系型贷款而言,贷款风险管理主要涉及两个方面:

其一,信息不对称下的贷款风险防范问题。这个问题在所有贷款中都存在,但关系型贷款尤为严重。关系型贷款的对象是中小企业、微型企业、个体经济和农户,其财务档案不健全、信息透明度低,且因信息的非标准化而存在识别困难等。另外,小微经济主体本身存在违约成本低、道德风险与逆向选择更为严重的问题。

其二,对关系的风险防范问题。这个问题是关系型贷款的特有问题,而一般在交易型信贷中,主要依据财务数据等公开信息来评价客户,该问题很少遇到。

根据前文对企业信用结构的分析,可以看出:

企业信用＝关系强度＋企业信用等级

企业信用等级＝品质(主要是关系指标)＋财务＋担保

因此,在银行对企业信用的总体评价中,关系因素占了很大部分。同样,关系因素也会对贷款风险产生很大部分的影响。

4.3.2 关系与贷款风险

关系所带来的贷款风险主要体现在以下三个方面。

(1)关系信息甄别风险。关系信息是指银行通过银企关系所收集加工的各种"软信息"。关系所带来的"软信息"很多,且都不是公开信息,存在较大的不确定性和多变性。因此,银行在甄别关系信息中存在信息不全特别是关键信息不全的问题,或可能被一些错误的关系信息所误导,都将对贷款带来风险。

(2)关系合谋。假设交易型信贷的所有信息都是公开信息(硬信息),则关系型贷款与交易型信贷在信息流程上存在根本性的区别。交易型信贷是"银行—企业"两级信息处理流程,而关系型贷款是"银行—信贷员—企业"的三级信息处理流程,信贷员处于其中的核心环节,他既是企业信息的载体,负责对企业信息的收集与加工,又是银行贷款的代理人,发挥着很强的贷款信息选择与决策辅助作用。一旦信贷员与企业合谋,将大大增加银行甄别信息的难度。

(3)关系锁定。在银企三级信息处理流程中,关系锁定既有银行与企业之间的关系锁定,一方面银行锁定企业,内化企业信息并促使企业接受高成本的贷款,另一方面是银行被企业锁定,在企业困难时继续提供贷款支持,承担了更大的贷款风险;又有信贷员与企业的关系锁定,信贷员可能会冒着一定的风险为企业伪造信息,同时银行为降低道德风险而采用信贷员利益与企业贷款绑定的激励机制设计,也会在一定程度上加剧信贷员的冒险行为。

4.3.3 银行如何利用关系来提高贷款风险管理能力

银行管理关系并利用关系来提高贷款风险管理能力的方法无非是两个方面:一是对关系进行激励,二是对关系进行约束。

1. 对关系的激励

(1)关系信息产出激励。银行开展关系型贷款能为银行带来信息租金,而信息租金的多少首先取决于关系的信息产出。通过激励机制建设,提高关系信息产出,其方法主要有以下几方面。

①将企业的信息产出能力与其贷款的可获得性与贷款利率挂钩,可考虑建立信息产出评价指标,并将其值作为一个系数对贷款利率进行浮动。

②建立团体信息产出机制,将企业组成一个个团体,通过团体成员之间的渠道或社会资本来增加信息产出。

③引入信息产出的第三方渠道,将第三方与借款企业的信息水平和履约情况进行关联,给予第三方一定的激励机制。如引入一些社会中介作为银企关系的第三方、重视保证人的信息产出等。

第4章 关系型贷款的"关系"应用与扩散

(2)关系信息收集加工激励。关系信息收集加工激励是指针对银行内部的基层贷款中心与信贷员,可考虑构建区域(某一社区、产业或产业集聚区、专业市场)市场动态通报制度,确定人员(或团队)负责研究并通报市场信息。也可建立交叉信息交流制度,交叉市场动态或客户动态,增加信息收集加工的渠道。

(3)关系动态维护激励。关系的信息产出需要动态维护,可考虑建立充分利用客户现金流的信息产出机制,因为客户的现金流是对客户经营能力、负债能力的最好反映。比如分期还款机制、基于现金流的额度授信机制等。

2. 对关系的约束

关系的存在,一方面促使了贷款的开展,但同时也增加了贷款风险。因此,需要对关系进行有效的约束。对关系进行约束的方法主要有以下几方面。

(1)内部充分授权、责任明晰。关系型贷款中基层银行组织及其信贷员是客户关系的维护者及客户信息的直接接受方与加工方,同时关系型贷款客户具有面广、分散、额度小的特点,因此,银行要建立对基层银行组织及信贷员的内部充分授权制度和责任认定制度,这是对关系进行有效约束的前提。另外,充分授权制度还应与简便的贷款流程和高效的贷款审批制度相配合。

(2)激励机制与惩罚机制的对称性管理。在对基层银行组织、信贷人员、客户的激励机制建设中,要保证激励机制与惩罚机制的对称性,是防止银行内部委托—代理关系锁定与银企关系锁定的重要手段。

(3)动态预警机制建设。

其一,银行要建立针对每笔贷款的信贷风险动态预警机制,包括建立动态的信贷安全常规评价与信贷风险报告制度。

其二,要建立行业、产业集群、社区发展的动态分析报告制度。

其三,要专门针对区域社会资本建立相应的动态预警机制。

4.3.4 保证贷款有效性分析

本书所调查的3家地方性银行,其90%以上的贷款都是保证贷款,而且银行也在一定程度上主观倾向于提供保证贷款。经了解,国内许多地方性银行的保证贷款比例都很高,因此有必要从关系角度进一步补充分析保证贷款的有效性。

(1)保证贷款是关系型贷款适应客户实际情况的选择。小微经济主体缺乏良好的抵质押物品,是其贷款难的一大原因。关系型贷款相比交易型信贷,其优势就是充分利用关系,并将关系作为一种财富来提供"软担保",而保证贷款与信用贷款就是其主要体现方式。对于银行而言,信用贷款风险大,必须具备良好的基础条件才会提供,保证贷款就成为最优选择。

(2)保证贷款有利于增加关系租金。保证贷款在以下三个方面增加了关系租金:一是保证人是"活体"信息源,能持续提供信息产出。从这一点来看,保证贷款相比抵质押贷款具有更多的动态信息。二是保证人拥有一定的社会资本,能通过一定的渠道实现对借款人的监督与约束力。三是保证人自身的声誉机制促使保证贷款能产出更多的声誉租金。

(3)保证贷款在理论上存在更强的道德风险,增加风险管理难度。抵质押物品所提供的是"硬信息",不存在道德风险。而保证贷款既有借款人的道德风险,又有保证人的道德风险,并存在借款人与保证人之间的合谋机会。因此,银行要加强对保证人的风险提示。从"关系"的收益成本角度看,要充分利用保证人的社会资本,并对保证人提供对称性激励与惩罚。

前面分析了静态条件下关系型贷款的关系强度,以及"关系"对银行开展客户信用评价、贷款定价、风险管理的作用。但是,我国经济社会和银行业的高速发展,特别是近年来地方性银行实施跨区域扩张后,地方性银行所面临的经营环境有了明显不同,银企关系出现了很大的变化。因此,有必要进一步研究在银企关系变迁的背景下如何发展关系型贷款,实现银企关系的扩散。

4.4 地方性银行发展对关系型贷款的影响

4.4.1 我国银行业结构的变化

从第2章的表2.1中可以看出,2011~2019年间,我国银行业金融机构资产总规模增长了4.10倍,而同期城市商业银行资产规模增长了5.69倍,农村合作(商业)金融机构(包括农村商业银行、农村合作银行和农村信用社)资产规模增长了4.78倍。以城市商业银行、农村合作信用社、农村合作银行、农村商业银行、新型农村金融机构和邮政储蓄银行等为主体的地方性中小银行机构资产合计在8年间增长了5.09倍,比银行业机构整体水平多增了1倍,地方性中小银行机构占全部银行业机构的资产比重增加了近5个百分点,达到24.01%。同期大型商业银行与全国性股份制商业银行合计的资产占银行业资产总规模的比重,从2011年末的68.73%(58.03%+10.70%)下降到2019年末的63.56%(47.34%+16.22%),下降了5.17个百分点。

近10年来,我国银行业结构发生了很大的变化,可以归纳为以下三个方面:

(1)城市商业银行与农村合作(商业)金融机构挤占了全国性银行业机构的市场份额。从表2.1(第2章)进行简单比较就可以得出,大型商业银行与全国性股份制商业银行的资产规模所占比重下降,绝大多数被以城市商业银行和农村合作（商业）金融机构为主体的我国地方性银行业机构所吸收。地方性银行业机构获得了良好的发展，城市商业银行的规模与数量显著增长，2003年底全国共有城市商业银行112家，至2010年末城市商业银行为147家，每年均有一定的增加。2010~2018年，我国城市商业银行数量有所下降，截至2018年末，我国共有城市商业银行134家。

（2）农村合作银行与农村商业银行纷纷改制成立。我国2003年成立第一家农村合作银行，2004年成立第一家农村商业银行，至2018年末，全国共有1 427家农村商业银行、30家农村合作银行，此外还有812家农村信用社。

（3）新型农村金融机构加速成立，进一步丰富了地方银行业金融机构（见表4.17）。新型农村金融机构主要为小企业和农户提供贷款（两者合计占全部贷款的比重达到80%），是关系型贷款市场的新生力量。

表4.17 新型农村金融机构发展状况表（截至2018年末）

项目	总数	村镇银行	贷款公司	农村资金互助社
机构数量/家	786	726	10	50
贷款余额/亿元	1 316	1 305	—	—
其中小企业贷款余额/亿元	620	—	—	—
农户贷款余额/亿元 占比/%	432 32.83	—	—	—

资料来源：《中国银保监会2018年报》，中国银保监会网站

4.4.2 地方性银行的跨区域经营及其对关系型贷款的影响

1. 地方性银行跨区域经营的发展情况

我国城市商业银行跨区域发展始于2006年，快速发展于2009年与2010年。2006年4月，上海银行在浙江开设宁波分行，成为我国第一家实现跨区域发展的城市商业银行。截至2018年底，全国已有78家城市商业银行（占全国城市商业银行总数的53%）实现了跨区域发展，共设立跨区域分行103家。其中东部地区55家，占比54%；中部地区18家，占比17%；西部地区30家，占比29%。另外，有103家城市商业银行在异地发起设立365家村镇银行。2012年以来，银监会严格控制了城市商业银行的跨区域发展，但由于开立相对批复的滞后性，仍有30余家跨省分行和60家省内分行开业。

我国农村合作（商业）金融机构跨区域发展始于2008年。2008年底常熟农村商业银行成为我国首家在异地开设支行的农村金融机构，此后，杭州联合银行、顺德农商银行等都在异地开设了分支机构。农村合作（商业）金融机构跨区

域发展的主要形式是设立村镇银行,截至2018年末,我国共有120家农村合作(商业)金融机构发起设立了239家村镇银行。

地方性银行的跨区域经营呈现以下特点。

其一,跨区域经营首先是银行发展的内在要求。自1996年全国大范围组建城市商业银行以来,城市商业银行一直平稳快速发展,资产规模明显扩张。至2011年末,我国城市商业银行资产总额占全国银行业金融机构总资产的8.82%,前十大城市商业银行的资产规模都在2 000亿元人民币以上,最大的城市商业银行(北京银行)的资产规模接近1万亿元人民币。至2018年末,农村合作(商业)金融机构资产总额占全国银行业金融机构总资产的11.35%,资产总额排名前几位的农村合作(商业)金融机构的总资产均在1 000亿元左右。资产规模的扩大带来了银行区域扩张动力,同时,这些银行业机构稳健的业务营销模式和较好的风险控制能力,也为其跨区域扩张打下良好基础。

其二,跨区域经营受政策驱动并受政策调控。在地方性银行跨区域经营内在要求强烈的背景下,2006年初,中国银监会①颁布《城市商业银行异地分支机构管理办法》,采取"分而治之"的监管思路,明确鼓励有实力的城市商业银行通过收购、重组或直接设立分支机构等模式来实现跨区域经营。2008年上半年,银监会明确允许和鼓励公司治理规范、规模达到要求、经营业绩优异、风险管控良好的农村中小金融机构跨区域设立异地分支机构。2009年,银监会又颁布了《关于中小商业银行分支机构市场准入政策的调整意见(试行)》,进一步放松对中小商业银行在西部和东北等地设立分支机构的限制。2009年7月,银监会发布了《新型农村金融机构2009—2011年总体工作安排》(银监发〔2009〕72号),大力鼓励村镇银行、贷款公司、农村资金互助社等新型农村金融机构的发展。

但当我国地方性银行跨区域经营过热后,银监会在2011年下半年开始又严格控制其跨区域开设分支机构,并于2011年7月发布《关于调整村镇银行组建核准有关事项的通知》(银监发〔2011〕81号),上收村镇银行审批权并从严审批。因此,我国地方性银行的跨区域经营发展与政策要求密切相关。

其三,紧省外、宽省内,紧分支机构、宽村镇银行,是跨区域发展是最主要的趋势,体现了地方性银行适度扩张的原则。在宽松政策刺激下,许多中小型的城市商业银行也开始向省外市场扩张,不利于整体金融市场的稳定。因此,在跨区

---

① 根据《第十三届全国人民代表大会第一次会议关于国务院机构改革方案的决定》,中国银行业监督管理委员会(简称中国银监会)于2018年撤销,设立中国银行保险监督管理委员会(简称中国银保监会)。

域范围的选定上,政策层将会继续鼓励省内或周边区域的适度扩张;在机构模式的选定上,村镇银行的开办将优先于分支机构设立。目前来看,城市商业银行和农村合作(商业)金融机构是我国村镇银行开办的主要发起人。截至2018年末,这两类机构所开办的村镇银行就有604家,占全部村镇银行总额的83.2%。政策层面,银监会出台了《中国银监会关于鼓励和引导民间资本进入银行业的实施意见》(银监发〔2012〕27号),进一步放宽民间资本投资入股村镇银行比例,这有利于地方性银行以发起创办村镇银行的模式实现跨区域扩张。

2. 地方性银行跨区域经营的市场定位

小银行优势理论认为,小银行在对中小企业融资上具有相对优势,因为小银行的组织结构有利于其生产软信息,在关系型借贷上拥有比大银行更多的优势。而大银行的组织结构擅长于生产硬信息和发放交易型信贷。从银行组织体系的分层结构来看,地方性银行是小银行,要获得相对优势,就要坚持服务于区域经济,服务于中小微经济主体的市场定位。银行组织体系的分层结构与经济组织体系的分层结构相适应,大中型经济主体的金融需求主要由大中型银行来服务;而地方性银行中,除极个别银行因所在区域经济条件及自身的发展能力逐渐发展成为全国性中等银行外,绝大多数的地方性银行在实现跨区域扩张后,其在传统服务地区及新进入的区域,都将长期坚持原有的市场定位。

从我国目前地方性银行跨区域发展的实际情况来看,跨区域经营后,这些银行的主体市场定位没有发生改变,地方性银行的异地分支机构或村镇银行都坚持服务于中小企业、个体经济和农户,坚持发放小微贷款。如总部在浙江台州市的浙江泰隆商业银行,已设有杭州、宁波、苏州、上海、金华、衢州、丽水7家分行。截至2018年末,该行一般贷款余额为224.33亿元,贷款户数为39 615户,户均贷款余额为56.63万元。其中100万元以下贷款客户数占全行一般贷款客户数的89.38%,500万元以下贷款客户数占全行一般贷款客户数的99.39%。该行2007年在浙江丽水开设异地第一家分行,该行设立异地分支机构后并没有降低中小企业贷款比重,反而在4年内上升了6个百分点。目前该行中小企业贷款余额占全部贷款余额的比重达到86.03%。

再以浙江台州的另一家地方性银行——台州银行为例。台州银行已开设杭州、温州、舟山3家分行,发起成立了浙江三门银座、深圳福田银座、北京顺义银座、江西赣州银座、重庆渝北银座、重庆黔江银座和浙江景宁银座7家村镇银行。台州银行一直坚持服务地方经济,服务中小企业的定位。截至2018年末,台州银行贷款总余额366.62亿元,贷款户数为62 731户,户均贷款余额为50.77万元。近4年的户均贷款余额分别为37.75万元、39.35万元、40.95万元、41.09万元、46.46万元,户均贷款余额增幅基本上与我国中小企业的平均规模增幅相似。2012年末,下辖3家分行的户均贷款余额分别为:杭州46.71万元,温州61.30万元,舟山71.45万元,7家村镇银行以简单平均测算的户均贷款余额为51.06万元,都与全行数据不相上下,特别是下设于大城市杭州的分行户均贷款余额低于全行数据,可见台州银行的异地分支机构与村镇银行的市场定位与本部的市场定位高度一致。

3. 地方性银行跨区域经营并不改变关系型贷款的主体地位

我国地方性银行实质上与美国的社区银行相似。社区银行即Community Bank,各国有不同的称呼,如日本称为地方银行,德国称为区域性银行。关于社区银行的界定,一般有以下三种模式。一是直接按规模来区分,如William Keeton(2003)、Berger等(2004)将资产在10亿美元以下的银行认为是社区银行。二是结合规模与服务特征(主要是服务区域、服务对象)予以确定,如美国独立社区银行家协会(Independent Community Bankers of America,ICBA)的定义是"本地所有、独立营运的,资产规模通常在几百万美元和数亿美元之间的银行机构"。巴曙松(2002)定义为:在一定的社区范围内按照市场化原则自主设立、独立运营、主要服务于中小企业和个人客户的中小银行。三是采用归纳法,常见将城市商业银行、农村商业银行、农村合作金融机构、村镇银行等统一称为社区银行。上述三个界定中,单纯以规模来衡量只能反映一定时代的情况,不符合现代社区银行的发展,另两种界定方法在指向上基本一致,并没有造成统计上的困难。

现代社区银行是我国地方性银行发展的主要方向。美国有国际一流的大银行,也有许许多多的社区银行。这些社区银行依托社区,通过内化社区经济活动信息,主要开展关系型贷款和其他关系型银行业务。Berger等(2004)通过实证分析得出:具有发达社区银行的国家会有较高的中小企业就业份额、较高的GDP增长和较好的银行业效率,有较大的信贷流。王爱俭提出了社区银行市场定位的三种发展策略,一是差别化战略,二是地区化战略,三是阶段化战略。因此,发展现代社区银行,其一,应立足社区。服务于社区是地方性银行获得生存和发展的基本前提。地方性银行在近几年快速发展,但其发展的基本动力在于与区域经济紧密结合,在为区域内小企业、个体经济和农户提供良好的资金支持中发展壮大。其二,发展社区银行有利于地方性银行发挥自身优势,有利于改善本区域的社会信用,促进区域中小企业建立良好的信用习惯,并形成区域信用约束力,促进整个社会的信用体系建设。其三,现代经济社会的发展需要地方性银行进一步完善业务流程,丰富金融产品,创新理财产品,为社区提供更加综合化的金融服务,发展成为现代社区银行。

因此,关系型贷款市场并没有因为地方性银行跨区域扩张而萎缩。相反,地方性银行的跨区域扩张,促进了关系型贷款的发展。Berger(2001)认为中小银行是中小企业的最佳融资伙伴,中小银行对中小企业信贷服务要坚持关系贷款;范香梅[1]等认为:大银行适应跨区域发展可获得理论上所谓的规模经济、范围经济、风险分散化等好处,中小银行却不宜盲目跨区域扩张,应把一定区域内从事关系型银行业务作为长期经济战略。

4.5 银企关系的变化与关系型贷款的挑战

4.5.1 银企关系的变化

随着改革开放以来经济的高速发展,我国的社会结构和社会关系发生了很大的变化,与此同时,关系型贷款的核心——银企关系也逐渐发生变化,主要归纳如下。

1. 银企关系变化的核心体现:从人际关系逐渐朝服务关系过渡

作为社会经济组织,银行与社会其他经济主体的业务往来需要通过其代理人——业务人员(主要是客户经理)来完成。在传统的银行业务中,银行与客户的关系往往体现在其代理人与客户的关系上。因此银行业务人员的社会资源和人际关系成为其开展业务的重要平台和渠道。

随着经济社会的发展,一方面,企业的金融需求不断多元化,需要银行提供更为综合化的金融服务;另一方面,信息技术的进步使得企业的许多金融业务不再需要通过银行的代理人,而是可以直接通过银行提供的电子技术完成,银企关系中的人格魅力不断淡化。因此,银企关系将不断弱化人际关系,不断强化金融服务关系。

2. 银企关系变化的外部表现:从关系锁定逐渐发展为关系竞争

在相对垄断的区域金融业务市场上,由于市场供给不足,地方性银行实现了对本地区小微经济主体的关系锁定。银企关系的锁定,既有利于银行更充分地内化企业信息,提高企业的贷款可获得性,同时又可能产生垄断租金,增加企业的融资成本。跨区域经营有效地促进了地方性银行之间的竞争,逐渐打破银企关系锁定,形成竞争性的银企关系。竞争性的银企关系有利于银行和企业之间形成更为平等的融资关系,有利于企业得到均衡利率的信贷资金。

---

① [1]范香梅,邱兆祥,张晓云.我国商业银行跨区域发展的经济效应研究[J].财贸经济,2011(1):8.

3. 银企关系变化的社会根源：从乡土社会逐渐向契约社会过渡

银企关系的变化根植于社会结构与社会关系的变迁之中，在我国由传统的乡土社会向契约社会的缓慢演进中，社会信任结构发生变化，银企关系也逐渐发生变化。银企之间是社会交易的一部分，在乡土社会下，由于地方性银行的贷款对象缺乏必要的公开信息，其许多有价值的信息都内化于费孝通先生所提出的"差序格局"中。银行必须有效地利用乡土社会的差序格局，来获得融资评判的必要信息，以及对借款人的约束力。随着社会的发展，契约社会的团体格局逐渐显现，形成差序格局与团体格局共存的社会格局。因此，银行也必须主动调整银企关系结构，积极利用团体格局的社会信息产出机制和社会约束机制，这就是银企关系变化的社会根源。

但是，银企关系的演化将是漫长的过程。一方面是由服务对象及其特征所决定的，地方性银行主要服务于本地区的中小企业、微型企业、个体经济和农户，这些经济主体的经济活动信息一般是非标准化的。另一方面是由地方性银行所在区域的金融关系所决定的，这些区域一般都在城市的郊区、县域城区及乡镇村等农村地区，银行业机构相对较少，银行业竞争并不激烈，银企关系锁定现象较为普遍。

因此，社会发展与社会结构的变迁促进了银企关系的深化，对传统的地方性银行的关系型贷款形成一定的挑战。

4.5.2 关系型贷款的挑战

1. 美国社区银行面临挑战的借鉴

对美国社区银行发展所面临挑战的剖析，为分析关系型贷款的挑战提供了很好的借鉴。De Young 等(2004)通过对美国 20 世纪 70 年代以来在金融制度和技术方面的变化分析，得出美国社区银行的挑战：一是银行业的大规模并购使得社区银行数目大大减少，从 14 000 多家下降为 6 000 余家；二是技术进步使得小银行的竞争力下降；三是飞速发展的网络技术使得社区银行的网点优势逐渐消融；四是金融管制的放松使得社区银行在区域上的垄断地位丧失；五是信息技术的进步使得金融脱媒，所有银行同样面临更大的竞争压力，许多小银行因实力弱、盈利能力差而遭淘汰。康卫华(2005)认为美国社区银行数量下降是因为信息技术的进步和电子银行的发展、人才劣势、成本优势丧失和没有规模经济。

2. 当前我国关系型贷款所面临的挑战

结合前面对我国地方性银行发展和银企关系变化的分析，本书认为关系型贷款在新时期所遇到的挑战主要有以下几方面。

第4章 关系型贷款的"关系"应用与扩散

(1)社会关系复杂化的挑战。乡土社会的变迁和契约社会部分特征的显现,使得现代社会特别是发达地区的社会进入差序格局和团体格局并存的局面。社会关系进一步复杂,一方面以族缘、地缘、血缘关系为基础而形成的社会结构仍是主流;另一方面,社会流动增强,以市场组织关系、产业组织关系(如横向产业集群关系、纵向产业链关系、行业协会关系)等不断地形成新的社会团体关系,这些社会团体关系越来越表现出协调、相互约束等组织功能。适应社会关系复杂化并建立新的银企关系,对地方性银行的关系型贷款提出了挑战。

(2)信贷技术进步的挑战。这一挑战具体体现在两个方面,一是现代技术飞速发展,但地方性银行由于规模小、单位成本高等问题,限制了关系型贷款的技术发展,不能很好地满足客户的需求;二是客户的许多交易信息通过网络及其他先进技术来完成,再通过传统的人际关系渠道来掌握客户信息已变得落后和片面,如何利用新的信息载体成为关系型贷款发展的一大挑战。

(3)跨区域经营的挑战。地方性银行擅长关系型贷款,实现跨区域经营后,其在异地也将保持原有的市场定位,则关系型贷款成为异地分支机构信贷模式的最优选择。但是,客户的软信息收集与处理是一个较长期的过程,银行在新进入区域难以快速形成熟人经济,而且不同区域的经济结构、社会关系、生活习俗等有所不同。如何在异地快速重构关系型贷款,建立适应当地经济社会特点的银企关系模式,又是关系型贷款发展的一大挑战。

4.6 关系型贷款的"关系"扩散路径

前面的分析告诉我们,银行的实力增强、跨区域经营和市场竞争加剧是当前地方性银行发展的新动向。地方性银行的发展并没有改变其关系型贷款的主体地位,但由于社会结构、社会格局的变化,银企关系结构也发生了变化。为此,关系型贷款要适应变化,实现关系的扩散。

4.6.1 关系型贷款关系扩散路径的概括分析

分析关系型贷款关系扩散的逻辑,首先要立足关系扩散的根本原因。关系型贷款的关系扩散,外在因素在于地方性银行的跨区域经营和银企关系竞争,而根本原因在于社会结构和社会关系变化下银行解决信息不对称问题的适应性变迁。

地方性银行所处的信贷市场,是典型的不完备市场,即信息流通不畅,市场只能利用不充分的信息条件来配置资源。在不完备市场上,由于契约不完整、契约执行制度不全或实际执行困难,就会内生出一些替代性的市场治理结构来支撑着市场的运行。在地方性银行的信贷市场上，同样会内生许多替代性的市场治理结构，形成有效的市场治理方式。地方性银行在开展关系型贷款中，若能有效地利用市场内生治理结构，或进一步讲，若能有效地促进信贷市场内生治理结构的形成，就能更有效地解决信息不对称所产生的道德风险和逆向选择问题。

李晓义、李建标(2009)认为，不完备市场通常的替代性治理方式有双边关系治理、多边关系治理(声誉治理)和中介治理三种。遵循这一逻辑，在关系型贷款市场中，银企关系中提升市场约束力的治理结构也应该有双边关系治理、多边关系治理(声誉治理)和中介治理三种。本书认为银企双边治理结构的优化应体现为银行通过完善内部的委托—代理关系，更科学地设计银行内部的代理层组织；多边关系治理(声誉治理)应体现为企业团队的构建，形成企业团队的信息流和约束力，并通过一定的激励机制设计为银行所利用；中介治理应体现为将中介组织引入银企关系中，银行通过对中介组织的激励来激发其对企业的信息流与约束力生产，从而获得潜在的市场剩余。

因此，企业团队构建、中介组织选择与利用、银行内部委托—代理结构优化，就成为现代地方性银行关系型贷款关系扩散的主要途径，图4.3可以概括地反映关系型贷款关系扩散下的银企关系变化。

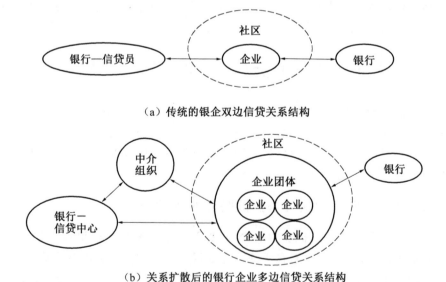

(a) 传统的银企双边信贷关系结构

(b) 关系扩散后的银行企业多边信贷关系结构

图4.3　银企关系扩散路径示意图

在传统的关系型贷款中(图4.3(a))，银企关系完全内化为银行与企业双方之间的关系。关系银行拥有企业的公开信息，但企业的非公开信息则大部分由银行的代理——信贷员所掌握。信贷员成为银企关系中的信息体,不断地从企业自身及企业所嵌入的社区所形成的社会资本中收集加工企业的各种信息,形成第一手的信贷决策资料。企业除与关系银行开展金融业务外,还可能与个别银行形成信贷业务,这些银行很大程度上产生对关系银行的"搭便车"现象。银企关系体现为银行与企业之间的双边互动关系,社区成为银企双边关系信息产出的另一个主要的信息源,但社区与银企之间的关系是松散的,还没有为银企关系提供有约束力的支持。

在银企关系的不断变迁中,社区持续产出的社会资本不断地被银行所挖掘和利用,外部的第三方组织也被银行引入银企关系中,为银企关系提供更多的信息生产和约束力支持。同时,银行信贷员模式的演进不断完善银行内部的委托—代理关系。因此,银企关系结构演化为更为复杂的结构(图 4.3(b))。在银企关系不断扩散下,银企之间形成更为复杂的多重关系:银行与贷款企业的关系、贷款企业与团体内其他企业的关系、银行与企业团体的关系、银行与中介组织的关系、中介组织与企业及企业团体的关系、银行内部的委托—代理关系等。

因此,下面将分别分析关系扩散的三个维度:企业团体构建、中介层发展和贷款中心建设。

4.6.2 企业团体构建:从银行与个体的关系向银行与团体的关系扩散

为方便分析,本书先从对产业集群的分析入手,掌握产业集群内部的企业关系结构和社会资本,并进一步拓展到产业集聚区、专业市场等广泛存在企业团体的社会经济组织体系中。

1. 产业集群发展与社区范畴的延伸

自 1990 年美国教授波特[①]将产业集群(Industrial Cluster)概念正式、广泛引入经济学分析以来,人们对产业集群的关注日益加深。波特及其研究团队发现,美国等西方发达国家在 20 世纪 70 年代以后普遍出现产业集群,产业集群是工业化进程中的普遍现象,它对提升国家竞争优势的关键至关重要。自 20 世纪 90 年代以来产业集群在我国不断涌现,当前我国产业集群在我国无处不在,几乎在每个产业或产业链上都形成众多的集群现象,产业集群已成为影响经济社会的重要经济单元。

---

① [美]迈克尔·波特. 国家竞争优势[M]. 李明轩,邱如美,译. 北京:华夏出版社,2002.

(1)产业集群是区域内产业专业化分工和企业间合作竞争发展的结果。

对产业集群的界定存在不同的提法,通常的称呼有企业集群(Enterprises Cluster)、区域集群(Regional Cluster)和区域产业群(Regional Industrial Cluster)等。这些概念都有相同或相似的含义,一般都认可产业集群是特定区域或特定产业领域内的关联企业及相关辅助机构的有机集合。产业集群强调了企业之间的地理相近性、产业关联性和内部互动性,它不是简单的企业集合,而是企业聚集在一起并产生频繁的交易,内部形成技术合作、生产的横向合作与层次上的合作和管理合作等,并最终产生超越其他地方同一产业的竞争优势。Nassimbeni(1998)认为,产业集群是在技术和生产层次上彼此联系的众多企业,共同位于某个有限地理区域内而形成的一种网络关系。在该网络内部,企业、公共机构和当地行业协会之间存在广泛的互动和协调。

产业集群的专业化分工,本质上就是企业内部分工的外部化,是集群内部企业之间的分工来替代一家大型企业内部分工的经营模式。因此,集群内的专业化分工既有竞争,但更强调合作,用市场的分工协作机制、竞争机制和相互激励机制来替代大型企业的内部管理工作机制。产业集群内部各企业与其他辅助机构之间具有较紧密的关系网络,并形成丰富的信息流和强大的约束机制。

(2)产业集群具备社区的特性,是现代社区的创新组织形式。

首先,有必要对社区概念加以说明。"社区"一词源于拉丁语,意思是共同的东西和亲密的伙伴关系。20世纪30年代初,费孝通先生在翻译德国社会学家滕尼斯著作 *Community and Society* 时,使用了"社区"一词。社区的原始含义是指有共同文化与习俗的居住于同一区域的人群,后来,社区一词的内涵不断丰富,特别是信息化时代下,社区可以指某一网络板块。但在现实经济生活中,社区可以表述为一个地理区域内,具有相同特征的人群或组织的聚集。

产业集群内大量的产业相关企业、辅助机构在专业化分工的基础上,形成相对紧密的网络结构关系。集群内企业与机构之间彼此信任,相互合作,并嵌入于由区域经济主体所构成的关系网络及区域整体规范、价值体系之中,形成共同的集群文化。因此,产业集群具有社区的典型特征,是现代社区的创新组织形式,进一步延伸了现代社区的范畴。

2. 产业集群中企业团体结构与社会资本

(1)企业的经济关系网络与企业团体。

首先,我们来分析产业集群下企业经济关系网络的变化。图 4.4 直观地反映了企业处于产业集群下的经济关系网络变迁。

图 4.4(a)反映的是没有处于产业集群中的企业(单独的企业)经济关系网络。假设企业的产业链相对简单,企业主要与一家相对固定的上游企业及下游

第4章 关系型贷款的"关系"应用与扩散

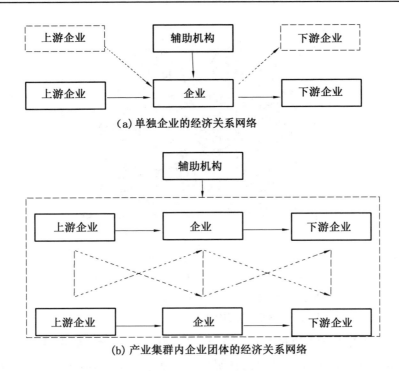

图4.4 产业集群下企业经济关系网络变迁示意图

企业发生经济交易,同时也可能与其他次要的上下游企业发生补充性的经济交易。因此,企业的经济关系是较为单一的,呈线状结构。

图4.4(b)反映的是处于产业集群中的企业经济关系网络。由于产业集群中每一个产业链上的企业是一个庞大的群体,因此整个产业集群是一个立体的、多链的和多元的经济关系结构。其中最简单的结构是双链式供应链结构,本书就以该结构进行展示。若增加供应链,则经济关系网络将以几何倍数增加。从图4.4(b)中可以看出,处于相同产业链的企业之间存在竞争与合作(技术上、业务上和管理上的合作)。同时上下游企业之间也存在交叉供应的竞争与合作。因此,每一家处于产业集群中的企业,都能通过业务交往实现对其他相关企业的信息生产与约束,即企业与关联企业形成企业团体,整个产业集群也由此形成一个个不断叠加的企业团体结构(图4.5)。

(2)企业团体的社会资本结构。

前文从企业经济关系网络结构的发展简述了企业团体的产生,但同时,在考察企业团体结构时,不得不考虑我国的社会关系结构。虽然随着我国经济社会的发展,契约社会的许多特征不断显现,特别是在经济交易中,人们越来越重视

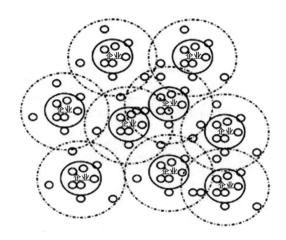

图 4.5　产业集群中的企业团体示意图
注：图中的小圆圈（实线）表示一个企业组织，大圆圈（虚线）表示一个企业团体，关系从紧密逐渐走向松散（实线到虚线）。

以成本、效率等因素来评价合作对象，而降低对血缘、族缘、地缘等因素的关注，这种情况在重复的经济交易中尤其明显。但从本质上看，我国仍是乡土社会主导的社会关系结构。因此，企业在构建其团体结构时，既遵循差序格局的规则，又接受团体格局的规则，企业团体是差序格局与团体格局共存的社会结构形式。

图 4.6 反映了在经济关系和社会关系共同作用下的企业团体组成及其社会资本结构。横轴表示经济关系，纵轴表示社会关系。越接近原点，表明经济关系和社会关系越紧密；相反，则表明经济关系和社会关系越疏远。本书第 2 章对社会资本的分析已告诉我们，一个经济组织的社会资本是由其所构成的关系网络和所在的区域文化共同决定的，而关系网络又包括社会关系网络和经济关系网络。上文分析企业团体的经济关系网络指出其有横向竞争合作关系和纵向的交易关系；另外，根据费孝通先生的差序格局理论，社会关系以血缘、族缘、地缘的紧密程度层层推远。同时，一些辅助机构向企业提供着程度不等的服务。

经济关系是嵌入到社会关系之中的，在同时遵循差序格局和团体格局的复合格局结构下，企业以经济交往和社会关系两个维度来构建企业团体，形成相对稳固的团体组织形式，并形成企业团体的社会资本。

3. 企业团体的构建模式

（1）企业团体形式。

在我国社会经济生活中，企业团体往往外在表现为以下五种形式。

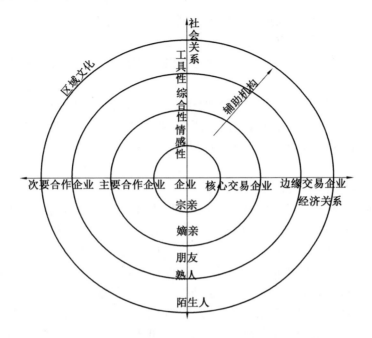

图 4.6　企业团体构成及其社会资本结构示意图

①关系约束型团体。即依托社会关系建立起来的企业团体,团体内的企业主之间存在血缘、族缘或地缘上的关联,他们之间在业务与资金上相互合作,相互掌握彼此的内部信息。现实中,在一些乡镇及小城市,一个家庭可能是一个小产业、一个小市场。关系约束型团体是费孝通先生所讲的差序格局在经济活动中的一种典型体现。

②生产约束型团体。即依托产业链建立起来的企业团体,团体内成员之间存在直线或交叉式的上下游关系,同时彼此之间也形成以赊销、预付、票据交易等形式为载体的资金关系。团体成员之间的生产关联与资金关联,较好地保证了团体的稳定性,这些团体形式在产业链及产业集群中较为普遍。

③交易约束型团体。即依托产品交易、服务交易等建立起来的非生产约束型的企业团体,团体成员之间可能只是商品采购关系而没有上下游产业链关系,也可能是因提供其他服务(如一些中介组织)而形成关系。一般而言,交易约束型团体与生产约束型团体相比,内部约束力较弱,一般没有风险共担机制。

④市场约束型团体。即依托某一市场(特别是专业性市场)建立起来的企业团体,团体成员之间没有上下游产业链关系,一般也没有商品采购关系,其经济关系方式有两种:一是产品销售具有互补性,如有产品链关系,或与某产品之间具有辅助材料关系;二是产品销售具有竞争性,即销售相同或替代性产品。由于

大家同处一家市场,可以形成产品互助、服务互助、资金互助或人员互助上的关系。一般而言,市场约束型团体的信息产出较少,约束力也不强。但市场约束型团体也有一个优势,那就是比较方便地找到团体其他成员处理借款人的业务来实现代偿。

⑤契约式团体。即依托共同契约建立起来的团体,一般只有企业团体共同与外部构建关系时,才会形成契约式团体,如团体投资、团体贷款等。契约式团体在契约范畴内具有极强的约束力与风险共担性,但在契约之外,其团体功能较差。

(2)企业团体关系的功能。

上述的五种企业团体形式是外在体现,从内在看,企业团体存在不同的关系紧密程度,内含着不同的关系功能。本书先从关系的效益与成本入手,关系的收益有关系租金和合约收益,其中关系租金又有信息租金、跨期优化租金和声誉租金等。常见的企业团体是非契约化的,企业团体之间难以形成合约收益。单从企业团体内部来看,企业团体的建立,同期可产出信息租金、跨期优化租金和声誉租金。其中信息租金是指企业团体内部可形成许多内部信息,这些信息建立在企业团体的长期合作关系之上,不为企业团体外部所掌握,实现了信息产出;跨期优化租金是指企业团体的成员之间,基于对其他团体其他成员的长期判断而做出的决策,这些决策可能是为其他成员的暂时性困难提供资金援助、融资担保援助、技术与管理支持等,从而实现企业团体总的租金的跨时平滑;声誉租金是指企业团体所建立的非契约性合作或契约性合作,促进团体成员对其他成员的监督与约束,来保证企业团体的整体声誉。

由此,可以得出企业团体的关系功能包括团体信息产出、团体监督与约束、团体合作援助和团体风险承担,并形成四种功能观的团体模式:信息团体—合作团体—约束团体—风险团体。这四种团体具有功能上的递进性,后一种团体一般包含了前一种(几种)团体的功能。信息团体中成员之间没有业务上的合作,只是相互之间有良好的社会关系,能掌握成员之间的内部信息;合作团体中成员之间有业务上的合作,并通过业务合作和社会关联产生信息;约束团体除前者之外,还有较强的声誉租金,形成较强的相互监督与约束力;风险团体的成员之间一般具有情感性社会关系,如家人或近亲,或是核心交易企业,或是契约团体,他们之间具有风险的传递性。

五种企业团体形成与功能观角度的四种企业团体模式之间是相互交叉的,除契约式团体属于风险团体外,其他每一种企业团体形成都因功能不同而有四种不同的模式。因此,社会上形成了具有不同功能的不同企业团体形态,对于企业团体的交易对象(比如银行)而言,如何评判企业团体并与之建立相应层次的

第 4 章 关系型贷款的"关系"应用与扩散

合作,是至关重要的。

4. 银行的关系利用策略

经济关系网络与社会关系网络的双重变迁,使得银行与企业之间的单一直线式关系网络已不能适应社会发展的需要。银行在传统的业务服务区域,或进入新的陌生区域内,要重视与社会团体建立关系,积极利用已有的企业团体,主动促进企业团体构建,利用企业团体实现信息生产,形成企业团体内部的合作与监督机制,形成团体约束力,或进一步形成风险共担机制,以获得更大的关系租金。

因此,银行可以利用的策略有:

(1)广泛利用社区。地方性银行是社区银行,要充分利用社区的功能,理顺社区内部的经济关系网络与社会关系网络,发现社区中的企业团体。即使是新进入区域,找社区应该也是一个捷径。

(2)依托产业链与市场。产业集群中有清晰的产业链,即使产业集群不显著的区域,一般也都有相同经营领域的企业,或有上下游产业链关系企业共存,都可以形成企业团体结构。同样,一个市场本身就是一个社区,有竞争、有合作,从中可以构建企业团体。找产业链、找市场也是银行在新进入区域构建关系型贷款的良好渠道。

(3)探索团体式贷款。联保贷款(或小组贷款)、共建资金池式贷款等,都是团体式贷款的表现形式。团体式贷款形成风险共担机制,具有极强的内部监督与约束能力,但同时也存在团体风险转嫁与连锁反应问题(特别是同类企业的团体)。

(4)完善激励机制。激励机制是能否构建稳定的企业团体,以及企业团体能否为银行所利用的重要因素。激励机构既要有正向激励,也要有反向激励——惩罚,将企业团体中各成员的内部信息产出能力、监督与约束能力、合作与援助能力等与其贷款条件(担保条件、利率水平等)、贷款可获得性结合起来,激励方式有贷款条件优惠激励、贷款额度激励、贷款成本激励等。

需要说明的是,构建企业团体并不是要求银行将几个关联企业结合起来进行团体式贷款,团体式贷款只是其中极少的一部分。简单地说,如银行发现企业团体关系后,可通过团体来掌握信息、监督和约束贷款人,或将其中的团体成员建议为保证人等。构建企业团体对银行的现实意义是,银行通过企业团体来扩散并形成关系型贷款的关系,以获取信息租金、跨期优化租金和声誉租金。

4.6.3 中介层发展:从银企双边关系向银企多边关系扩散

1. 银企关系中为何要引入中介层组织

(1)中介层组织引入是不完备市场治理的需要。

关系型贷款是在不完备市场下,银行为公开信息不全面、担保不充分的经济主体提供的具有相对优势的信贷模式,而前文已经分析了不完备市场有三种替代性治理方式:双边关系治理、多边关系治理(声誉治理)和中介治理。企业团体构建应是多边关系治理(声誉治理),而中介治理就是在银企双边线性关系中引入第三方——中介层组织,银行通过建立对中介层组织的激励来获取剩余信息,并实现更强的约束力。

(2)中介层组织引入是解决社会资本不足问题的需要。

社会资本能增进信用功能,形成信息机制和可置信惩罚机制,也即实现信息产出和团体约束力。但不同的社区(广义概念,包括产业聚集区或市场等)或企业团体的社会资本产出是不同的,许多企业所在的社区或其形成的企业团体的社会资本产出较少,无法向银行提供足够的信息与内部约束力。而同时,在社区或企业团体外部存在一些社会中介组织,它们可能具有更强的信息流或惩罚性资源,能更清楚地掌握借款人的信息、更好地监督或约束借款人。将这些中介组织引入社区或企业团体中,能增加社区或企业团体的社会资本,以达到银行对借款人提供关系型贷款的需要。

(3)中介层组织引入是解决银行对社会资本利用不足问题的需要。

社会资本的实际产出还取决于使用者的利用效率,实际利用的社会资本比潜在的社会资本更为重要。对银行而言,其作为社区或企业团体的外部组织,需要考虑通过渠道创新与机制构建来更有效地利用社会资本,而社会中介组织的引入可以为银行提供很好的渠道。

(4)中介层组织引入是解决信息与约束的距离衰减问题的需要。

空间信息理论认为,信息在空间的传播一般遵循距离衰减原理。距离越远,信息的有效传播率就越低,用函数可表示为

$$P(r) = Ae^{-br}$$

其中,r 为距离;A 为常数;b 为距离衰减速率。

银行与借款人、借款人所在的社区存在一定的空间距离,距离越远,则银行收集信息的难度越大,其对借款人的监督能力将降低,不利于银行对借款人的约束。引入中介层组织可降低信息距离,有效地拓展银行的信息边界。特别是在合理的激励机制下,中介层组织的主动性信息处理,不仅没有因银企之间空间距离增大而减少信息产出,相反,可以增加信息产出和增强约束力。

2. 中介组织的引入：银企关系网络变迁与社会资本结构

(1) 中介组织引入后银企关系网络的变化。

图 4.7(a)反映了中介组织引入后银企关系网络的变化。在最为简单的银企双边关系下，银行与企业单独发生关系，其网络关系是单一直线型。一般而言，经济学上的中介组织根据风险承担机制可分为两种，一种是信息中介，另一种是风险中介。信息中介只提供信息及其派生的监督与约束力支持，一般不承担风险；风险中介又可分为完全风险中介结构和部分风险中介结构。完全风险中介结构下中介组织是风险的完全承担方，如银行将贷款先发放给中介组织（如信用合作社、信用协会或基金组织等），再由中介组织选择借款人并独立做出贷款决策。这种风险中介结构在我国极为少见，本书不对该模式进行分析。部分风险中介结构一般是中介组织以契约合同形式加入关系之中，为关系结构增加信息产出，并为关系结构的稳定提供相应的权利与义务，如担保机构等。对我国地方性银行而言，信息中介结构和部分风险中介结构是中介层的主要网络结构。

(a)银企关系网络：从双边关系到中介层模式

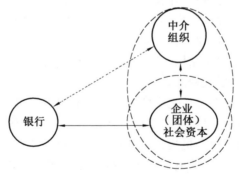

(b)中介层模式下的社会资本结构

图 4.7　中界层模式下的银企关系网络与社会资本结构示意图

从图 4.7(a)中可以判断，中介组织的加入有利于信息产出。该模式有两条信息渠道，一是银行与企业（包括企业团体，下同）直接的渠道（X），二是银行与中介组织的渠道（Y），加上中介组织与企业的渠道（Z），即 YZ 渠道。X 渠道是基本信息渠道,取决于银行对企业的掌握及其对社会资本的利用程度。YZ是辅助渠道,取决于中介组织对企业的掌握及其对社会资本的利用程度,以及银行对中介组织的利用程度(又取决于银行对中介组织的激励设计)。两个渠道的信息会有重叠,重叠程度与两个渠道的信息量相关。银行在删除重叠信息后,可以从 YZ 渠道获得更多的补充信息,而补充信息绝大多数都是内部信息,对全面掌握企业情况非常有利。因此,中介层模式能有效地增进银企之间的信用程度。

(2)中介组织引入后的社会资本结构。

图 4.7(b)反映了中介层模式下的社会资本结构。企业往往处于某一社区(包括产业聚集区、市场等,下同)内,形成一定的社会资本(以粗虚线表示)。中介组织引入后,增加了中介组织与企业的关系租金,特别是信息租金和声誉租金,使得区域社会资本得到扩大(以细型虚线表示)。

3. 中介组织类型与引入模式

(1)中介组织的类型。

除了上文提到的信息中介与风险中介这种分类外,中介组织还可分为以下两种。

①显性中介组织。显性中介一般以契约合同、法律协议等外在形式引入关系之中,合约或法律对中介的权利义务有明确的规定,中介有较强的约束力,如担保机构(信用协会组织等)、保险公司等。

②隐性中介组织。隐性中介是以非契约、法律协议形式,以增加社会资本的方式加入关系之中。隐性中介较为普遍,如行业协会、产业合作组织(联盟)、地方性产权市场、信用评级机构、非政府组织、村委会、媒体机构、交易仲裁组织等。隐性中介一般不存在法律上的风险分担问题,是属于纯信息中介结构,但由于声誉机制的存在,银企关系结构对隐性中介也有一定约束力。

(2)中介组织的引入模式。

中介组织引入银企关系之中的模式主要有以下三种。

①合作引入,是指银行与有用信息产出的第三方合作,将其引入关系型贷款关系之中。如请相关中介机构在服务社区内提供推荐意见,聘请行业协会、产业合作组织(联盟)、村委会的成员进入审贷会,或提供不具约束力的第三方独立审查报告供参考,银行可根据实际工作给予一定的激励,如要求借款企业需由第三方信用评级机构提供年度评级报告等。

②契约引入,是指以契约将第三方引入,明确其权利义务。如引入社会担保机构,引入保险公司对借款人提供保障等。

③互联引入。互联引入介于契约引入与合作引入之间,它是在中介组织与借款人(团体)之间建立稳定的合作关系,并以此为条件向借款人发放贷款的一

种合作模式。中介组织与借款人之间是非契约的,但它与合作引入的区别在于银行对中介组织充分授权,中介组织对银行的决策具有实质性影响。如银行＋合作社＋借款人模式、银行＋产业合作联盟＋借款人模式、银行＋联保基金＋借款人模式等,中介组织(合作社、产业合作联盟)具有对贷款人的推荐与选择权利,如信贷条件中要求有中介组织意见等。信贷互联模式在地方性银行的农村贷款和对集聚性强且分散、单体弱小的产业群贷款中较为有效。

4. 银行的关系利用策略

对银行来说,引入中介层是有成本的,成本主要是对中介组织的搜索成本、甄别成本与激励成本,同时还要防止中介层组织与借款人的合谋所带来的风险。为降低成本,特别是降低合谋风险,银行可以采取以下策略。

(1)订立长期契约。

契约理论认为,长期契约有利于防止合约方的短期行为,提高合约双方履约合同的积极性。对于银行来说,在搜索、甄别中介组织后,应与中介组织建立长期契约关系(不一定是显性契约,但要有提供长期隐性契约的预期)。可考虑采用累积长期契约模式,即通过连续性的评估来不断延长或压缩契约的时间,以达到正向激励效果。

(2)激励机制建设。

激励是中介层有效的必要条件,银行在构建中介层银企关系模式时,应向中介组织提供适度的激励,包括正向激励和反向的惩罚性激励。

①激励方式。银行可提供的激励方式有:一是成本激励,即提供更低成本或免费的金融业务服务;二是收益激励,即直接给予一定的利益分成或费用支持;三是条件激励,即给予更为优惠的融资条件或其他金融服务条件(如理财业务等);四是流程激励,即给予更为快捷的业务服务或更短的业务流程。

②激励相容机制。分析中介组织的价值目标与利益偏好,在契约(包括隐性契约)设计时尽量将中介组织利益与银行利益相吻合,实现激励相容,并做到决策协调。

③风险防范机制。要根据中介组织在银企关系中的重要性及其自身能力发挥水平来设定相应的权限,银行给予相应的授权。要有相应的监控手段来防范中介组织与借款人的合谋风险,并有相应的反向激励——惩罚性措施。

4.6.4 贷款中心建设:从单个信息体向综合信息体扩散

1. 传统的信贷员模式对关系扩散的制约

与大银行的交易型信贷不同,地方性银行的关系型贷款需要银行对信贷员有更为充分的授权,以满足信贷员掌握更多社会资本,建立强度更大的信贷关系,实现对公开信息不足的中小企业的有效贷款。因此,关系型贷款相对交易型信贷,银行与信贷员之间存在更复杂的委托—代理关系。

在最为传统的银企双边关系中,信贷员作为银行的唯一代理方,全权与企业进行业务往来,这种模式对于银企关系的建立、维护与扩散产生制约,主要体现为:(1)信贷员自身存在信息不足,或难以实现社会资本的最大产生,因此信贷员自身的能力和水平的差异直接反映在银行的业务拓展水平差异上。(2)信贷员的不完全理性。信贷员作为个体不可能达到完全理性,一些非理性判断和行为将影响银行的业绩与声誉。(3)关系锁定问题。社会资本被信贷员所内化,形成信贷员与企业及企业团体、社区之间的关系锁定。一旦出现信贷员流失问题,银行一方面将流失大量客户,另一方面将难以短时间内重新建立良好的银企关系。(4)合谋问题与监督问题。在这种委托—代理关系下,很容易形成信贷员与借款人的合谋问题,而银行又会形成很高的监督成本。

在地方性银行跨区域经营,需要在进入新地区后快速构建银企关系,以及传统区域因其他银行的不断进入而关系竞争加剧的背景下,传统的信贷员制度很难适应新的形势需要,需要重新构建适应关系扩散的银行内部委托—代理关系。

2. 贷款中心的关系网络与社会资本

贷款中心是具有贷款调查与初始审查(审核)功能的,由服务区域相对集中的信贷员共同组成的,内部分工清晰、制度健全且有较强的内部激励与约束作用的贷款一线组织。与信贷员组成的互帮团队不同,贷款中心是一个制度信任团体,内部按贷款调查和初始审查(审核)的职责进行分工、权利义务划分,有内部激励与惩罚制度。

贷款中心拓展了银企关系网络结构,图4.8表示贷款中心模式下的银企关系网络与社会资本产出,从中可以看出:(1)形成社会资本累加效应。一方面,贷款中心中的每一个成员都有个体信息产出,且贷款中心服务区域较为集中,形成团体社会资本累加;另一方面,每一位借款人都在贷款中心的制度设计下有两位以上的信贷员提供服务(其中一人为主信贷员),形成多元信息产出(有信息产出的主次之分,分别以实线和虚线表示)。(2)社会资本为团体共同拥有,成员所掌握的信息在团体内部公开,每一位成员所单独拥有的内部信息大大降低。(3)贷款中心本身融入企业团体(或社区),成为社会资本的组成部分。(4)贷款中心成员之间的相互监督,有利于银行的对中心的授权。因此,贷款中心可以有效地降低传统信贷员模式所产生的上述四个问题,实现更多的社会资本产出和更好的委托—代理关系。

第4章 关系型贷款的"关系"应用与扩散

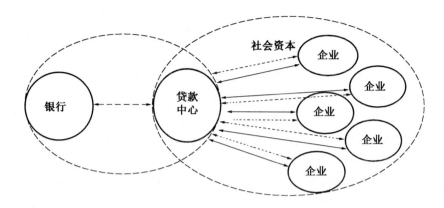

图 4.8 贷款中心模式下银企关系网络与社会资本结构示意图(无中介层模式)

3. 银行的关系利用策略

(1)依托社区、产业集聚区、市场等构建贷款中心、分中心、小中心等团体组织。为了更好地利用社会资本,增强关系型贷款的关系强度,银行应根据区域经济特点与区域布局,依托社会、产业集聚区、专业市场等来构建贷款中心、分中心和小中心等贷款团体。

(2)贷款中心团体成员在组成上应考虑金融产品与服务综合营销功能的发挥,提高关系深度。在贷款中心成员组成及其主要业务分工,或对贷款中心的职责划分与业绩考核中,不能只考虑贷款单一因素,还应考虑综合业务服务的开展。开展综合业务服务有利于增加关系型贷款的关系深度,有效地提高关系强度。

(3)通过充分授权、良好的激励与约束机制来完善制度激励。制度信任是银行与贷款中心这一委托—代理关系中的基本信任模式,首先银行要对信贷中心进行充分的授权,包括贷款额度授权、贷款利率决策上的授权等;其次,在一定程度上推进信贷员竞争,提高信贷员业务效率;最后,良好的惩罚机制与团体成员退出机制,是保障委托—代理关系长期有效的重要组成。

(4)更为标准化的客户信用评价机制和信贷流程,是贷款中心模式有效运行的重要保障。关系型贷款本身在很大程度上以内化信息进行客户评价,以社会资本来实施监督和约束,因此,建设标准化的客户信用评价机制更具难度。银行可以更好地选择关系变量,构建相对稳定且标准化的关系型指标体系,并对关系型指标的评价提供相对标准化的依据。另外,标准化的信贷流程建设相对较为容易,但流程建设要重视发挥贷款中心的最大功能。标准化建设,既有利于贷款中心建设,也有利于银行跨区域经营后能更快、更有效地全面开展关系型贷款。

本章小结

本章研究的目的是对关系型贷款的"关系"的外部性进行研究分析。将已度量的"关系"运用到银行对企业的信用评价、贷款定价和贷款风险管理之中,并且分析"关系"的扩散路径与机制问题。

信用评价是银行对企业进行贷款的前期基础工作。关系型贷款与交易型信贷不同,其企业信用评价应立足财务评价与非财务评价相结合,强调对企业家素质的评价,对企业所在的经营环境及其社会资本的评价。因此,关系型贷款的企业信用评价不能离开"关系"本身。本章通过对企业信用结构的分析得出:企业信用=关系(因素)+非关系(因素)=关系强度+品质+财务+担保=关系强度+企业信用等级;因此得出:企业信用等级=品质+财务+担保=财务+担保+行业素质+企业素质+业主素质+社会关系+产业约束。

企业信用等级由两大类非关系性因素和5个关系性因素共同构成,关系性因素对企业的信用等级评价产生较大的作用。本章以专家意见法遴选出企业信用评价的4个一级指标和14个二级指标,并通过层次分析法赋予各指标权重,最终形成企业信用评价模型。银行可以通过该模型来测算借款企业的信用等级并确定信用等级。

测算出企业信用等级后,目的是用于银行对企业的贷款定价。本章认为,银行对企业的贷款定价反映了企业的所有信息,也即反映了企业信用的总体特征。因此,银行与企业的"关系强度"和银行对企业所测算出来的"信用等级"共同决定了贷款利率。因此,本章采用以"关系强度"和"企业信用等级"为自变量,以"贷款利率"为因变量,以163家企业为样本,进行回归分析,来说明两个自变量的影响程度,为企业贷款定价提供方法。同时,本章对地方性银行普遍采用的积数比定价法进行了理论分析与现实意义的探讨。

贷款业务离不开风险管理,本章最后探讨银行如何将关系用于贷款风险管理之中。本章认为,关系型贷款的关系既为银行贷款带来租金,同时也带来了风险,包括关系信息甄别风险、关系合谋与关系锁定风险。银行应通过构建关系激励机制与关系约束机制,来实现对关系的良好利用。另外,针对市场调查中发现地方性银行大量采用保证贷款的现象,本章也从关系角度分析其有效性。

新形势下两个因素的发展引起了关系型贷款的变化:一是在经济社会发展下,社会经济关系网络结构及社会资本结构不断变迁;二是地方性银行跨区域经营普遍存在。研究发现,地方性银行跨区域扩张后,其市场定位没有变化,关系型贷款仍是其最优信贷模式选择。在两个因素的共同作用下,银企关系结构发

第4章 关系型贷款的"关系"应用与扩散

生变化,核心体现为从人际关系逐渐向服务关系过渡,外部表现为从关系锁定逐渐发展为关系竞争,而社会根源是社会从乡土社会逐渐向契约社会过渡。关系型贷款面临诸多挑战,如何适应社会经济关系网络结构的变迁,如何在新进入区域开展关系型贷款,以及如何适应其他银行进入后的关系竞争,都属于关系型贷款的关系扩散问题。

关系型贷款是典型的不完备市场,其治理结构有双边关系治理、多边关系治理(声誉治理)和中介治理三种。在银企关系的不断变迁中,社区持续产出的社会资本不断地被银行所挖掘和利用,外部的第三方组织也被银行引入银企关系中,为银企关系提供更多的信息生产和约束力支持。同时,银行信贷员模式的演进,不断完善银行内部的委托—代理关系。因此,关系扩散使得银企之间形成更为复杂的多重关系:银行与贷款企业的关系、贷款企业与团体内其他企业的关系、银行与企业团体的关系、银行与中介组织的关系、中介组织与企业及企业团体的关系、银行内部的委托—代理关系等。

本章进一步从三种治理模式角度对关系型贷款的关系扩散路径进行具体分析,认为:(1)构建企业团体来促使银行与个体关系向银行与团体关系的扩散,有利于银行更好地利用社区、产业集聚区和市场的社会资本,拓展关系边界,获取更多的关系租金;(2)发展中介层模式来促使银企双边关系向银企多边关系扩散,通过订立长期契约和完善激励机制更好地解决社会资本产出不足、利用不足,以及信息与约束的距离衰减问题;(3)建设贷款中心来促使单个信息体向综合信息体扩散,形成社会资本累加效应,有利于银行与企业(团体)建立更稳定的业务关系,也有利于完善银行内部的委托—代理关系。

上述三种关系扩散路径,既为银行扩大关系型贷款和应对关系竞争、加固关系结构提供工作思路,也为银行跨区域扩张下迅速构建关系型贷款体系提供策略。

第5章　关系型贷款融资便利有效性研究

融资约束主要描述了中小企业外部融资的困难程度,随着国内外学者的不断研究与深入,融资约束的具体释义与理论基础也在完善发展。本章将围绕中小企业融资约束与关系型贷款关系的相关理论进行分析。

5.1　中小企业融资约束的理论分析

5.1.1　中小企业融资约束的概念界定

企业在经营发展中最重要的即为资金支持,企业获取资金渠道分为内部融资和外部融资,内部融资成本小但无法满足企业的发展需求,因此企业往往从外部渠道获取资金。银行贷款、债权融资、股权融资等方式都成为企业融资的选择,但是受制于诸多因素,企业从外部筹得资金的成本较大,且资金规模也受到一定约束,企业自身发展、经济及政策环境等都影响着资金的可获得性。对于中小企业来说,由于规模较小、信用等级较低、可供抵押资产较少等因素更是受到了更大程度的融资约束。

在对企业融资问题的研究上,美国经济学家莫迪利亚尼(Modigliani)和米勒(Miller)于1958年提出MM定理。该定理认为在无交易成本的完全市场上,企业的内外部资本可以完全替代,企业的资本结构不会影响企业的投资行为,当企业的资本结构改变时,其资本成本是保持不变的。其后,莫迪利亚尼和米勒(1963)将公司税加入到最初的MM定理中形成了修正的MM理论,认为当存在公司税收的情况时,企业价值与资本结构相关,且企业在100%负债时达到价值的最大化。但无论是最初的MM定理或是修正的MM理论,其假设条件都是过于理想与严苛的,在现实经济社会中不可能存在完美的、没有交易成本的资本市场。MM定理在实际中无法正确反映企业融资的现实,但在理论上为现代资本结构理论的发展指明了研究方向。

随着信息经济学的发展,Myers和Majluf提出了优序融资理论,认为资本场中存在信息不对称现象,企业在进行融资决策时会优先考虑内部融资,因为从内部获取资金不需承担所得税与发行成本,具有成本优势;当企业内部资金无法满足企业的经营发展时会寻求外部融资,而在外部资金中企业会倾向于先发行有价证券,因为债务融资与权益融资相比发行成本较小,且不会稀释企业的控制权,即债务优于权益。优序融资理论的假设更贴近现实经济发展环境,因此优序融资理论的结论也更具有说服力,即企业内外部融资无法完全替代,且外部融资的成本通常要高于内部融资。

通过对上述 MM 定理以及优序融资理论的分析得出,企业在面临两种融资方式时具有普遍一致的决策:出于对成本的考虑优先选择内源融资,当内部资金无法满足投资需求时转向外源融资,但外源融资的成本通常高于内源融资,且外部资金的可获得性也通常弱于内部资金,因此企业面临了融资约束问题。本书将企业的融资约束定义为:我国的资本市场是弱势有效的,企业由于信息不对称等问题通常导致内外部资金的成本差异较大,外部融资成本高于内部融资的现象使得企业无法获取发展所需资金,而导致企业失去较多良好投资机会,即企业面临着融资约束。

5.1.2 关系型贷款对中小企业融资约束的影响机理

本书主要以关系型贷款降低银企间信息不对称作为其缓解中小企业融资约束机制的方向,这是由于造成中小企业融资约束的成因主要为银企间的信息不对称导致企业外部融资成本高于内部融资成本。

中小企业在向银行申请信贷资金时,由于银企间的信息分布不对称,信息劣势方(银行)对信息优势方(中小企业)存在较高的信息获取成本,信息不对等导致逆向选择及道德风险问题的出现,因此大部分商业银行都在提供金融服务时将中小企业排除在外。银行与中小企业间存在信息不均衡,当银行向企业发放信贷资金时,银行对企业的经营状况及信用等级不了解,往往在信贷合约中要求较高的借贷利率,高利率提高了借贷门槛,使得一部分发展前景好的中小企业无法承担高成本,而导致信贷市场上只剩下偏好高风险投资的企业愿意接受高利率资金,银行即面临着逆向选择问题。当企业获取资金用于投资发展后,由于信息不对称的存在,银行对企业未来投资方向不了解,企业便容易出现违规行为,从事与信贷合约中不相符的高风险投资,导致银行面临道德风险问题。逆向选择与道德风险的发生会致使银行更不愿将资金贷给中小企业,因此要缓解中小企业融资约束问题,就要从解决银企间信息不对称出发,降低企业的借贷成本并提高企业的资金可获得性。

本书将关系型贷款对中小企业融资约束的作用机制通过声誉机制和信号传递与信息甄别机制两方面来阐述。声誉机制即借款人在与银行的长期交易中注重自身在市场中的声誉,当借款人拥有良好的个人声誉及由其行为引发的企业社会声誉时,更易于银行建立密切的合作关系,银企间信息不对称程度降低。同时,为了保持良好声誉,借款人在后续资金投向中更加注重道德风险问题,会严格按照贷款合约的要求进行资金投向,信息不对称程度与道德风险的降低都将使得企业更易获取信贷资金,缓解企业的融资约束。信号传递与信息甄别机制即信息优势方(中小企业)向信息劣势方(银行)尽可能地提供有关自身的特有信息,以此来降低双方的信息不对等,并且信息劣势方(银行)也要运用不同方式来对所获取的信息进行甄别,检验企业提供信息的真实性,以此向企业提供资金缓解其融资约束。

1. 声誉机制缓解企业融资约束问题

在银行向企业提供关系型贷款的背景下,声誉机制可以从以下几方面缓解中小企业的融资约束:在关系型贷款中,银企关系的表现可以用中小企业企业家的金融背景体现。从企业家声誉角度进行分析,若其具有银行等金融背景,企业家对银行的借贷流程等相关信息的掌握会比非金融背景企业家的信息掌握度更加丰富和专业。作为有判断决策权的"理性经济人",企业家的知识信息向公众展示了其自身的声誉。企业家的知识水平、管理经验及经营业绩等构成了企业家的管理才能。在信贷市场上,商业银行在选择贷款对象时总是优先选择最符合贷款标准的企业,对于中小企业而言,企业家在企业中处于支配地位,其个人声誉同样也代表着企业的社会声誉及公众形象。具有银行金融背景的企业高管,其在知识才能、人脉资源都处于优势地位,企业更易与银行建立紧密的合作关系,并以此降低双方的信息不均衡程度,极大促进了企业信贷资金获取的可能性。进一步的,企业家为了保持其在信贷市场中的良好声誉,会严格执行信贷合约规定,遵守承诺,将获取资金投向借贷合约中规定的范围之内,从而减少银行贷后的道德风险问题。

由上述分析,由于信息不对称程度和贷后道德风险问题的降低,银行会更愿意向该类中小企业提供较低利率的贷款,因此企业的信贷资金成本低,且可得性提高,其面临的融资约束得到一定程度的缓解。

2. 信号传递及信息甄别机制缓解企业融资约束问题

信号传递是指信息优势方通过某种机制将自身相关信息主动传递给信息劣势方。在传统信贷业务中,由于中小企业自身规模小、信用等级低、可供抵质押品较少,导致银行在对企业财务等硬信息的获取上存在困难,加之对企业经营发展等私有信息的获取程度不高,导致银企间存在严重的信息不对称。在关系型贷款业务中,一方面,中小企业通过与银行建立长期持久的合作关系,与银行开展除信贷业务外的如投资顾问等多方面业务,向银行传递自身难以公开量化的私有信息;另一方面,中小企业上下游两端的合作企业同样可以向银行传递有关该中小企业的软信息;此外,在考虑地域性因素下,银行信贷人员能够从中小企业所处地区的社区文化中了解到企业家的品性及信用方面的私有信息。这种信号传递所耗费成本较少,且具有一定程度的真实性。处于信息优势的中小企业通过长期合作向处于信息劣势的商业银行传递自身私有信息,与商业银行建立程度较深的银企关系,与未建立银企关系的中小企业相比,信贷资金的获取能力会更强,融资约束程度更小。

Rothschild 和 Stiglitz(1976)将信息甄别理论定义为缺乏信息的一方通过一定方式或方法将另一方的信息进行有效甄别,进而实现有效率的市场均衡。在关系型贷款背景下,银行是信息甄别的主体,银行在与中小企业长期深入合作的情况下,所获取到的有关中小企业经营发展及信用水平的信息为银行进行信息甄别提供了重要支撑;此外,中小企业上下游两端企业向银行提供的私有信息也成为银行信贷决策的重要依据。银行在对所接收信息进行有效甄别后向中小企业提供贷款,可以降低逆向选择风险发生的概率。

由上述分析,由于信息优势方主动向信息劣势方传递自身特有信息,降低了双方信息不对等程度,同时信息劣势方通过有效方式对所获取信息进行甄别,降低了逆向选择发生的概率,银行出于对以上两方面的考虑,将更愿意为中小企业提供资金支持,企业的贷款可得性增强,融资约束减少。

5.1.3 中小企业融资约束的度量方法

对中小企业融资约束的度量分为直接法和间接法,由于造成企业内外部融资成本差异的因素复杂多样,且较难直接获取,因此学者大多使用间接法来衡量企业的融资约束,主要分为三类:一是单一指标法;二是多指标线性组合法;三是现金流-敏感性模型。

1. 单一指标法

单一指标法采用企业的某一财务或非财务指标来判断其受到融资约束的程度,常见的指标包括股利支付率、企业规模等。

Fazarri 等(1988)将股利支付率作为度量企业融资约束的单一指标。他们认为,当企业面临融资约束时,企业外部融资成本通常较高,持有较高的股利通常能够作为缓解企业流动性不足的办法,并以此抓住后续良好的投资机会,因此当企业存在融资约束时,会倾向于支付较低的股利,即企业的股利支付率低。

连玉君等(2008)将企业规模作为衡量融资约束的单一指标。他们认为,民营企业和高科技企业多为规模小的企业,由于上市时间较短,信用等级较低,经营发展情况无法完全被记录,加之可供抵押质押的担保品较少,导致与银行间的信息不均衡程度较高,因此银行贷款获取度较低。即规模较小的企业更容易受到融资约束。

2. 多指标线性组合法

多指标线性组合法将上述阐释的多个单一指标进行多元线性组合来刻画企业的融资约束。KZ 指数作为目前学术界引用率最高的一种融资约束度量方法,由 Kaplan 和 Zingales(1997)提出。他们将美国 49 家企业作为研究对象,考察其在 1970~1984 年间的财务数据,并根据企业的资本结构、成长能力、盈利能力、现金及现金等价物持有与企业激励政策将样本企业划分为 5 组,来分析企业面临的不同融资约束程度,并利用上述五个指标构造 KZ 指数,认为 KZ 指数与企业的融资约束度有关且呈现出显著的正相关关系。Laffiont 等(2001)延续了 Kaplan 和 Zingales(1997)的研究方法,构建了企业的融资约束指数,即

$$KZ = -1.002 \cdot cf + 0.283 \cdot Q + 3.319 \cdot lev - 39.365 \cdot div - 1.315 \cdot cash$$

式中,cf 表示企业的经营性现金流;Q 表示托宾 Q 值,代表着企业的成长能力;lev 表示企业的资产负债率,代表企业的资本结构;div 表示企业的股利支付率,代表企业的股利分红决策;cash 表示企业的现金持有量。

3. 现金流敏感性模型

国外学者在利用现金流敏感性模型度量企业融资约束上主要分为两类:投资-现金流敏感性模型与现金-现金流敏感性模型。Fazzari, Hubbard, Petesen 首先提出了投资-现金流敏感性模型,他们对美国 422 家样本企业进行研究,采用其在 1970~1984 年间的财务数据,利用企业的股利支付率作为划分标准,将样本企业划分为融资约束组与非融资约束组,他们认为当企业面临融资约束时,会倾向于将股利留存以应对未来投资之需,因此其股利支付率较低;反之,当企业未面临融资约束时,其股利支付率较高。进一步的,他们利用新古典模型、托宾 Q 模型与投资加速模型对研究样本进行实证分析,并得出在投资-现金流敏感性模型中,股利支付率较低的企业其敏感性系数相对更高,股利支付率较高的企业其敏感性系数相对更低。因此得出结论,即投资-现金流敏感性模型能够作为度量企业融资约束的方式,并且股利支付率低的企业面临的融资约束程度更高。用公式表示为

$$\left(\frac{I}{K}\right)_{i,r} = f\left(\frac{X}{K}\right)_{i,r} + g\left(\frac{cf}{K}\right)_{i,r} + Q_{i,r}$$

式中,I 表示企业的固定资产投资;X 表示托宾 Q 值,代表着影响企业投资需求的变量;K 表示企业的期初总资本;cf 表示企业的现金流量。

但投资－现金流敏感性模型存在一定的争议性,即在衡量企业成长能力的指标上,托宾 Q 值并不准确,尽管托宾 Q 值能够体现企业的市场价值是否被高估或低估,但在对企业成长性的衡量上,边际 Q 会更加精确;同时委托－代理因素的存在也可能导致投资－现金流敏感系数较高,投资对现金流波动的敏感性是否仅由融资约束引起,也颇有争议。

另一类现金流敏感性模型为现金－现金流敏感性模型,由 Almeida,Campello,Weisbach(2004)提出,他们认为,当企业遭受融资约束时,会倾向于从自身现金流中提取部分现金来持有,以应对未来不可预测的投资发展需求。Almeida 等将美国上市企业作为研究对象,并挑选出其中 3 457 家制造业企业,研究其在 1971~2000 年间的财务与非财务数据。他们同样将样本企业划分为融资约束组与非融资约束组,但划分指标与 Fazzari 等的划分指标不同,分别为企业的规模、股利支付率、商业票据评级、债券评级与 KZ 指数。在对样本企业进行实证分析后得出,企业面临融资约束时会表现出显著为正的现金流敏感性系数,而企业未面临融资约束时期现金流敏感性系数并不显著。以下公式为 Almeida 等提出的现金－现金流敏感性模型

$$\mathrm{dcash}_{i,r} = \beta_0 + \beta_1 \mathrm{cf}_{i,r} + \beta_2 Q_{i,r} + \beta_3 \mathrm{size}_{i,r} + d_r + f_i + \varepsilon_{i,r} + \varepsilon_{i,r}$$

式中,$\mathrm{dcash}_{i,r}$ 表示企业的现金持有量变动;cf 表示企业的现金流;Q 表示企业成长性指标;size 表示企业规模。当企业遭遇融资约束时,会进行现金流管理,即从现金流中提取部分现金,在模型中表现为 β_1 的系数显著为正。

该模型也是本书下面研究所主要采用的度量方法。

5.2 关系型贷款融资便利有效性实证研究设计

5.2.1 研究假设

1. 现金－现金流敏感性与融资约束的假设

国外学者 Almeida,Campello,Weisbach(2004)以美国上市公司为研究样本,运用现金－现金流敏感性模型衡量融资约束,并对样本进行分组,比较融资约束程度不同的企业现金持有的差异。结果表明,融资约束严重样本组,其现金－现金流敏感系数显著为正;而非融资约束样本组,现金－现金流敏感系数不显著。

国内学者也对现金－现金流敏感性模型的适用性进行了实证研究。连玉君、苏治、丁志国(2008)以 A 股上市公司为研究对象,根据公司规模、股利支付率对样本进行分组,从现金－现金流敏感性模型设定、托宾 Q 的衡量偏误、模型

内生性偏误三个方面,检验融资约束能否以现金-现金流敏感性衡量,实证结果支持 Almeida 的观点。也有学者在该模型基础上扩展研究,张伟斌和刘可(2012),章贵桥和陈志红(2013),李慧(2013)分别运用现金-现金流敏感性模型研究供应链金融发展、宏观货币政策、外部冲击对企业融资约束的缓解作用,实证结果也都支持 Almeida 的观点。

基于我国现实资本市场不够完全,外部融资制度环境不够成熟,上市企业的融资需求得不到完全满足,本书提出现金-现金流敏感性与企业融资约束的第一个研究假设:

假设 1(H1):上市中小企业普遍遭遇融资约束,在模型中现金-现金流敏感系数显著为正。

2. 银企关系长度与融资约束的假设

一方面,国外学者 Petersen 和 Rajan(1993)运用公司成立年限来度量银企关系长度,建立了基于逆向选择理论和道德风险理论的银企关系模型,研究关系型贷款对中小企业贷款可获得性和贷款利率成本的影响;Boot 和 Thakor(1994)研究了银企合作时间长度与抵押品要求的关系;Berger 和 Udell(1995)研究了银企合作时间长度与贷款成本的关系。实证表明,企业与银行建立关系,能够很好地解决中小企业信息不对称问题,银企合作时间越长,越能有效降低贷款成本,以更低的利率和更少的抵押品获得贷款。国内学者苏峻、刘红晔、何佳(2010)选取中国 3 家股份制银行对中小企业客户进行的随机问卷调查数据,以银企关系持续时间(银企关系持续的最长时间与企业成立时间的比值)作为银企关系借贷变量。实证结果显示银企关系变量与贷款金额显著正相关,与贷款利率显著负相关。上述国内外文献表明,银企关系持续时间越长,企业贷款可获得性增加,贷款利率同时降低。

另一方面,国外学者 Sharpe(1990),Wilson(1993),Angelini,Disalvo 和 Ferri(1998),Degryse,Van Cayseele(2000),以银企关系持续时间衡量关系长度,时间越长,贷款利率反而越高,但需要提供抵押物的概率下降。国内学者陈键(2008)选取美国 2003 年 NSSBF 数据库的中小企业,杨毅、颜白鹭(2012)选取地方省市的中小企业调查问卷,何韧(2013)选取世界银行在中国 23 个大中城市的企业调查数据,均使用银企关系长度(企业与主银行建立关系的时间)衡量银企关系紧密度。实证表明银企关系越紧密,信贷可获得性会增加,但银行与企业间更易存在"绑定效应",企业融资成本更高,企业贷款利率提升。即银企关系持续时间越长,企业贷款可获得性增加,贷款利率反而越高。

再者,国内学者何韧(2010)选取世界银行在中国 18 个城市的调查数据,李琳、粟勤(2011)选取某金融机构发展研究中心针对全国中小企业开展的问卷调查,刘圻、刘星宇、刘斌(2016)选取创业板上市企业为样本,使用银企关系长度(企业与主银行建立关系的时间或企业成立时间)指标衡量银企关系。结果表明,银企关系持续时间与企业贷款定价/贷款可获得性/贷款总额无显著相关性。即银企关系持续时间,不影响企业贷款可获得性和贷款利率。

基于上述理论分析,本书采用 Petersen 和 Rajan(1993)衡量银企关系持续时间的指标,以公司成立年限衡量银企关系长度 rel_1,并提出银企关系长度对企业融资约束影响的第二个研究假设:

假设 2(H2)a:银企关系长度增加,银企关系越紧密,公司贷款成本下降,融资约束程度有所缓解,现金-现金流敏感系数值减小,现金-现金流敏感系数显著为负;

假设 2(H2)b:银企关系长度增加,关系银行对企业形成套牢效应,企业贷款成本上升,融资约束程度加剧,现金-现金流敏感系数值增大,现金-现金流敏感系数显著为正;

假设 2(H2)c:银企关系长度增加,对银企关系紧密度没有实质性影响,现金-现金流敏感系数不显著。

3. 关系银行数量与融资约束的假设

一方面,国外学者 Machauer 和 Weber(1999)研究表明,企业如果仅同少量银行建立关系,他们就会面临更高的利息费用,提供更多的抵押品。国内学者何韧(2010),刘圻、刘星宇和刘斌(2016)均使用银企关系规模(签约银行数)指标衡量银企关系,实证结果均表明,企业与多家银行建立关系,能显著降低企业贷款利率成本或增加贷款总额。即在一定范围内,企业关系银行数目越多,表明企业与银行建立的关系网越繁密,企业有可能获得更多的金融服务支持,融资需求越容易得到满足。关系银行数量的增多,能有效缓解主银行的"绑定"效应,增强公司贷款议价能力,降低银行贷款利率成本。

另一方面,国外学者 Elsas 和 Krahnen(2000)运用德国银行数据,实证表明企业只向一家银行贷款,容易获得更低的贷款利率,关系型企业反而需要提供更多的抵押品以获取贷款。国内学者杨毅、颜白鹭(2012),何韧(2013)均使用签约银行数量指标衡量银行与企业的关系规模,实证表明多家银企关系反而会给企业带来更高的融资成本。即企业与多家银行建立关系,会使得企业交易成本和两者关系的维护成本上升,贷款成本增加。

基于上述理论分析,本书采用何韧(2010)衡量银企关系规模的指标,以企业建立合作关系的银行数量,衡量银企关系规模 rel_2,并提出关系银行数量与企业融资约束的第三个假设:

假设 3(H3)a:关系银行数量增加,企业议价能力增强,享有更优惠的贷款

利率,融资约束程度有所缓解,现金—现金流敏感系数显著为负;

假设3(H3)b:关系银行数量增加,企业交易成本和银企关系维护成本上升,融资约束程度加剧,现金—现金流敏感系数显著为正。

4. 高管金融从业背景与融资约束的假设

苏峻、刘红晔、何佳(2010)选取中国3家股份制银行对中小企业客户进行的随机问卷调查,何韧(2010)选取世界银行在中国18个城市的企业调查数据,均以是否有授信额度作为银企关系深度借贷变量,实证结果显示银企关系深度变量和贷款利率呈显著负相关性,即银企关系越深入,贷款成本越低。李琳、粟勤(2011)选取某金融机构发展研究中心开展的对全国中小企业的问卷调查,以企业高管是否为银行 VIP 客户,作为银企关系衡量指标。实证表明企业高管是银行 VIP 客户与贷款可获得性呈显著正相关。罗正英、周中胜、王志斌(2011)选取中小企业板上市企业,刘圻、刘星宇、刘斌(2016)选取创业板上市企业,均使用高层是否曾有银行工作背景指标衡量银企关系深度,实证表明高层有银行工作经历与企业贷款可获得性或贷款总额显著正相关。即有从事过金融行业工作的企业高管,对银行贷款流程、条款、人脉资源等更加熟悉,更有融资优势,能显著降低贷款成本。

基于上述理论分析,鉴于数据的可获得性,本书采用罗正英等(2011)文中,企业高管金融从业背景 rel_3 为银企关系深度衡量指标,并提出高管金融从业背景与企业融资约束的第四个假设:

假设4(H4):有金融从业背景的高管企业,享有更多贷款资源,更易与企业建立密切的银企关系,融资约束有所缓解,现金—现金流敏感系数显著为负。银企关系衡量指标及实证预期符号变化详见表5.1及表5.2。

表 5.1 银企关系衡量指标

银企关系	衡量公式	参考文献
关系长度	公司成立年限	Petersen 和 Rajan(1993)
	企业和主银行建立关系的时间	何韧(2013)
	银企关系持续的最长时间/企业成立时间	苏峻等(2010)
关系规模	签约银行数量	何韧(2013)
关系广度	银企合作业务种类	李琳、粟勤(2011)
关系深度	是否有授信额度	何韧(2010)
	企业高管是否为银行 VIP 客户	李琳、粟勤(2011)
	高层是否曾有银行工作经历	罗正英等(2011)

表 5.2　实证预期符号变化

假设检验	检验结果
H1:融资约束存在性分析	现金－现金流敏感性系数为正,且通过显著性检验
H2:银企关系长度与融资约束的分析	a. $cf*rel_a$ 的回归系数为负数,且通过显著性检验
	b. $cf*rel_a$ 的回归系数为正数,且通过显著性检验
	c. $cf*rel_a$ 的回归系数不显著
H3:关系银行数量与融资约束的分析	a. $cf*rel_b$ 的回归系数为负数,且通过显著性检验
	b. $cf*rel_b$ 的回归系数为正数,且通过显著性检验
H4:高管金融从业背景与融资约束的分析	$cf*rel_c$ 的回归系数为负数,且通过显著性检验

5.2.2　模型设计

因投资－现金流敏感性模型颇受争议,本书采用现金－现金流敏感性模型(Almeida 等,2004)来衡量中小企业外部融资约束。同时为考察关系型贷款对中小企业融资约束的影响,基于 Khurana 等(2006)的研究,本书将衡量银企关系的三个指标分别与企业现金流相乘构建交乘项,然后再将交乘项分别纳入式(5.1),构建扩展式(5.2)、(5.3)、(5.4),即

$$f_i + \varepsilon_{i,t} \tag{5.1}$$

$$\beta_6 \mathrm{dnwc}_{i,t} + \beta_7 \mathrm{growth}_{i,t} + \beta_8 \mathrm{expend}_{i,t} + d_t + f_i + \varepsilon_{i,t} \tag{5.2}$$

$$\beta_6 \mathrm{dnwc}_{i,t} + \beta_7 \mathrm{growth}_{i,t} + \beta_8 \mathrm{expend}_{i,t} + d_t + f_i + \varepsilon_{i,t} \tag{5.3}$$

$$\beta_6 \mathrm{dnwc}_{i,t} + \beta_7 \mathrm{growth}_{i,t} + \beta_8 \mathrm{expend}_{i,t} + d_t + f_i + \varepsilon_{i,t} \tag{5.4}$$

式中,dnwc 表示非现金企业净营运资本变动;growth 表示企业成长性;expend 表示企业资本支出。如果式(5.2)、式(5.3)、式(5.4)中系数显著为负,则表明企业的现金－现金流敏感系数在下降,关系型贷款有助缓解中小企业融资约束,且负值的绝对值越大,表明对融资约束的缓解作用越大。

5.2.3　变量解释

国内学者对现金－现金流敏感性模型的研究,多是源于 Almeida(2004)的研究,故本书参考其基准模型对变量的定义;其余控制变量则引用了章晓霞、吴冲锋(2006),李金、李仕明(2007),连玉君等(2008)对控制变量的定义。银企关

系长度变量引用 Petersen 和 Rajan(1993),银企关系规模变量引用何韧(2010),银企关系深度变量引用罗正英等(2011),变量符号、名称及定义具体参见表 5.3。

表 5.3 变量定义表

变量符号	变量名称	变量定义
自变量		
$cf_{i,t}$	经营性现金净流量	经营活动现金净流量/期初总资产
rel_a	关系长度 (银企关系持续时间)	样本年份－公司成立年份(公司基本户成立年份)
rel_b	关系规模 (关系银行数量)	企业与金融机构签订合同的银行数
rel_c	关系深度 (高管金融从业背景)	如高层中有人曾在金融机构(包括银行、投行及证券、保险、基金、期货、信托机构)工作或正在任职,赋值为 1;否则为 0
因变量		
$dcash_{i,t}$	现金持有量变动	(现金＋现金等价物增加额)/期初总资产
控制变量		
$size_{i,t}$	公司规模	ln(企业 t 年年末总资产)
$dstd_{i,t}$	短期负债变动	(年末流动负债－年初流动负债)/期初总资产
$dnwc_{i,t}$	非现金净营运资本变动	(流动资产－流动负债－现金及现金等价物)/期初总资产
$growth_{i,t}$	企业成长性	主营业务收入增长率＝(期末主营业务收入－期初主营业务收入)/期初主营业务收入 * 100%
$expend_{i,t}$	资本支出	(购建固定资产、无形资产和其他长期资产所支付的现金－处置固定资产、无形资产和其他长期资产收回的现金净额)/期初总资产

注:衡量企业成长性通常有 3 个指标:主营业务收入增长率(销售收入增长率)、总资产增长率和托宾 Q。学术研究中经常运用托宾 Q(平均 Q)来衡量企业的成长性,但若严格地从理论界定,边际 Q 才是能更好地体现企业成长性的指标。而且只有在股市强势有效的条件下,托宾 Q 与边际 Q 是等价的,但连玉君指出,中国股市最多接近但尚未达到弱势有效,故运用托宾 Q 衡量企业成长性是存在偏误的。为避免托宾 Q 的衡量偏误,本书引用主营业务收入增长率(唐建新等,2009)来考察企业成长性。

5.2.4 样本选择

鉴于指标数据的可获得性及2008年金融危机前后几年,企业财务数据的波动性很大,本书主要采集了2015~2019年中国中小企业板上市公司的数据作为研究样本。

1. 数据范围

因获取权威机构开展的调查问卷数据比较困难,而中小企业板上市公司披露的数据权威可靠,本书选用中国中小企业板上市公司为研究样本。若有实证研究表明,尚可通过股票、债券市场融资的上市公司都遭遇融资约束,且关系型贷款有助缓解其融资约束,则对融资方式有限的未上市中小企业会更加适用。

2. 数据来源

以下是式(5.1)~(5.4)中各变量数据的具体出处。

第一,关系长度(银企关系持续时间):按常理来说,应该以企业与主银行建立关系的时间来计量,但主银行的数据获取具有一定难度,而在企业成立初期,一般都会开设一个基本户,用于办理经营活动的日常资金收付以及工资、奖金等现金的支取,并且只有具备基本户的开户许可证后,企业才能开设一般账户。而在上市公司的年度报告和招股说明书中,都难以获取基本户的开户时间,但公司成立年限一般能反映基本户的开户时间,故本书用公司成立年限表示银企关系持续时间。数据来源于万得(Wind)数据库【公司介绍】—【成立日期】,以企业成立时间与研究时点之间的差值,作为公司成立的时间长度。

第二,关系规模(关系银行数量):数据来源于国泰安 CSMAR 数据库中的中国上市公司【银行贷款】数据库,手工收集整理。本书以在研究时点内,建立银企关系的银行数量(包含前几期关系银行数)计数。借款,不局限于商业银行,含政策性银行、财务公司、租赁公司、信托公司等;同家银行不同地区,不同支行,视为同家银行;其中部分企业银行贷款数据中"发款银行"字段中只说明是"银行""商业银行",没有确定是具体哪家银行,则并作一个银行,并不重复计数;同家银行,不同年份发生的业务,在前期计数后,后期不重复计数。

第三,高管金融从业背景:数据来源于国泰安 CSMAR 数据库的【上市中小企业治理结构】—【高管动态】—【高管简历】,手工收集整理。

第四,财务数据:数据来源于国泰安 CSMAR 数据库的【中国上市公司财务报表数据库】—【财务报表】,国泰安 CSMAR 数据库中缺漏的财务数据,引用万得(Wind)数据库,手工填补。

3. 数据筛选

基于样本数据的有效性和连续性，为避免异常样本值对研究结果的影响，本书按照以下原则对样本数据进行处理。

第一，删除金融类、保险类等上市公司。

第二，删除 ST 及 ST * 上市公司。

第三，删除核心变量有缺失的上市公司。

第四，删除【银行贷款】数据库中，【是否签约】字段为"0"的上市公司，即未成功申请贷款的上市公司（字段为"1"表示企业成功与商业银行签订合作协议，银行批准贷款、同意授信；字段为"0"表示，公司曾经有申请贷款记录，但并未获得银行授信批准）。

最终满足标准的上市公司样本数据只有 90 家，数据处理软件是 Excel 2007 和 Stata。

5.3 关系型贷款融资便利有效性实证研究与分析

5.3.1 描述性统计分析

表 5.4 呈现了主要变量的描述性统计结果。现金持有量变动 dcash，最小值是－0.460，最大值是 2.634，平均值是 0.029，中位数是－0.001，即总体而言，样本企业现金持有量变化量占公司期初总资产比重较低。

经营性现金净流量 cf，最小值是－0.472，最大值是 4.453，平均值是 0.050，中位数是 0.038，表明我国大部分企业都会从现金流中留出一部分转为现金，遭遇一定的融资约束。

关系变量 rel_a，表示银企关系持续时间，用公司成立年限度量银企关系长度。最小值为 5.000，最大值为 31.000，平均值为 14.989，标准差为 4.680，表明我国大部分中小企业银企关系持续时间相差悬殊。

关系变量 rel_b，表示关系银行数量，最小值为 0.000，最大值为 10.000，样本平均关系银行数为 1.416，标准差为 1.664。样本平均值较小，离散程度较高，表明中小企业拥有关系银行数目不多，且相差悬殊。

关系变量 rel_c，表示高管金融从业背景，为虚拟变量，平均值为 0.822，标准差为 0.383，即大部分样本企业高管都有金融从业背景。

公司规模 size，最小值为 19.329，最大值为 25.201，平均值为 21.925，标准差为 0.956，说明中小板企业规模大小不一，存在一定差距。

企业成长性 growth，最小值为－0.720，最大值为 20.751，平均值为 0.254，标准差为 1.187,说明中小板企业普遍成长性不高,企业未来成长空间差距悬殊。

短期负债变动 dstd,平均值为 0.142;非现金净营运资本变动 dnwc,平均值为 0.073,平均值为正值,说明公司短期流动资产的增加大于短期流动负债的增加,不能偿债的风险较小;资本支出 expend,平均值为 0.098,说明有较多投资机会。

表 5.4 变量描述性统计

变量	观察值	平均值	标准差	中位数	最小值	最大值
dcash	420	0.029	0.219	−0.001	−0.460	2.634
cf	450	0.050	0.234	0.038	−0.472	4.453
rel_a	450	14.989	4.680	14.000	5.000	31.000
rel_b	450	1.416	1.664	1.000	0.000	10.000
rel_c	450	0.822	0.383	1.000	0.000	1.000
size	450	21.925	0.956	21.756	19.329	25.201
dstd	450	0.142	0.772	0.058	−0.774	12.910
dnwc	450	0.072	0.402	0.060	−4.799	4.426
growth	450	0.254	1.187	0.114	−0.720	20.751
expend	450	0.098	0.228	0.063	−0.070	4.557

5.3.2 相关性检验

为了检验各变量的相关程度,本书用 Pearson 相关系数检验法,对样本数据的主要变量进行了显著性检验,结果如表 5.5 所示。从表中可见,现金流 cf 与现金持有变动 dcash,在 1% 显著水平上正相关,相关系数为 0.592,表明中国中小企业上市公司整体现金—现金流敏感系数为正,普遍遭遇融资约束。

模型中的解释变量和控制变量大多存在显著的相关性,短期流动负债变动 dstd、企业成长性 growth、资本支出 expend 与现金持有变动 dcash 呈显著正相关,公司规模 size、非现金净营运资本变动 dnwc、银企关系变量与现金持有变动 dcash 不显著,变量之间的具体关系在下文的多元回归模型中会进行验证。本书进一步采用方差膨胀因子 VIF 检验自变量间的多重共线性,变量的方差膨胀因子 VIF 均小于 10,均值 VIF 为 3.21,故所有变量间不存在严重的多重共线性。

5.3.3 回归结果分析

本书对相关变量 cf、rel_a、rel_b、rel_c 进行中心化,产生交乘项后,对模型中的所有变量进行面板数据回归。经 Hausman 检验后,式(5.1)、(5.2)、(5.4)支持采用随机效应模型,式(5.3)支持采用固定效应模型。本书检验顺序为,首先,检验现金—现金流敏感性的存在,验证中小企业普遍遭遇融资约束;其次,分别检验银企关系长度、关系银行数量、高管金融从业背景与企业融资约束的关系;最后,验证实证结论的稳健性。

表5.5 各变量 Pearson 相关系数检验

	dcash	cf	rel_a	rel_b	rel_c	size	dstd
dcash	1						
cf	0.592***	1					
rel_a	0.0240	0.0770	1				
rel_b	−0.0400	−0.00400	0.221***	1			
rel_c	0.0360	−0.0160	0.154***	0.106**	1		
size	0.0670	0.0730	0.198***	0.0450	0.208***	1	
dstd	0.593***	0.664***	0.0320	−0.0230	0.0110	0.118**	1
dnwc	−0.0320	0.0420	−0.081*	−0.00100	−0.0740	−0.158***	−0.278***
growth	0.616***	0.703***	0.0490	−0.0420	0.0370	0.108**	0.923***
expend	0.182***	−0.0250	−0.0610	−0.0600	−0.00300	0.0290	0.533***

	dnwc	growth	expend
dnwc	1		
growth	−0.164***	1	
expend	−0.557***	0.423***	1

注: ***、**、* 分别表示 1%、5%、10% 的显著性水平。

由表5.6可见,在式(5.1)、(5.2)、(5.3)、(5.4)四个模型回归中,cf 的系数均在 1%的水平上显著为正,且系数大小稳定在 0.29~0.40 之间,说明中小板上市企业普遍存在融资约束,支持了本书假设 1。

银企关系持续时间 rel_a,反映银企关系长度,用公司成立年限来表示。将关系变量 rel_a 与中小企业现金流 cf 交乘,在式(5.2)中进行实证,验证银企关系持续时间与企业融资约束的关系。比较特殊的是,cf * rela 回归结果交乘项系数不显著。该结果可从关系型贷款的定义角度诠释,基于国外学者 Berger 对关系型贷款的归纳,本书对此做了如下界定:关系型贷款,是基于银行和企业通过多种金融合作交易,长期积累的私有化软信息,而展开的一种贷款技术。即企业只有在银行办理的业务种类增多,两者交往次数增多,银行才会对企业的运营状况、财务绩效、贷款风险、市场份额及发展前景了解得更加充分,贷款可获得性才会显著增加。但持续时间长,并不意味着银行掌握了企业更多的私有化软信息,故银企关系持续时间对贷款可获得性没有显著影响,支持了本书假设 2c。

关系银行数量 rel_b,反映银企关系规模,用企业在样本期间与金融机构签订合同的银行数表示。与中小企业现金流 cf 构建交乘项,用于式(5.3)中,实证关系银行数量与中小企业融资约束的关系。而在企业与银行开展金融服务交易过程中,经常与固定的一家主银行进行业务往来,因而主银行能够获取更多公司市场未公开的信息,同时可以用企业过度抵押为由,限制市场竞争对手的进入,对贷款企业形成"套牢效应"。结果显示,$cf*rel_b$ 交乘项系数在 5% 水平下显著为负,系数值为 -0.130。即在一定范围内,关系银行数量的增加,增强了企业与银行间的谈判议价能力,削弱了主银行的"套牢效应",某种程度上有助于缓解中小企业融资约束困境,支持了本书假设 3a。

高管金融从业背景 rel_c,通过设定虚拟变量来表示,对高层中有人曾在金融机构(包括银行、投行及证券、保险、基金、期货、信托机构)工作或正在任职赋值为 1,否则该关系变量设为 0。将关系变量 rel_c 与中小企业现金流 cf 交乘,用于式(5.4)进行实证,分析高管金融从业背景与企业融资约束的关系。结果表明,$cf*rel_c$ 交乘项系数在 1% 水平下显著为负,系数值为 -0.706,绝对值远大于 -0.130,比关系银行数量指标对企业融资约束的缓解程度更大。说明从事过金融行业工作的企业高管,对银行贷款流程、条款、制度等更加熟悉,享有更多人脉资源等融资优势。在银企关系指标中,高管金融从业背景能够更大程度上缓解中小企业融资约束,支持了本书假设 4。

在控制变量中,公司规模 size 在 5% 水平下显著为正,系数大小为 0.060 0,表明公司规模越大,未来会有更多投资机会,企业会倾向于持有更多现金。短期流动负债变动 dstd,在 10% 水平下显著为正,且系数大小为 0.056 2。企业成长性 growth,与现金持有量变动 dcash 在 1% 水平下显著为正,且系数大小稳定在 0.03~0.05 之间,表明越具成长性的企业,未来会具备更多投资机会,手头会保留更多现金。在式(5.1)~(5.4)中,R-sq 大小稳定在 0.43~0.46 之间,说明模型整体拟合程度较好。

表 5.6　全样本下中小企业板上市公司的现金—现金流敏感性回归

	(1)	(2)	(3)	(4)
	dcash	dcash	dcash	dcash
cf	0.299 9***	0.291***	0.365***	0.360***
	(0.057 6)	(0.058 6)	(0.081 5)	(0.059 3)
size	0.001 78	0.002 62	0.060 0**	−0.002 26
	(0.008 39)	(0.008 55)	(0.023 7)	(0.008 47)
dstd	0.039 7	0.040 8	0.050 4	0.056 2*
	(0.030 9)	(0.031 0)	(0.038 3)	(0.030 8)
dnwc	0.032 4	0.030 1	0.056 9	0.033 9
	(0.024 2)	(0.024 5)	(0.036 5)	(0.024 0)
growth	0.046 9**	0.041 7**	0.034 0*	0.048 9***
	(0.018 4)	(0.019 7)	(0.020 4)	(0.018 2)
expend	0.039 5	0.046 5	0.046 2	0.000 146
	(0.056 0)	(0.057 4)	(0.075 6)	(0.056 6)
cf*rel_a		0.011 1		
		(0.013 9)		
rel_a		−0.000 580		
		(0.001 73)		
cf*rel_b			−0.130**	
			(0.057 6)	
rel_b			−0.028 9**	
			(0.012 1)	
cf*rel_c				−0.706***
				(0.200)
rel_c				0.025 9
				(0.020 9)
_cons	−0.049 0	−0.058 7	−1.289**	0.015 2
	(0.185)	(0.186)	(0.515)	(0.184)
N	450	450	450	450
R^2	0.435	0.435	0.444	0.451

注:括号内的值为标准差;***、**和*分别表示1%、5%、10%的显著性水平。

5.3.4 稳健性检验

本书企业的现金流用经营活动现金流量净额与期初总资产的比值表示,但现金流还存在另外一种表达方式,用净利润与当期折旧(固定资产折旧、油气资产损耗、生产性生物资产折旧)之和与期初总资产的比值表示。本书采用第二种计算方法来验证上述研究结论的稳健性,按照前文所述对模型检验的顺序,进行稳健性检验,结果如表 5.7 所示。

在式(5.1)~(5.4)四个模型回归中,cf 的系数都在 1% 水平上显著为正,说明我国上市公司的现金持有量普遍对现金流敏感,且系数大小稳定在 0.37~0.62 之间,说明中小板上市企业普遍存在融资约束,支持了本书假设 1。

式(5.2),实证银企关系长度 rel_a 对企业融资约束的影响。结果表明,cf * rela 交乘项系数也不显著,与上述实证结果一致。即银企关系持续时间长,并不代表银企之间开展了更多金融合作交易,银行拥有更多企业的软信息,银企关系更紧密,支持了本书假设 2c。

式(5.3),实证关系银行数量 rel_b 对企业融资约束的影响。结果表明,cf * rel_b 交乘项系数在 1% 水平下显著为负,系数值为 −0.528。说明在一定范围内,关系银行数量增加,增强了企业的议价能力,银行放款利率降低,有助于缓解中小企业融资约束,支持了本书假设 3a。

式(5.4),实证高管金融从业背景 rel_c 对企业融资约束的影响。结果表明,cf * rel_c 交乘项系数在 1% 水平下显著为负,系数值为 −1.277,银企关系变量中缓解融资约束程度最大。说明有金融从业背景的高管企业,更易与银行建立银企关系,有助缓解中小企业融资约束,支持了本书假设 4。

在式(5.1)~(5.4)中,R−sq 大小稳定在 0.43~0.50 之间,说明模型整体拟合程度较好。

综上所述,本书实证检验结果及结论是具有稳健性的。

表 5.7 稳健性测试结果(现金流用净利润与当期折旧之和表示)

	(1)	(2)	(3)	(4)
	dcash	dcash	dcash	dcash
cf	0.371***	0.364***	0.619***	0.466***
	(0.081 4)	(0.082 7)	(0.103)	(0.081 2)
size	−0.000 084 0	0.000 599 0	0.045 2*	−0.008 03
	(0.008 70)	(0.008 88)	(0.023 7)	(0.008 67)
dstd	0.036 9	0.030 9	0.126***	0.057 1*
	(0.031 7)	(0.033 8)	(0.038 3)	(0.031 1)
dnwc	−.000 315	−0.000 801	−0.049 3	0.009 05
	(0.025 6)	(0.026 3)	(0.038 4)	(0.025 0)
growth	0.006 58	0.006 13	−0.048 8*	0.025 8
	(0.023 2)	(0.023 4)	(0.026 3)	(0.023 0)
expend	−0.011 0	−0.000 777	−0.252***	−0.046 5
	(0.052 3)	(0.056 9)	(0.075 3)	(0.051 4)
cf * rel_a		0.007 99		
		(0.015 3)		
rel_a		−0.000 163		
		(0.001 77)		
cf * rel_b			−0.528***	
			(0.088 3)	
rel_b			−0.043 5***	
			(0.011 9)	
cf * rel_c				−1.277***
				(0.246)
rel_c				0.018 6
				(0.021 1)
_cons	−0.007 86	−0.020 3	−0.939*	0.137
	(0.192)	(0.194)	(0.514)	(0.189)
N	440	440	440	440
R^2	0.430	0.430	0.494	0.464

注:括号内的值为标准差;***、**和*分别表示1%、5%、10%的显著性水平。

5.3.5 实证研究的主要结论

本书以我国中小企业板上市公司为研究样本,选用其 2015~2019 年财务数据和银行贷款数据,基于 Almeida 等(2004)开创的现金－现金流敏感性扩展模型,研究了我国中小企业板的上市公司是否遭遇融资约束。选用银企关系长度(公司成立年限)、关系规模(企业建立合作关系的银行数量)和关系深度(高管金融从业背景)三个指标衡量银企关系,与企业经营现金流构成交乘项,研究关系型贷款能否有效缓解中小企业融资约束,本书得出以下结论。

(1)通过交乘项现金－现金流敏感性系数值显著为负,证实了上市中小企业与银行建立密切的银企关系,能够有效缓解其融资约束。在银企关系指标中,关系银行数和高管金融从业背景能够显著降低上市中小企业的现金－现金流敏感性,即起到融资约束缓解作用,且后者缓解作用远远大于前者。

(2)中小企业板上市公司普遍遭遇融资约束,具有显著为正的现金－现金流敏感系数。因为我国的资本市场不够完全,外部融资制度环境不够成熟,上市公司虽可通过发行股票和债券融资,但融资需求仍不能得到完全满足,使得中小板上市企业仍不同程度地面临融资约束。进而对于融资方式十分有限的中小企业,融资约束程度则有过之而无不及。

(3)银企关系长度增加,并不意味着银企关系更紧密,因而交乘项的现金－现金流敏感系数不显著。企业只有在银行办理业务种类增多,相互交往次数增多,银行对企业的内部运营和未来发展才会了解得更加充分,贷款可获得性才会显著增加。但持续时间长,并不意味着银行积累了企业更多的私有化软信息,银企关系持续时间对贷款可获得性没有显著影响。

(4)关系银行数量增加,企业议价能力增强,融资约束有所缓解,交乘项具有显著为负的现金－现金流敏感系数。即企业若在一定范围内建立与多家银行的关系,将增强企业与银行间的谈判议价能力,削弱主银行的"套牢效应",在一定程度上有助于缓解中小企业融资约束。

(5)有金融从业背景的高管企业,更易与企业建立密切的银企关系,融资约束有所缓解,交乘项具有显著为负的现金－现金流敏感系数。从事过金融行业工作的企业高管,对银行贷款流程、条款、制度等更加熟悉,享有更多人脉资源等融资优势,且在银企关系指标中,高管金融从业背景能够更大程度上缓解中小企业融资约束。

本章小结

中小企业作为推动中国经济社会发展的主力军,其融资状况受到广泛关注。而中小企业由于体量小、风险高、经营不确定性等问题,依靠内源融资来支撑其发展难度较大,因此,中小企业更多借助外源融资渠道获取资金,并且中小企业在外源融资中更加偏好于向银行借款。但是由于银企间存在严重的信息不对称,会导致企业在申请银行贷款时出现道德风险和逆向选择等问题,因此关系型贷款的存在会使得企业在获取信贷资金方面更加便捷。关系型贷款不仅可以缓解银企之间信息不对称问题,对银行来说,在对放款企业的资信调查方面也会更加全面,因为银行不仅掌握企业财务方面的信息,还能掌握其他难以获取的有关企业的私有信息,多方面数据及信息能够让银行对该中小企业进行更加完善的评估,银行也会更愿意将资金贷给该类中小企业。关系型贷款对于中小企业来说,极大缓解了其融资约束的困境,企业对于建立密切银企关系的意愿也会更加强烈。

本章研究了2015~2019年深圳证券交易所上市中小企业板中样本企业的银行贷款情况,并得出以下结论。

(1)我国中小企业板上市企业虽然拥有更广泛的融资渠道,但依旧面临融资约束,在现金-现金流敏感性模型中具有显著为正的敏感性系数。我国资本市场还不够不完善,外部融资环境及制度不能充分满足企业的资金需求,尽管上市企业可以通过股权和债权融资,但资本市场给企业提供的资金依旧不能完全满足融资需求,因此我国中小板上市企业同样面临着融资约束问题。并且可以推断,对于融资渠道更加有限的非上市中小企业来说,将会面临更加严重的融资约束。

(2)企业的高层具有金融背景能够显著缓解企业的融资约束,企业高层的金融背景会降低银行获取企业"软信息"的成本。具有银行等金融背景的企业高管,其在知识才能与人脉资源上享有更多融资优势,高层金融背景的存在会使得企业与银行建立更为紧密的关系。

(3)企业的长期借款可作为关系型贷款的代表之一,银行若是愿意向企业提供长期贷款,说明银行看好企业的发展前景,对企业未来发展具有较强信心,并且企业获得长期借款表明银企间长期持久的合作关系,对中小企业来说,其面临的融资约束程度会更低。

第6章 关系型贷款促进融资便利的制度安排分析

在本章,我们将首先分析国外的关系型融资制度变迁,然后讨论我国的关系型融资制度的构建。在国外,一般不存在关于关系型融资制度方面的法律或行政性规定,也没有其他形式的强制性规范。黄泽民(2001)认为,制度可以分为两种类型,一是外生性制度,即为了直接弥补市场缺陷或代替市场功能,由国家或政府制定的具有法律强制或行政规范的政策性制度;二是内生性制度,即在市场功能性缺陷和政策性制度效率低下的条件下,为了降低成本,提高经济效益而自然形成的组织、方法、行业规定和惯例等。关系型融资制度便属于一种内生性的制度。它是在经济体系内部自发产生的紧密型银企关系和适应本国当时经济条件的银行经营方式之一,具有非强制性和自发性的特点。

6.1 国外关系型贷款制度安排变迁

6.1.1 美国关系型融资制度变迁

对美国的关系型融资体制发展阶段,可以大致分为两个阶段,20世纪70年代以前是关系型融资的繁荣时期;1970年以后,关系型融资遇到越来越多的挑战,保持距离型融资越来越多,这样,关系型融资在美国银行体系中的某些业务中的地位和作用逐渐下降,如在对大公司的贷款中,保持距离型贷款逐渐占主导地位。而且通过考察美国关系型融资的发生发展,可以发现,关系型融资的发展与金融制度和金融创新关系紧密。

1. 20世纪70年代前的美国关系型融资制度

美国商业银行融资制度的发展一方面受制于美国的金融监管制度,另一方面也与美国经济的发展情况密切相关。美国银行业监管体制的框架主要是通过1864年《国民银行法》、1913年《联邦储备法案》和1933年《格拉斯—斯蒂戈尔法案》的实施而基本形成的。在商业银行的初创时期,美国效仿英格兰,实行特许银行制度。美国独立战争后,在《独立宣言》下所建立的国家是一个由松散的、独立性极强的各州组成的,联邦政府的权力极小。这种政治架构对银行业产生了很大的影响。银行由各州颁发执照,禁止银行跨州经营,并且银行开业的期限、资本金等也受管制。这种特许银行制度成为现代美国银行制度的基础。美国各州都设有专门机构对本州注册的银行进行监管。由于各州立法对银行的管理口径不一,银行业的管理较为混乱。有鉴于此,1864 年,美国国会通过了其历史上第一个国家银行法,即《国民银行法》,在财政部设立货币总监局,由它核准国民银行的营业执照,审批国民银行合并及分支机构的设立,由此美国银行体系中出现了国民银行与州立银行并存的局面。

1913 年 12 月 23 日,美国总统威尔逊签署了在美国金融史上具有里程碑意义的《联邦储备法案》,其目的是"成立联邦储备银行,提供有弹性的通货,提供商业票据的再贴现手段,建立一个对美国银行业更为有效的监督机构,等等"。根据该法的规定,联邦储备体系于次年成立,作为美国的中央银行,其首要任务是制定并实施货币政策,以实现国家的宏观经济目标。同时,联储当局也对会员银行实行广泛的管理。所有国民银行都是联邦储备系统的会员,州立银行如果符合其标准,也可成为会员银行。作为监管机构,联储对会员银行的管理主要包括检查会员银行的经营状况,审批除国民银行外所有银行合并及分支机构的设立,规定法定存款准备金和定期存款利率的最高限等。

20 世纪 20 年代末到 30 年代初,美国相继爆发了两次大的金融危机,导致大批银行倒闭,并由此引发了世界性经济危机。危机的导火索是美国证券市场股价暴跌,其间美国银行因过度支持股票投机而广受指责。为了维护金融业的稳定,恢复公众的信心,加强对银行经营范围的管理就被提到日程上来了。1933 年著名的《格拉斯—斯蒂戈尔法案》由此出台。该法案将银行业务同证券业严格分开,并创建联邦存款保险公司(FDIC),对会员银行吸收的储蓄存款予以保险,以恢复存款人对银行的安全感。

以上三大法案制定和实施后,美国银行业的监管体制形成了初步的框架。其特点:一是银行注册与监管的"双轨制",国民银行和州立银行的并存,使这些银行的注册申请分别在联邦和州政府办理。联邦政府和州政府则分别依据有关的法律设置专门机构以监管这两类银行。二是监管重点放在严格限定银行的业务范围上。《格拉斯—斯蒂戈尔法案》将商业银行业务与投资银行业务严格划分开来,禁止银行从事大多数的证券发行工作,相应地,投资银行也不得开办存款业务。在银行活动领域方面,将国民银行开设分支机构限定在其所在州的范围之内,跨州经营则受到严格禁止。

这些金融监管措施的实施为美国关系型融资制度的形成创造了良好的外部条件。同时,18 世纪末美国经历了一段长时期的经济繁荣。在 19 世纪初至 19

第6章 关系型贷款促进融资便利的制度安排分析

世纪60年代的美国产业革命中,美国的经济迅速发展,并使得银行业务突破地区的限制而向全国市场发展,银行与企业的关系也更加紧密。银行通过贷款或购买股票来控制和支配工业企业或通过投资来创办工业企业。大工业企业也渗透到银行业中去。企业和银行之间在资本融合的基础上,实现人事结合。因此,20世纪30年代之前,美国的关系型融资制度主要是通过银行对企业的资本参与和董事兼职而形成的。

20世纪三四十年代,随着美国经济形势和立法措施的变化,关系型融资制度也发生改变。从30年代到70年代是美国银行业监管体制不断加强和完善的阶段。

首先,在反对中央集权和防止垄断的指导思想下,为避免监管机构权力过于集中,多重监管机构同时并存且相互制约的监管体制进一步形成。在此体制下,货币总监局、联邦储备体系和联邦存款保险公司三大联邦监管机构和50个州的银行管理机构对美国的银行业共同进行交叉分工式的管理。除了上述四类主要的监管机构外,其他一些机构也参与了一部分监管工作,如司法部、证券交易委员会(SEC)和联邦储蓄与贷款保险公司(FSLIC)等。

其次,立法管制进一步完善化、规范化。在20世纪30年代形成的法律框架的基础上,又出台了一系列法规,主要集中在对银行持股公司的管理、对银行兼并的规定及强化银行对社会的责任这三个方面。银行持股公司是指拥有或控制两家或两家以上银行的公司。美国几乎所有的大银行和许多中小银行都为持股公司所有。60年代以前,持股公司通过收购控制分别在不同的州注册的多家银行,来绕过银行法禁止跨州设立分支机构的规定。《银行持股公司法及其修正案》(1956,1966和1970年)将银行持股公司纳入联邦储备体系的管制范围,并限制其子公司的非银行业务,由此达到了两方面的目的:一方面通过禁止跨州经营来阻止银行垄断力量的增长,另一方面阻止了银行通过持股公司进入一些非银行业务领域进行跨范围的经营活动。《银行合并法及其修正案》(1960,1966年)是反托拉斯精神在银行业管理中的体现。它要求银行监管机构在审议银行合并与收购的申请时,要评估其是否可能妨碍公平竞争。而有关银行社会责任方面的系列法规包括:《诚实信贷法》《平等信贷机会法》《社区再投资法》等。

经过这一阶段的发展,美国对银行业的监管逐渐完善起来,形成了一套法制健全、机构完整、管理严格的监管体制,并为降低银行风险,维护金融业的稳定提供了有效保障,其监管内容的法制化也广为其他国家所效仿。这些管制措施使得美国银行和企业的关系发生了很大的变化,主要表现在以下几个方面:

第一,银行信托部与美国公司之间进行资本参与和董事兼职。由于法律规定商业银行不得经营股票证券业务,因此,有银行信托部出面与公司进行人事和资本参与。据美国国会报告,银行信托部只要拥有一家公司5%的股票,即可对公司的营业活动产生重大影响。

第二,形成银行控股公司。银行控股公司以银行为主体,可以经营多种非银行业务。1970年立法之前银行控股公司可以经营上百种非银行业务,包括工矿、农业、交通运输、商业和文化教育等,1970年立法之后,限制为银行相近业务,但也有20多种。这加强了银行与企业之间的紧密关系。

第三,形成混合企业金融集团。20世纪20年代后,许多工商企业大举向银行业务领域发展,侵占银行的金融业务市场和利润。例如通用、福特等纷纷向金融业进军,一方面经营本行业务,一方面经营金融业务。早期的企业金融集团主要提供消费信贷业务,如发放分期付款消费信贷;其次是提供商业信贷,如设备贷款、租赁贷款等。这些消费信贷和商业信贷的主要目的是为推销本公司的商品服务,成为金融和工业的中介桥梁。但到70年代后,这些企业金融集团大量兼并银行及其他金融机构,从事多种金融业务,已接近全能银行(王继祖,1994)。这加强了银行与工商业的联合。

第四,社区银行的黄金时代。美国的商业银行在20世纪70年代很大程度上是一个受保护的产业。政府规制使得银行业不受地区之间的业务竞争,不受产品竞争,并在很多方面不受价格竞争。这对商业银行,尤其是社区银行来说,是一个黄金时代。这对社区银行从事对中小企业的关系型融资来说是非常有利的。

2. 20世纪70年代之后美国关系型融资制度的发展变化

近年来,保持距离型的银行业务的激增及金融市场的直接筹资已经开始挑战银行作为关系型借款者的未来。现在许多金融交易都经由不需要建立关系的匿名市场,如资本市场。Kenneth(2002)的研究显示,在加拿大帝国商业银行(CBIC),关系型融资越来越少了,贷款数量、贷款经理人数、贷款利润等都在减少。而关系型贷款的不良资产比例却在上升。关系型贷款减少的原因可能是外部冲击,如政策的变化,像资本金要求的增加,中央银行的货币政策紧缩,政府对关系型贷款的态度改变等。而在美国,银行也越来越转向保持距离型、产品式贷款,并增加雇用非正式工,以减少人力资本的投资。下面具体分析美国关系型融资制度遇到的挑战及其未来的发展趋势。

(1)制度环境的变化。

理想的关系型融资依赖于一系列的国家对银行业务的管制,这些管制使银行不会受到外部竞争,非银行金融机构不能进入传统的银行产品市场,并且使银行不会为存款展开激烈的价格竞争。多变的经济环境、技术创新,以及政治和经济思想中的反规制观点使得政府废除了对银行业的规制,这也就结束了关系型

第6章 关系型贷款促进融资便利的制度安排分析

融资的好日子。

20世纪70年代是多变的利率和技术创新的开始。在20世纪60年代末、70年代初,货币市场的利率通常都超过了Q条例所限制的最高利率。在1979年美联储改变了货币政策之后,货币市场利率与Q条例规定的最高利率缺口越来越大。结果在20世纪70年代后期,"脱媒"成为银行业的一个严重问题,因为存款都从低收益的银行存款流出,而进入了非银行金融机构提供的更高收益的投资,因为这些非银行金融机构不受Q条例的限制。更严重的是,关系型融资通常都是由中小银行提供的,而它们比大银行更依赖于存款。因此,"脱媒"的威胁对这些小金融机构更大。

"脱媒"的威胁在20世纪70年代末期比70年代早期更大。虽然在20世纪70年代早期利率更高,但是散户(retail customers)除银行存款外,没有其他可替代的投资渠道。货币市场工具,如可转让存单和商业票据的最低面额对小投资者来说太高了。但是,货币市场互助基金于1971年诞生,这是一个重要的金融创新,并毫无疑问改变了美国金融的面貌。

货币市场基金的两大特征使得它们比受Q条例限制的银行存款更有竞争优势:①货币市场投资回报;②可做支票使用。20世纪70年代后期,Merrill Lynch走得更远,深化了这项创新。他创立了现金管理账户(Cash Management Account),增加了第三项内容,即经纪账户。在20世纪70年代中期,利率下降,因此流入货币市场的资金并不足以对银行业的存款特权造成威胁。但是,在20世纪70年代后期,货币市场互助基金又获得重大发展。而且,金融服务业的其他领域的创新使得对银行存款的可替代的选择更多。其中最重要的创新之一是自动取款机(ATM),它对交易的成本和质量都有影响,使得交易的成本更低,且更加方便。这使得大银行能够并且愿意从事小额交易,这影响了中小银行的竞争优势。

随着20世纪70年代以来金融业创新的发展和宏观经济环境的变化,美国这种严格而复杂的监管体制的弊端越来越明显地暴露出来了。①监管机构高度重叠,职责交叉,一方面由于重复管理造成资源的浪费,另一方面,各层次的监管机构执行不同口径的法规,造成政令不一,影响了管理的效率;②美国监管体制对银行经营方面的严格限制制约了银行进一步的发展,影响了美国银行的竞争力。

同一时期,外国银行开始大量涌入美国。从20世纪70年代中期到80年代中期的10年间,在美国的外国银行数量从150家猛增到500多家。为数众多的外国银行在美国金融市场上开展业务,使美国银行业面临新的挑战。

上述几方面因素的综合作用导致了20世纪80年代美国银行业监管体制的

改革。

20世纪90年代中期以后,美国银行业的改革仍在继续。银行业的解除规制在20世纪90年代达到了顶点。1994年,美国国会通过了Riegle-Neal法案,在全国范围内消除了银行设立分支机构的限制。规定银行持股公司从1995年10月起可以跨州收购银行。其后五年,美国银行业经历了史无前例的并购狂潮。其中只有一小部分的并购是大银行之间的并购(即并购的每家银行都有超过10亿美元的资产)。大部分的并购是两家社区银行之间的并购。1999年,美国国会通过了《金融服务现代化法》,它废除了金融业的分业经营制度。这项法律允许商业银行、投资银行、证券公司和保险公司以控股公司的方式相互渗透,但不允许以子公司的方式进行业务渗透。该法禁止银行通过金融控股子公司从事非金融业务,但允许非金融公司通过购并一定范围的金融机构参与金融业务,充分体现了对金融业全面开放的重视。该法还把以往分业立法、分业监管的纵向监管体系改为统一立法、横向监管体系。新监管体系以金融服务功能进行分类管理,当一种新金融产品出现时,不同背景的金融控股公司都有相同的经营权。对金融产品的定义将原先"列举"方式改为以"灵活判断"的方式。这样当市场出现新金融商品时,监管机构可随时根据情况进行判断,既适应了金融融合的要求又鼓励了创新和竞争。可以说,这部法律的出台,是美国银行业解除规制运动的顶点,它确认了长达几十年的解除规制运动,因此而结束了从70年代开始的一个长长的故事。

但是,90年代的真正的突破性的事件是几乎所有美国银行都大规模采用新的金融和信息技术。大银行与小银行采用这些技术的方式不同,并且有不同的策略和竞争意义。

在20世纪90年代,信用评分技术被许多大银行运用于小企业贷款中。银行对这些贷款有不同的定义,但是其最高贷款额一般是在100 000～250 000美元之间。有些银行使用它们自己的模型,而其他银行则从别人那购买信用评分模型。总的来说,这些模型依赖于企业的信息(如信用局的报告)或从第三方(如Dun公司)购买商业信用信息。

信息和金融技术也同样降低了成本。在消费者和企业两方面的数据库都获得了巨大的发展。信用局的报告以及Dun公司的报告现在能通过互联网迅速传递。这使得借款人能对信贷申请做出更快的处理,这在消费贷款和小企业贷款中的作用是很重要的。

技术对银行体系的最大影响大概是支付系统。在过去的几十年里,银行采用电子支付技术来支付资金,这几乎不需要文书工作。网上银行是技术对银行业的一个更近的影响。它正在改变金融服务的面貌,它降低了地理位置的重要性,并降低了交易成本。银行现在提供一系列的网上服务,包括允许顾客进行网上存款和贷款交易的全面的交易。

总之,大银行采用新技术比小银行更快。它们通常首先采用电子支付技术、交易网站、小企业信用评分、自动取款机、资产证券化和表外业务

(2)制度环境变化对美国关系型融资的影响。

金融管制的放松对美国关系型融资的影响最为深刻的一点便是传统的关系型融资方式在新的环境下已经被打破,美国的金融体系成为当今世界保持距离型融资制度的典型代表。例如,由于放松了管制,美国银行间的并购大量进行。美国银行数量在20世纪90年代减少了30%(Berger, Demserz 和 Strhan, 1999)。如果考虑到有许多新银行产生,这个结果会更大。有大量的银行通过并购而消失。由于并购多是在小银行之间进行的,这使得人们担心小公司贷款会更加困难。由于关系型银行业务日益衰落,人们已经开始探讨美国关系型银行业务是否会在竞争中绝迹的问题。

首先,主要是由于解除规制后的成千上万家社区银行的并购,现在剩下的社区银行已经大大减少。资产少于10亿美元的美国银行数量近年来大大减少,而这些小银行持有的资产份额也在持续下降。因此,尽管不停地有新银行诞生,但社区银行的数量却在降低。由于大量小银行的消失,这使得适合从事关系型融资的银行大大减少。

其次,支付技术的革命使得社区银行与大银行相比处于劣势。支付系统已经变得更加电子化,降低了地理位置的重要性。而对支票账户的可替代选择,如信用卡,降低了银行交易盈余的要求,而这传统上是社区银行的资金优势。而且所有的存款机构——不仅是社区银行——作为一种投资工具对消费者而言都变得更加不重要。过去几十年间的投资选择的增多降低了存款账户作为投资工具的吸引力(Berger, Kashyap 和 Scalise, 1995)。这些变化使得银行尤其是社区银行的地位降低,并降低了关系对银行和企业的价值,使得关系型贷款大量减少。

再次,作为贷款、支付和金融市场的新技术和解除规制的直接后果,大银行和社区银行选择都面临更多的竞争。《金融服务现代法》去除了使银行、证券和保险不能相互竞争的障碍,而 Riegle-Neal 法案使得大银行和小银行都面临外来新进入者的竞争。这些联邦法和更早些时候的州立法所产生的后果便是1980年后减少了几乎50%的美国商业银行,而十家最大的美国银行所占有的市场份额则不断上升。信息技术的进步使得金融市场更深更广,并使得企业更容易获得直接融资。

最后,信用评分和资产证券化使得消费贷款的运作程序从相对非竞争性的关系业务转变为竞争激烈的、商业化的交易业务。这些都对关系型融资产生了

很大的负面影响。

3. 美国关系型融资的未来

那么在现代经济中,这些外部冲击究竟怎样影响关系型融资,关系型融资是否仍可能具有重大的价值?

根据前面的分析,市场竞争虽然可能对关系型融资的某些方面造成影响,但是,激烈的竞争对关系型融资制度的影响不一定就是消极的,实际上,竞争也有可能加强银行和企业的关系。更竞争的环境可能鼓励银行更加顾客导向,并更集中在关系银行业务。竞争导致银行业务的专业化分工,因此,银行会更集中在某些行业领域,加强与公司的关系。关系型出资者可能得到的租金有信息租金、市场垄断租金、声誉租金、特殊关系租金、政策性租金等。其中,市场垄断租金在竞争加剧时难以为继,而信息租金、特殊关系租金则在竞争加剧时保持甚至增强了对关系型出资者的激励。如果参与竞争的银行的数目适中,在竞争加剧时,声誉租金将得以继续,而政府人为设定的政策性租金则难以维持。总之,理论分析的结论是竞争不一定损害关系型融资,即使造成损害,成熟的关系型融资制度也可能在保留其基本特征的同时,做出适当的调整。

我们再来分析一下技术进步对关系型融资的影响。作为技术进步的例子,小企业贷款的证券化可能是最让人感兴趣的。信息技术减少了交易成本,降低了信息不对称。这推动了贷款合约的标准化,使贷款合约可流通上市,但资产证券化可能破坏关系型融资的收益。因为关系型贷款是基于软信息的,这些软信息难以观察、证实和传播。如果贷款销售出去,因为贷款的购买者不能利用关系的软信息,关系的很多收益都会失去(A. Reixach 和 Anna,2001;Berger 和 Udell,2002)。

但是,这种把证券化视为只是破坏了关系银行业务的观点太狭隘了。证券化经济学证明,发起银行提高了证券的信用。信用提高(credit enhancement)一般是通过提供另外的担保品或具有信用证或其他的支持措施。而发起银行持有证券的一部分或以隐性追索权(例如,以它的信誉作为保证)销售证券也可提高信用。因为通过要求创办者吸收一部分由于违约而产生的损失,可使得发起银行不会夸大它要销售的资产质量,并给市场发出一个信号,发起人将会做完全的信用评估并且监督努力不会减少。这样便解决了发起银行的私人信息问题,并提高了贷款合同的信用。因此,我们得出结论,即使证券化很大程度上替代了银行贷款,关系银行业务仍不会废弃,而且还会有明显的价值增加。

放松管制也可能对关系型贷款有影响。美国 Riegle-Neal 法案已经创造了地理范围更大的银行业务市场,这可能对关系型融资有负面影响。但是,跨国(或跨洲)银行业务并不一定导致更多的竞争,因为银行关系的投资意味着沉没成本和信息资本水平的战略选择。四处遍布的零售网络实际上能作为加强关系和阻止进入的工具。因为银行业务的扩大能给负责银行提供另外的信息和影响渠道。结果会导致更广的和更强的银行—公司关系以及更少的进入者(Santos,1998;T. Miarka 和 M. Troge,2001)。

政府的货币政策也可能对关系型融资有影响。例如,监管当局执行更加严格的巴塞尔协议的基于风险的资本标准,或对银行的经营活动的稽核中执行更高的监管标准有可能使得银行对企业的贷款,尤其是对小企业的贷款减少(Berger 等,1995)。资本市场发展也可能对关系型融资有不利影响。例如信用衍生工具的使用会降低银行监督和约束公司行为的激励,而二板市场的发展对小企业的关系型贷款不利。但政府也会制定各种法规来促进对小企业的贷款,例如,中、美、日、德等国都制定了中小企业促进法。资本市场的发展也会在某些方面加强银企关系,例如承销市场解除管制后,商业银行有可能在这个市场上和企业建立关系。特别是小企业,商业银行能够给它们提供资格证明,因此小企业倾向于和商业银行合作,建立更密切的关系(A. Yasuda,2003)。

因此,我们可以认为,虽然制度环境的变化对美国的关系型融资制度产生很大的影响,但是,在现代经济中,关系型融资仍可能具有重大的价值。

6.1.2 德国关系型融资制度变迁

德国银行业向来以"全能银行"(Universal Bank)的经营模式著称于世,除传统的存贷款、担保等中间业务外,其经营范围还囊括了证券承销、资产管理、企业咨询、风险资本、避险工具以及人寿保险、个人理财等等几乎所有的金融服务。在德国金融当局奉行的"自由经营、严格管理"原则下,这种全能银行的经营模式得到了充分的发展,并逐渐得到许多其他国家的效仿。

考察德国的关系型融资制度,我们可以发现,德国的银行制度是在德国工业化的过程中逐步形成的。

从18世纪30年代到第一次世界大战前夕,德国在这80年中基本实现了工业化。德国工业化时期德国商业银行的发展可以依次分为三个阶段:私人银行阶段、商业银行阶段和银团辛迪加阶段。关系型融资的特点鲜明地体现在银行的三个发展阶段之中,而且上述演变都是德国商业银行为了适应关系企业对金融服务的要求而自发完成的。

第一,在私人银行阶段,银行主要为合伙制形式,主要依靠自有资本开展对企业的商业贷款。私人银行从事产业融资活动呈现出三个主要特征:一是融资活动围绕着私人关系而展开;二是只对当地企业进行融资;三是由于银行的资本实力小,加上当时的银行的企业组织形式为无限责任制,私人银行通常避免冒险,集中于已经稳健经营的企业的融资活动。虽然私人银行所从事的是最原始的关系型融资活动,但是也具备了关系型融资的基本特征,例如对拥有关系企业的业主专有性信息,对关系企业特殊的融资服务要求进行关系专用性投资等。

第二,商业银行阶段。1848年德国第一家商业银行成立。这一阶段德国商业银行的信息资本家私人银行阶段一样是集中式的。信息集中体现在以下三个方面:一是银行客户中属于成长型工业的比较少,并且局限于少数地区,银行的营业也局限于当地。这种划地为营的做法与美国关系银行业务时期一样鼓励了银行和客户之间长期关系的发展。二是银行和企业的组织形式都比较简单,较少的人控制了相对较多的信息,给金融关系带来了浓厚的个人关系色彩。三是信息主要从投资银行活动中(例如鼓励新企业的诞生和老企业的改建)获取和产生,使得商业银行持有相当数量的企业股票,占有企业的董事席位。

第三,1895年之后,德国进入银行辛迪加阶段。银行通过资本和人力资源的集中化来改进关系型融资。资本的集中是通过围绕最大的五家银行建立五大银行集团而实现的。人力资源的集中化体现在信贷部的人员占银行职工总数的比重持续增加。1882年职工人数超过50人的商业银行平均有12%从事信贷业务,到1895年这一比重达到21%,到1907年则在30%左右。资本的集中使得银行能对行业中的大企业参股,而信贷人员的大量增加提高了银行获取信息的能力(Marco Da Rin,1995;兰莹,2002)。

从德国的商业银行的关系型融资实践中我们可以看到,与日本主办银行体制的变革相比较,这些变革都是商业银行按照经济规律自发完成的。

目前,在主办银行制度下,德国银行和企业的关系主要体现在以下几个方面。

第一,银行是企业的主要外部资金提供者。

从企业资产负债表反映的数据来看,德国企业的自有资金(股份)占企业负债总额的比例平均只占20%左右,这说明企业的债务资金尤其是银行贷款在德国企业的资金来源中占的比例较大,是企业的重要资金来源。Prowse(1994)研究发现,制度上的障碍可以解释为什么德国的企业不是很愿意发行股票。这种制度上的障碍主要是由于德国缺乏产权的传统文化,主要表现在,市场的资本化程度比较低,上市公司的数量很少,产权的集中程度较高,机构投资者尤其是养老金很少参与企业的控制与管理。而且德国股票市场缺乏流动性,大股东与小股东之间的利益冲突比较突出,大股东试图从企业获取自己的利益,牺牲小股东的利益。

第二,银行在非金融企业监事会中任职。德国银行家在许多公司监事会中都拥有席位。

第6章 关系型贷款促进融资便利的制度安排分析

第三,银行在股东大会上受某些小股东的委托,作为代理人以委托人的名义进行投票,这可以加强银行对企业进行控制的能力。

德国全能银行参与公司治理的一个重要手段是通过获得中小股东的授权进行代理投票,这被称为是代理投票制度。全能银行之所以可以获得代理投票权,这与法律允许它们承担投资银行职能存在密切联系。德国银行承担了大部分公司股票的承销工作,它们通常会将所承销的大部分股票推销给自己的客户,而这些客户为了股票投资的安全性并降低交易成本,一般都将股票存放在银行。但代理投票制度下的全能银行并没有垄断中小股东的投票权,而是充分尊重中小股东的合法权利,它们只有在获得授权的前提下才进行代理投票,而且保证在股东大会前将投票意图充分地与中小股东进行沟通,在出现重大利益冲突的情况下特别征询股东的具体投票意见,否则就放弃代理投票权。这种代理投票制度被 OECD 认为是一种十分有效的公司治理手段,因为银行通过积极参与年度股东大会有效监督和制约了股份公司的日常经营决策,维护了广大投资者(包括股权投资者和债权投资者)的利益。全能银行代理投票制度主要具有两个好处:一是解决了分散的股东群体进行联合决策时存在的"搭便车"和成本分摊问题。二是代理投票制度构建了稳定的大股东群体,有利于维护企业的稳定,便于公司经理层与大股东、监事会等进行沟通,从而避免他们迫于股票市场短期股价波动的压力采取一些短期行为而牺牲公司长远利益。代理投票制度存在的最大问题就是银行在每次股东大会上能否真正维护投资者的利益,特别是其所代表的小股东的利益。许多经济学家对此表示了怀疑,Wenger 和 Kaserer(1998)就提出,由于德国证券交易法并没有要求全能银行披露其所代表的股东名单和这些股东持有的股份数额,因此,一些附属于银行的投资公司和其他机构投资者完全有可能选择委托银行投票而放弃亲自参加股东大会,这样可以保证在不引起市场注意和震荡的情况下实现一些战略目标。此时,全能银行有可能以牺牲小股东利益为代价而为机构投资者谋利,而且这种行动非常隐蔽,常常打着维护小股东利益的旗号出现,因此潜在危害极大。

第四,德国银行拯救濒临破产企业。

拯救濒临破产企业,是德国银行大量采用的一种方法。之所以被大量采用,一个很重要的原因是破产企业的清偿率极低(据统计,平均只有4%左右),以至于有许多案件因不能支付破产费用而遭到法院的拒绝(据统计,在德国,有75%左右的破产案件因各种原因被法院拒绝受理)。因此,债权人往往要面对要么"颗粒无收",要么"为希望做出牺牲"这种两难的选择。

在实施拯救的过程中,通常是由债务人提出方案,并且要首先征得企业最大的债权人同意。当然,这个方案要对企业财务危机产生的原因、解救的办法以及采取这些办法后的预期收益做出详细的说明,以说服债权人。拯救中,主要由以下三类主体承担拯救费用:一是由银行承担放弃利息或缓期收付利息、削减债务、放弃或部分放弃抵押债权造成的损失。二是由主要供应商承诺保持供货不中断,并延期收付货款。三是政府要给予适当帮助。如对企业改组中裁员予以支持;对银行的新贷款提供担保等。除此之外,银行作为最大的债权人,往往在达成拯救协议后,派人参加被拯救企业的董事会实施监督,以便对拯救效果做出判断。

第五,德国全能银行与非银行企业之间的相互持股关系。

德国银行与非银行企业、非银行企业之间的相互持股现象十分普遍。被银行持有股份的公司既包括投资公司、保险公司等金融类企业,也包括许多的制造业企业,涵盖的行业部门非常广泛。德国全能银行对非银行企业的持股一般十分稳定,它们不会轻易改变既有的股权结构,这对于德国股份公司的可持续发展提供了较为有利的制度保障,至少使公司面临的并购压力大大减轻,有助于经理层集中精力实现公司的长期目标。

在德国,不但全能银行持有大量的公司股份,非银行企业也同样持有全能银行的大量股份,这就是具有德国特色的相互持股制度,这一制度在非银行企业之间也十分流行。从微观角度看,各金融企业之间、金融企业与非金融企业之间更是通过相互持股形成非常稳定的股权结构(张涌,2004)。

从上面的分析可以看出,在德国,银行与企业结成了十分紧密的联系:银行既为企业提供贷款,又通过直接参股、代理个人股东行使投票权、互相担任经理人员和董事等方式参与企业的经营管理。企业的长短期借款、证券发行、咨询、理财等几乎所有一切财务活动均固定通过一家"主办银行"进行。这种模式的好处是能够为企业提供长期稳定的资金来源,并且在企业面临财务危机时施以援手以使企业避免破产或受到恶意收购的威胁,从而保证企业的持续稳定经营。德国经济的良好运行,在很大程度上得益于这种紧密的银企关系。至今德国的银行体系仍然是全球最有效率的银行体系之一。

6.2 我国关系型融资制度的构建分析

虽然在国外关系型融资制度近年来发生了一些变化,但关系型融资制度仍然具有价值,尤其是在中小企业融资方面优势比较明显。而我国中小企业正面临融资难的问题。因此,研究如何构建我国的关系型融资制度问题具有重要意义。

根据前文分析,在国外一般不存在关于关系型融资制度方面的法律或行政性规定,也没有其他形式的强制性规范。关系型融资制度属于一种内生性的制度,它是在经济体系内部自发产生的紧密型银企关系,具有非强制性和自发性的特点。因此,我们在接下来讨论我国关系型融资制度的构建时,主要的着眼点便是从银行和企业的角度出发来讨论关系型融资制度的构建问题。

6.2.1 构建关系型融资制度的制度环境

制度环境是成功构建一项制度的重要外生变量。我国建立关系型融资制度的制度环境是怎样的呢?首先,我们来看一下现实环境中我国建立关系型融资制度的有利条件:

首先,资本市场规模小。一方面,我国证券市场规模较小,股票市场对宏观经济的调控能力微弱;另一方面,我国的上市公司股权结构特殊,股票的制度功效未能得到充分发挥,国有企业最主要的资金来源仍是银行贷款。

其次,政府严格规定企业在银行必须实行单一开户制度,鼓励银行与企业的单一关系。《中华人民共和国商业银行法》第四十八条明确规定:"企业事业单位可以自主选择一家商业银行的营业场所开立一个办理日常转账结算和现金收付的基本账户,不得开立两个以上的基本账户。"

再次,我国银行与企业之间在历史上就有比较密切的关系。在计划经济体制下,专业银行之间的分工十分明确,也相对固定,每家银行都有其相对固定的客户企业,基本上形成了较稳定的银企关系。同时由于体制的原因,企业的大部分债务来源于银行,银行的大部分债权来自企业和居民。目前形势下银行与企业的关系,特别是银行与国有大中型企业的关系,不会因为市场发展而淡化,相反会因市场竞争导致两者更紧密地结合在一起,形成荣辱与共的局面。关系型融资制度易被双方接受。

最后,是法制环境有所改善。国家不断加快经济立法步伐,一系列规范市场行为的法律法规不断出台,《中华人民共和国公司法》已成为企业行为的规范,《中华人民共和国经济合同法》保护经济合同当事人的合法权益。同时《中华人民共和国中国人民银行法》《中华人民共和国商业银行法》《中华人民共和国票据法》《中华人民共和国担保法》《中华人民共和国贷款通则》等金融法规的颁布实施,对金融机构的行为有了明确限定,金融环境得以净化,为银企双方建立良好的合作关系奠定了坚实的基础。

6.2.2 构建关系型融资制度的制度安排

首先,我们要确定实施关系型融资制度的基本原则。本书认为,实施关系型融资制度主要有以下几项原则:(1)效益原则。市场经济条件下,企业面向市场,实行优胜劣汰,银行为保全信贷资产也可以实行扶优限劣的政策。(2)资产负债比例管理原则。资产负债比例管理是银行"安全性、流动性、属利性"经营原则的集中表现,因此银行在对客户企业的贷款中必须要以它为准绳,如对单个企业的贷款要限制在规定的比例内,担保和抵押贷款不得低于规定的比例等。(3)平等原则。关系型融资制度并没有强调一方对另一方的过度依从,相反,它表明的是银企双方一旦建立了关系,就应在资金借贷关系上做到公平、对等和互惠互利。(4)相互依存、协调发展的原则,即要求银企双方应密切配合、相对稳定、共同发展。(5)法制原则,如遵守《中国人民银行法》《中华人民共和国商业银行法》和《中华人民共和国担保法》等。

其次,我们应处理好的几个关系:(1)正确处理负责银行与正常银行的关系。负责银行是向企业提供关系型贷款的银行,而正常银行是对企业提供保持距离型融资。在关系型融资中,企业不能有太多的负责银行,更不能有太多的正常银行关系。(2)正确理解负责银行与客户企业的关系。负责银行虽然负责向企业提供资金,但负责银行不是包办银行,并不是对企业所有资金需求都给予满足,而只是对企业合理的资金需求给予满足。(3)协调银行与政府的关系。在实行关系型融资制度以后政府对银行的干预有可能加强。

再次,我们来分析一下实施关系型融资制度的具体运作构想。

(1)实施关系型融资制度过程中选择企业的标准:经济效益好、符合国家产业政策、有良好发展前景的企业。并且应该定位在主要为中小企业服务。

(2)协议规定双方的权利和义务。银行和企业以签订协议的形式确定关系,并需签订长期协议。

双方的权利和义务的具体内容如下。

银行享有的权利和义务主要有:

(1)与银行有关系的企业基本存款账户必须开立在主办行。企业重要的财务活动都要通过基本存款账户反映出来。

(2)企业的重大经济活动、重要的人事变动必须事先与银行协商,企业的年终财务报表应交银行审查。

(3)负责对企业投资、参股和筹资等重大决策提出建议并进行代理。

(4)定期对企业进行信用评级。

(5)向企业派驻专业人员,参与企业的主要生产经营活动。

客户的权利和义务应该有:

(1)可以优先从银行取得所需的信贷资金。

(2)优先要求或获得银行提供信息咨询、业务代理、进行结算等方面的金融服务。

(3)要求银行为企业债务重组、资产保全提供政策性建议。

(4)要求银行对陷入危机的企业进行救助,或当企业转产、被兼并时进行清算。

(5)定期向银行报送企业的财务报表。

6.2.3 构建我国关系型融资制度的路径选择

第一,大力发展中小金融机构。一般而言,关系型融资比较适合中小金融机构。当前,一要加快城乡信用社的发展,并规范其经营行为。二要对农村合作基金会进行整顿,将符合条件的纳入农村信用社管理,对不符合条件的要先萎缩业务,然后审慎进行撤并。三要加快发展城市商业银行和农村合作银行,充分发挥合作金融的作用。四要适当发展各种合作基金,积极推动小型企业和私营企业的发展,努力调整所有制结构。当然,在加快中小金融机构发展的同时,要建立健全其内部控制制度,防范金融风险。

第二,对国有银行进行股份制内涵式升级。当前,国有银行在我国金融体系中仍然占据主导地位,其作用不可忽视。虽然股份制改造已经基本完成,但从实际改革效果上来看,仍有很多不适应市场经济的地方。

从运行来看,我国国有商业银行的自我约束机制还没有完全建立起来,仍存在效率问题和经营风险的问题。而解决这一问题的现实选择即是我国已对国有商业银行进行的股份制改造,这使得商业银行按市场规律的要求来经营信贷资金这种最重要又是最稀缺的资源。这有利于提高银行的资本充足率,增强实力,形成一套有效的约束和激励机制,降低银行经营风险,为关系型融资制度的实行创造条件。

第三,加强银行对企业的监控能力,保障银行的正当权利。这是实行关系型融资制度中必须解决的重要问题。因为关系银行往往是一个企业贷款中所占份额最大的银行,也是企业最大的债权人,如果不能对企业进行有效的监控,就无法保证信贷资金的安全。因此,关系型融资不仅要体现银行对企业的金融服务,更要强调银行对企业的监控职能。要明确授予关系银行派驻人员监督企业经营管理的权利、参与企业重大经济决策的权利、对企业财务状况及分配进行审查的权利,必要时关系银行还可以对企业进行接管的权利等。

第四,中国人民银行和中国银保监会应充分发挥职能,维护金融秩序的稳定。关系型融资制度作为一种新型的银企关系模式,对于促进银行企业共同发展是一种有益的尝试,但如果不能及时纠正其在实施过程中出现的偏差,不仅企业将会因过度负债而处境艰难,银行也会步入金融危机。有鉴于此,中国人民银行和中国银保监会须站在防范和化解金融风险,保证金融业安全稳健运行的战略高度,及时解决暴露出来的问题,使关系型融资制度走上良性发展的轨道。

第五,为保证关系型融资制度顺利施行,重塑市场化银企关系,须进行相关的配套改革:一是切实建立企业破产制度。二是要加快养老、失业、医疗保险制度的改革,形成社会保险、社会救济、社会福利、优抚安置和社会互助、个人储蓄积累保障相结合的多层次社会保障体系,为企业破产解除职工失业可能带来的社会动荡隐忧。

本章小结

美国的关系型融资体制,可以大致分为两个发展阶段:20世纪70年代以前是关系型融资的繁荣时期,银行信托部与美国公司之间进行资本参与和董事兼职,形成了银行控股公司,也形成了混合企业金融集团。20世纪70年代以后,关系型融资遇到越来越多的挑战,保持距离型融资越来越多,这样,关系型融资在美国银行体系中的某些业务中的地位和作用逐渐下降,如在对大公司的贷款中,保持距离型贷款逐渐占主导地位。而且通过考察美国关系型融资的发生发展,可以发现,关系型融资的发展与金融制度和金融创新关系紧密。

德国的银行属于全能型银行,其关系型融资制度是在工业化过程中逐渐形成的。德国银行和企业的关系主要体现在以下几方面:第一,银行是企业的主要外部资金提供者;第二,银行在非金融企业监事会中任职;第三,银行在股东大会上受某些小股东委托,作为代理人以委托人名义投票,可以加强银行对企业控制的能力。可见,其银企关系十分紧密。德国经济的良好运行,在很大程度上得益于这种紧密的银企关系。

在我国,构建关系型融资制度具有重要意义,主要应遵循效益原则,资产负债比例管理原则,平等原则,相互依存、协调发展的原则,法制原则,并在此基础上处理好银行与企业、银行与政府之间的关系。从路径选择方面看:一是要大力发展中小金融机构;二是对国有银行进行股份制内涵式升级;三是加强银行对企业的控制能力;四是发挥央行与监管机构职能,维护金融秩序稳定;五是重塑市场化银企关系,完成配套改革。

第7章 关系型贷款的违约风险分析

由于关系型贷款侧重于银行对中小企业的信用评估以及未来认可度,所以关系型贷款特别适合那些轻资产缺乏抵押担保物或财务信息透明的中小企业。随着商业银行贷款中有关中小企业关系型贷款规模的扩大,如何计量中小企业关系型贷款违约风险成为当前我国商业银行面临的挑战之一。本章重点讨论银行在开展关系型贷款过程中,尤其是面对中小企业开展关系型贷款时,所面临的风险问题。

7.1 中小企业融资与银企关系发展特征

中小企业融资困难是国内外的一个普遍性的难题,相比大型企业良好财务经营数据、社会声誉以及较多可抵押固定资产,中小企业在这些方面均处于不利局面,面对银行的信贷审批中很难得到所需要的发展资金。随着社会经济发展和政策支持,中小企业融资渠道逐渐拓宽。我国于1998年首次提出"增加向中小企业贷款",通过信贷的方式为中小企业提供更多的流动性,完善我国的市场主体,促进社会主义市场经济体系的确立。自2003年来,《关于鼓励和促进中小企业发展的若干政策意见》,特别是《中华人民共和国中小企业促进法》相继出台,为构建并完善中小企业信用担保体系,提供了相应的政策法律依据。虽然中小企业的融资难问题得到了一定程度缓解,但中小企业融资难问题依然困扰着我国国内中小企业。

7.1.1 融资渠道较少

中小企业的融资渠道包括政府资助、银行信贷、融资租赁、产业资金、资本市场、民间资本等外部融资渠道,以及上市融资、发行债券和增加注册资本等内部融资渠道。外部融资渠道和内部融资渠道是企业发展获取资金的保障,银行信贷依然是我国中小企业获得融资的主要方式。

现阶段,我国的中小企业融资渠道具体包括:(1)银行贷款。一般来讲,贷款手续比较繁杂,门槛较高,审批周期长,资金的使用范围也会有比较大的制约,但优点是利息成本较低。银行贷款适合信用好、有较大固定资产、财务数据完善且经营良好的企业。而中小企业由于自身规模有限、财务信息不完善、未来经营收入不确定,很多情况下难以满足银行的标准;(2)典当行。其特点在于贷款手续简单,几乎没有门槛,借贷方式灵活,对资金使用范围也没有明确限制,最快可以当天放款,但利息成本比银行高。(3)民间借贷。贷款利率最高,风险比较高是其比较明显的特点。民间借贷一般还要求有信用提保。(4)上市融资。由于证券市场门槛高,中小企业往往因为规模较小,稳定的营利能力较差,缺乏专业的上市团队指导而无法在证券市场上公开融资。(5)发行债券。公司债发行的准入存在障碍,中小企业难以在债券市场上以较低的成本获得发展资金。所以目前中小企业通过直接融资的方式很难获得资金,因此我国中小企业直接融资比例极低。(6)创业投资资本。短期而言,银行信贷依然是中小企业融资发展的主要渠道,关系型贷款可以在一定程度上拓宽中小企业融资渠道。但关系型贷款违约风险因素同样是关系型贷款发展的重要瓶颈。

7.1.2 银行融资长期占据主渠道

目前企业融资的主渠道还是银行,融资体系依然是以银行系统为中心的。我国中小企业通过股票和企业债券在资本市场中筹资规模较小。虽然近几年股票和债券筹资规模开始上升,但是这种直接融资规模与比例仍然不高(表7.1)。我国大多数稳定成长的中小企业进入股票市场时面临严格的市场要求和审批程序,在资本市场发行债券较为困难。通过资本市场能有效配置社会资金,比间接融资更高效,但我国中小企业缺乏充分的直接融资渠道,直接融资占企业融资总额的比例相对较低。此外,在股市中有一些因素,例如在相当长时期内股权分置和单边交易市场设计等问题难以解决,金融创新品种不丰富,企业通过合法的直接融资来获得资金的渠道少,从而导致间接融资的方式在很长一段时间内仍将担任主角。

7.1.3 不良资产仍是银企关系中的一大障碍

现阶段间接融资依然是企业融资的主要渠道,银行很难通过其他金融市场和金融工具分散风险,尤其银行和企业一旦建立起信贷关系后,其实是根本无法撤出信贷交易的,也就无法有效分散相应的违约风险,一旦企业无偿还能力,银行的不良资产必将增加。

第 7 章 关系型贷款的违约风险分析

表 7.1 股票筹资与贷款融资情况表 单位：亿元

年份	境内股票市场筹资额	贷款增加额	境内股票筹资与银行贷款增加比例/%	企业债券筹资额	企业债券筹资额与银行贷款增加额比例/%
2013	4 834.34	105 548.00	4.58	4 252.33	4.03
2014	9 799.80	83 629.00	11.72	3 628.53	4.34
2015	7 154.43	72 667.00	9.85	3 485.48	4.80
2016	4 542.40	90 982.00	4.99	7 999.00	8.79
2017	4 283.69	93 452.00	4.58	6 252.00	6.69
2018	7 468.45	101 541.00	7.36	8 260.00	8.13

数据来源：2018 年《中国证券期货统计年鉴》。

特别是近年来，由于中小企业设立门槛进一步降低，公司注册标准也越来越低，面对多样化的市场需要，中小企业如雨后春笋，纷纷建立。由于中小企业对吸纳就业，提供更完善的社会服务方面具有独特的优势，所以得到了政府的大力支持。但由于存在管理体系不健全、持续盈利能力差、风险控制能力比较弱等问题，所以中小企业在遇到资金和经营问题时，一般难以得到及时有效的资金支持。传统的银行贷款主要根据企业财务指标等硬性条件进行贷款，即主要根据企业的固定资产、营业收入、利润总额等数据指标来进行评估，并且需要相应的资产抵押。如果没有上述的相应条件，必须要有政府或者规模较大的企业担保才能进行贷款。所以一旦中小企业出现困难，无法再融资进行企业运转，必将出现不良资产进入一个"死循环"。如表 7.2 所示。

表 7.2 金融机构贷款、不良贷款额和不良贷款率 单位：亿元；%

类别	年份				
	2014	2015	2016	2017	2018
贷款	509 226.00	581 893.00	672 875.00	766 327.00	867 868.00
不良贷款	12 437.00	10 533.40	10 746.30	11 762.70	14 334.70
不良贷款率	2.44	1.81	1.60	1.53	1.65

数据来源：《2018 年中国金融年鉴》。

7.2 关系型贷款违约风险影响因素

关系型贷款本质是银行和企业之间的合作关系。银行作为金融中介机构，在企业间扮演着资金融通的媒介作用。银行为企业提供日常的存贷款业务,并承接着企业上缴税费、资金划拨等各项业务,在这个过程中,银行主要以利差、佣金、手续费等作为收入,在获得盈利的同时也服务了企业。银行与企业的关系是相辅相成,银行通过提供金融服务获取收入,企业获得资金扩大再生产。但是从理论上讲应该是互利双赢的银企合作在实际执行过程中却问题重重:一方面,银行有大量的资金却没有合适的渠道进行投放;另一方面,中小企业有着迫切的信贷需求却无法得到满足。

7.2.1 获取信息难度大

信息不对称是一个普遍问题,在企业中普遍存在,但相对于大企业来说,小企业融资中的信息问题更为严重。因为中小企业在生产经营的过程中具有更大的随意性和不稳定性,企业生产经营的业务范围较为杂乱、变化频繁。中小企业治理结构存在不健全的问题,缺乏专门的部门和专业人员收集与整理信息,信息传递容易失真。

信息不对称对中小企业融资产生较大的影响,主要有两方面:一方面是中小企业自身存在的问题。中小企业一般情况下可抵押的固定资产较少、财务管理不够规范、无法提供系统完善的财务信息供银行进行贷款审批,这些自身存在的问题加剧了信息不对称。另一方面是股票债券发行等方式更适合大型企业,而适合于中小企业的创新融资方式却几乎没有。

信息不对称会导致逆向选择和道德风险两重问题,进而导致金融市场失灵。但是在中小企业信贷推行的过程中,逆向选择和道德风险远比大企业更加严重,其原因主要体现在三个方面:第一,由于当前我国社会信用制度和法律制度不完善,市场惩罚力度不大,中小企业面临着较低的违约成本,中小企业极易选择拖欠逃避债务,选择贷款违约;第二,银行针对中小企业放贷时会面临过高的信息收集成本和信贷成本,中小企业的信息披露方法不规范,信息传递机制不够健全,企业内部审计信息可信度较低且准确性难以保障;第三,银行在针对中小企业的贷款中风险收益不对称,中小企业一般靠某一种产品或某一种技术发展起家,在发展过程中并无长远的计划,企业的生产经营容易受到市场的冲击,在同行业的竞争中,容易被模仿和超越,所以其生产经营并不稳定,业绩和财务也容易出现较差的情况,给银行的信贷增加了更多的风险,会抑制银行对中小企业发放贷款的积极性。

7.2.2 信贷市场的不完全性造成过多的信贷违约行为

信息不对称容易造成两种违约行为,第一种是银行由于没有充足的信息可以参考,在资料不充分情况下做出了贷款决策。这种违约情况往往要从银行内部评级体系建设出发,通过建立更为完善评级体系,避免信贷违约发生。第二种主要是由于企业为获得贷款,隐瞒信息或者制造虚假的财务和经营信息,拒绝还款。

在不完善的市场经济体制下,银行信息搜集和分析的能力并不完善,较为容易出现企业骗贷和违约行为。另外,由于市场变化影响到生产发展,进而对相关行业企业造成不良影响。企业在受到行业冲击时,往往会出现生产经营困难,遇到财务困境进而影响企业的按时还贷。这种情况属于系统性风险,依靠单个企业和银行往往很难应对这种风险。

7.2.3 宏观经济与贷款违约风险

企业是市场经营主体,在生产经营过程中紧密地与其他市场主体联系着,其他与企业生产经营相关的活动市场主体都会对企业自身产生影响。企业生产经营活动与市场周期相关,在经济较活跃阶段,或者产业上升期,企业会面临广阔的市场需求,企业若能提供大量的适销对路的产品或服务,企业的盈利能力将持续增强。

企业从银行或者其他金融机构获得资金用来扩大再生产,获得的信贷资金会给企业带来更多的利润与现金流,能为企业业务创新发展提供资金支持。而如果经济形势变差,相关产业也会受到不利影响,身处一定行业的企业自然无法摆脱周期性的调整,企业利润的大幅度减少,并由此而造成生产与经营难以为继的情况,企业利润也会进一步降低。企业通过信贷所获得的资金也可能由于市场环境的影响难以如诺履约。

此外,还有诸多的市场因素会导致企业的生产经营问题,如市场利率、外汇汇率、财政政策、货币政策等宏观因素,会对企业的生活经营产生密切的影响。如果市场利率维持在较低水平,企业能够以较低利息成本获得资金,企业就有更多的余力开展生产经营,也能以更低的成本进行还款。汇率水平对外贸类企业影响较大,本币升值会导致出口企业的产品在国际市场上提高价格,进而使本国外贸企业产品缺乏价格的竞争力,企业利润下降,从而影响企业的还款能力。政府在进行扩张的财政政策时,由于扩大的政府购买形成强劲的市场需求,在财政政策支持范围内的企业会面临着较大的政策机遇。总之,企业是宏观经济环境中的一个主体,其生产经营活动受市场各个方面的影响。

7.2.4 软预算约束与贷款违约风险

企业在生产经营的过程中一般会面临三种约束,即从供求两个角度出发的资源约束、需求约束,以及在供求之间的预算约束。一般而言,企业应该从销售收入中提取企业的所有支出,如果企业的销售收入不足以弥补企业的各项支出,就会出现资不抵债的情况,在这种情况下,如果企业因此而必须倒闭,则可以称为企业的预算约束是硬的。在硬预算约束下,企业的倒闭率非常高,因为企业一旦亏损就意味着企业可能发生倒闭。而在软预算约束下,企业的寿命能够得到保障,企业也并不会因为一时的财务与经营困境就倒闭。现有的预算软约束的解释主要有内生论与外生论两种角度。外生论主要认为预算软约束之所以存在是因为企业外部因素的影响;而内生论则将预算软约束看作体制内生的因素,具有动态性。

信贷市场中,再融资的收益超过清算收益是企业预算软约束的真正原因,如果银行对企业进行贷款清算,企业很可能发生倒闭,在企业现金缺失的情况下,银行就只能拍卖企业资产来进行债务清偿。这种情况下银行追偿债务的手续烦琐,而且清算成本过高,最终银行得到的偿付金额可能还比较低。在借贷行为中,银行会将早期的投资当作沉没成本,与继续注资并投资新项目相比,对企业进行贷款清算可能会为银行带来更大的回报,为了获得完整的借贷额度和利息,银行往往会选择对企业进行再贷款。在我国国有企业更多的肩负着经济独立与安全的重任,是国家实现政治目标的重要工具与载体,政府对国有经济的发展时刻负有不可推卸的责任,当企业出现债务危机时,政府会出面解救企业,为企业寻求再融资。政府为了增加就业,保障社会稳定以及保持经济增长率等政治经济因素,对企业执行软性的预算约束。银行在有政府背书的信贷情况下也会尽可能多的为自己寻求政策支持与保障,政府信用本身就是信贷的保障,并且银行可能在信贷中要求更多的补贴以及政策优惠。

7.3 我国关系型贷款业务发展存在的主要问题

7.3.1 银行市场高度集中、业务品种单一

统计数据显示,2018 年四季度末,我国银行业金融机构境内外本外币资产总额为 199.3 万亿元,同比增长 15.7%。其中,大型商业银行资产总额 78.2 万亿元,占比 39.2%,同比增长 10.1%;股份制商业银行资产总额 37.0 万亿元,占比 18.6%,同比增长 17.9%。我国银行市场中四大国有商业银行占据了绝对优势份额,其余股份制银行、城市商业银行、信用社等实力相对有限。

由于关系型贷款存在"小银行优势",而现阶段国有企业的融资主要靠国有银行提供,这极大阻碍了关系型贷款制度的发展。此外,我国银企关系首先受到

业务种类的限制,银行为企业办理贷款、结算等少数几种业务。业务种类少不利于银行充分获取企业信息,尤其是意会信息。而关系型贷款不仅仅在于借贷关系,其核心是银行与企业建立长期关系用于信息生产,银行依据所掌握的信息对企业进行相机治理。

7.3.2 融资市场体系有待完善

欧美相关国家实践经验及相关研究成果均表明关系型贷款在企业生命周期中常常是一种过渡性的融资方式,而不同层次的资本市场用以满足不同企业类型的融资需求。发展多层次资本市场的理论依据是资本市场表现出的层次特性。资本市场为投融资双方提供风险共担、利益共享机制,成为推动企业特别是科技创新型企业成长的重要平台,也为企业建立现代企业制度、完善公司治理机制提供了平台。发展多层次资本市场,各层次市场需细分定位,准入条件应该越来越宽松,这样包容的市场主体才能越来越广泛。由于历史特定原因与现实发展情况,我国的多层次资本市场改革与创新发展缓慢,为中小企业提供的金融产品与服务还不能满足中小企业的需求。

7.3.3 银行金融机构与中小企业成本控制

1. 软消息传递成本过高

关系型贷款能够有效克服中小企业信息不透明的状况,对于解决中小企业融资难问题非常有效,但是这种融资方式会增加金融机构的成本。金融机构发放关系型贷款基于其对中小企业所掌握的"软消息"。"软消息"相对于企业的硬性指标来说,具有一定的隐蔽性和不易获取性,增加了金融机构的"搜寻"与"等待"成本。同时,软消息的传递成本也比较高。掌握软信息的银行基层客户经理常常被授予关系型贷款的决策权,这又增加了金融机构"委托-代理"问题。银行的高层管理人员需要对基层客户经理进行有效的管理与控制,如果监控效率较低,可能造成金融机构代理成本很高,从而丧失了金融机构从事关系型贷款的经济意义。

2. 金融机构与中小企业相互制约关系

金融机构与中小企业一旦确立了关系型贷款关系,便形成一种相对稳定的依存关系,但是这种关系有可能演变成交易双方的相互制约困境。关系型融资中关系银行拥有中小企业的私有信息,而这种信息外界金融机构无法获得。由于外部银行对企业的发展前景判断不准确,因此如果中小企业脱离关系银行向外界金融机构融资,能够得到贷款的概率很低。这种状况下中小企业只能通过关系银行贷款融资,成为关系银行的信息"俘虏"。关系银行很可能利用这种垄断地位提高贷款利息,增加中小企业再融资的难度。

中小企业若为了避免关系银行形成融资上的垄断地位,有可能不愿意和银行建立长期合作关系,或与多家金融机构保持联系。这种融资方式虽然能降低关系银行的垄断地位,但是同时也降低了银行对中小企业的获取,对于信息不透明的中小企业来说,融资难甚至违约问题重新出现。

7.4 关系型贷款违约实证分析

关系型贷款的本质属于银行和企业的合作关系。国内外在评价中小企业贷款违约因素分析的过程中出现了诸多的理论与方法,也相应地有着不同的指标体系进行支撑。传统的研究多在于财务数据指标上,而针对商业银行与中小企业的关系型贷款的研究中,应从银企关系长度、广度以及关系银行的数量方面综合评价才能准确地衡量银企关系。

7.4.1 中小企业贷款违约因素分析

影响中小企业贷款违约的因素主要包括三个方面:一是金融机构方面的因素;二是企业自身方面的因素;三是市场环境方面的因素。

1. 金融机构方面的因素

原中国金融期货交易所总经理朱玉辰曾表示银行业的利润主要还是靠存贷利息差。银行贷款对不同企业的差别很大。

这样高的企业融资成本远远高于实体经济的投资回报,企业无法将所贷得款项在实体经济中获得超额或者相应回报自然也就难以在规定期限内进行还款。同时企业经常遭遇银行搭售理财产品、要求高额存款回报等,这其实是变相减少企业贷款的同时增加银行收入。银行在对企业的服务过程中,收费名目繁多,企业的财务成本近两年上涨了 20%~40%,对企业尤其是中小企业造成了沉重的压力。另外银行在对企业放贷的过程中,一旦遇到企业经营问题就会为了控制风险而抽取信贷,在一定程度上加剧了企业的负担。

2. 企业自身方面的因素

根据目前中小企业发展状况来看,中小企业发展不够成熟,存在管理水平相对低下,风险控制能力较差等问题。企业难以在社会经济中稳定地盈利,这也给银行进行贷款审批提出了较大的挑战。由于逆向选择和信息不对称问题,中小企业在信贷违约方面有着比较多的案例,也加剧了银行对中小企业的不信任问

第7章 关系型贷款的违约风险分析

题。中小企业自身所遇到的经济困境受多种因素影响,但其根本原因在于企业自身转型升级不够,一些企业缺乏长远发展规划,频繁更换业务;内部管理上缺乏战略管理能力;创新意识薄弱,产品大量处于产业链低端等。所以降低中小企业的信贷违约率,核心还在于提高中小企业的竞争力。

3. 市场环境方面的因素

在现阶段形势下,经济增速放缓、出口保持相对稳定数额、资源和房地产等行业在供给侧进行改革,经济会渐渐回调至一个平稳的增长水平,社会需要量相对有限,主要任务乃是对当前过剩产品进行消费。在这样的大背景下,经济环境中的企业也会面临着市场需要萎缩,企业订单减少等问题。同时由于劳动力成本上升,物价指数以及生产水平价格指数逐年提高,企业在整个市场中的生产成本越来越高,盈利空间被进一步压缩。这是由于市场环境对企业生产经营方面所产生的不利影响,这些不利影响会进一步地影响到企业的信贷违约水平。

另外,由于信息不对称问题,市场缺乏有效的信息共享平台以及完善的企业信用衡量标准。在这种情况下,银行很难判定企业质量,导致需要资金投入的优质项目无法及时获得资金进行生产,而前景较差盈利能力较一般的企业的项目却通过包装或者由于银行无法有效的识别而获得资金,这本身就会导致信贷违约的产生。而这种信贷违约在增加了中小企业信贷违约率的同时也造成了巨大的资本浪费。

7.4.2 指标选取

1. 银企关系的度量

关于银企关系的度量,根据已有的文献研究以及数据样本特点,主要使用以下三种代理变量衡量银企关系。

银企关系的长度一般是指银企关系的维持时间和银企之间的空间距离,这两个指标一般参考意义并不太明显,主要是由于企业在生产经营的过程中一般都较早地与周围的银行发生了业务上的联系,但真正意义上进行银企关系维持的时间较短,总体上来讲不具有量化的条件,而且可以近似地采用企业年龄来进行衡量。另外,由于数据样本的选择为商业银行的数据,企业分布与银行的分布虽然有所差异,但相比而言并不明显,所以在对银企关系的衡量过程中,主要采用银企关系的广度指标。结合前文可以看出,银企关系的广度主要是指银企关系的数量,银行为相关企业提供的服务的数量,以及企业是否是银行的 VIP 客户。但由于数据信息的不对称,银行不可能完整地了解到所有企业与关系银行所保持的关系时间以及数量,所以在对来自商业银行对中小企业信贷数据的整理中,仅整理出关于银企关系的指标包括:关系银行的数量、银行对企业提供的除贷款以外的服务数量。相对而言,这两个指标虽然不能完全地衡量银企关系,但能从关系银行的数量和提供服务的角度上较贴切地描述出银行与企业的关系行为。

(1)银企关系长度(Length)。

银企关系长度是关系型借贷研究中最常使用的度量指标(Petersen 和 Raian,1994;Berger 和 Udell,1995;Cole 等,2004;Brick 和 Palia,2007),它可以从时间和距离两个维度进行衡量。

第一,银企关系持续时间。以中小企业与贷款银行建立关系的时间(年)来计量。一般来说,中小企业与贷款银行建立关系的时间越长,彼此之间了解越充分,越能够有效降低银企间信息不对称问题。

第二,银企之间空间距离。以申请贷款的中小企业所在地与贷款银行分支机构的空间距离(千米)来计量。银企之间距离越近,双方之间的信息流动越方便和快捷,更容易形成紧密的银企关系。

(2)银企关系广度(Breadth)。

银企关系长度只能反映银企间的一般业务关系的程度,企业与银行建立业务关系越久,并不一定意味着银企关系越密切,银企间的其他业务往来则能体现银企关系交往的广度。我们考虑采用三种方式衡量银企关系广度:

第一,使用虚拟变量衡量银企关系广度,当银行为中小企业提供了除贷款业务外的其他服务项目时,Breadth1 取 1,否则取 0。

第二,银行为中小企业提供除贷款业务外的其他服务项目的数量,Breadth2 =0,1,2,…。

第三,中小企业业主或主要管理人员是贷款银行的 VIP 客户时,虚拟变量 Breadth3 取 1,否则取 0。

(3)关系银行的数量(Relation Bank)。

中小企业除了与贷款银行有关系往来以外,还可能同时与其他银行(关系银行)发生业务往来。关系银行数量越多,企业面临的转换成本越小,与贷款银行的银企关系价值也因此相对削弱。而且当一个企业与多家银行保持银企关系时,任何一家银行都不能垄断对借贷企业的私有信息,并从中抽取信息垄断租金,因此银行贷款给高风险企业的动机也大大减弱。

2. 指标的选择

本书数据来自某商业银行 2017 年对于中小企业的贷款数据报告,该报告整理出企业特征数据指标如企业规模(seal)、企业年龄(age)、第一股东的持股比例(blocks)及企业逾期未还款数量(unpaid)等数据指标,在银企关系方面数据较为单一,主要整理了企业关系银行数量(banknum)和银行为企业提供服务数量(servicenum)方面指标。结合表 7.3 可以看出,所整理数据中,共整理出有效样本 150 个,在这些中小企业中,企业平均年龄 12.75 年,第一股东持股比例为 51.64,这是由于中小企业一般控制权较为集中,企业的管理与所有权经常掌握在业主或者少数人手中。企业规模上,所调查企业规模平均为 717.64 万元,规模最小的为 12.94 万元,规模最大的为 1 414.28 万元,符合典型的中小企业资产规模标准。在所调查的企业中有 56 家出现了信贷违约的情况,其违约额度平均为 104.42 万元,这也说明了在调查企业中逾期未能按规定还款的情况较多,其融资问题较为突出。在中小企业与银行关系方面,一般中小企业都与两家或者以上的银行保持关系,以维持自身在日常业务以及融资过程中的灵活性,银行也尽可能多地为企业提除贷款以外的其他服务,支持企业的正常运转。

表 7.3 研究变量的简要描述

变量	样本数量	均值	标准差	最小值	最大值
企业年龄	150.00	12.75	7.15	1.00	25.00
第一股东持股比例	150.00	51.64	24.71	10.88	99.51
企业规模	150.00	717.64	384.99	12.94	1414.28
是否为银行 VIP	150.00	0.42	0.50	0.00	1.00
关系银行数量	150.00	4.60	1.97	2.00	8.00
服务类别	150.00	4.28	2.78	1.00	9.00
违约数量	56.00	104.42	51.16	15.23	227.89

3. 数据相关性分析

根据中小企业信贷状况数据的相关性检验(表 7.4)可以看出,在中小企业的信贷违纪情况中,企业违约与企业的第一股东持股比例呈正相关,其相关系数为 0.737,这是由于企业的决策权越多的集中于少数人或者个人的手中,其监管和运营就会出现越多的主观性,企业的信贷还与不还更多地被少数人决定。这也反映现代企业制度下,对股份制中分散股权的应用意义所在。另外企业的信贷违纪数额还与企业的资产规模呈现显著的负相关,其相关性系数为 -0.396,这也说明了企业规模越大,其资产规模越大,企业的资产信誉度就越高,在企业的信贷过程中,其违约的可能性就越低。这也解释了为什么当今情况下,银行青睐于向资产规模较大,抵押较高的企业进行信贷额度配给。企业的信贷违约与关系银行所提供的服务数量呈一定的负相关,与关系银行数量呈明显的负相关,与其相关系数为 -0.147,这说明了在企业与银行的交往过程中企业往往通过同时与多个银行进行接触进而争取信贷额度,但银行为企业提供的服务数量方面的相关系数较低,并没有较明显的影响。

表 7.4 出现信贷违约的数值变量的 Pearson 相关系数矩阵

	unpaid	age	blocks	scal	banknum	servicenum
unpaid	1					
age	0.043	1				
blocks	0.737***	−0.204	1			
scal	−0.396***	0.139	0.114	1		
banknum	−0.147	0.141	−0.047	0.054	1	
servicenum	−0.08	0.102	−0.105	0.18	0.047	1

注:***、**、*分别表示在1%、5%和10%的水平上显著。

7.4.3 关系型贷款违约实证模型构建

本部分研究主要考察银企关系特征对贷款违约是否产生影响以及影响的大小和方向。我们考虑采用面板数据线性概率模型(linear probability model)或者面板数据 logistic 模型进行分析。以面板数据线性概率模型为例,设计如下计量模型

$$\text{Default}_{i,t} = \beta' X_{i,t} + \varepsilon_{i,t} = \beta_0 + \sum_{i=1}^{m} \beta_i \text{FirmChara}_{i,t} + \sum_{i=1}^{k} \lambda_i \text{RelaChara}_{i,t} + \text{Contr}_{i,t} + \varepsilon_{i,t}$$

其中,Default 为二值变量,表示贷款是否发生违约;FirmChara 为企业特征变量,例如,企业的年龄、股权结构;RelaChara 为银企关系特征变量,例如,银企关系的长度、广度、关系银行数量等度量指标;Contr 为控制变量,例如,企业规模、员工人数、所在行业。

模型的内生性问题。由于企业获得银行贷款并非是外生事件,因此以上模型可能存在内生性问题,从而影响模型实证结果的可靠性。对此,我们考虑使用 Heckman 选择模型对内生性问题进行控制。考虑在控制了银行贷款决策后,上述回归得到的结论是否仍然成立。具体来说,在 Heckman 选择模型中,我们考虑银行批准或者拒绝企业贷款申请的贷款决策问题,从而观察已有的银企关系是否增加了企业获得授信的机会,以及获批准贷款的违约概率是否依然受银企关系的影响。

7.4.4 实证结果及结论分析

根据中小企业在关系型贷款方面的违约数据可以看出,违约数据具有明显的截尾性特征,容易造成选择性偏误,通过运用 Heckman 选择模型对中小企业贷款违约进行评估,则能很好地适应这一数据特征。由于 stata13.1 对 Heckman 选择模型具有很好的支持和分析功能,可以直接在软件中对 Heckman 选择模型进行运算,本书先对模型进行多重共线性检验,然后通过 Heckman 选择模型进行数据分析,最后其步骤与结果如下。

1. 多重共线性检验

如果多重共线性问题存在于样本中,那么其系数方差会变大,参数的估计将不准确,所以在做参数估计前,要先对数据进行多重共线性检验,本书采用方差膨胀因子对数据做检验,统计出结果如表 7.5 所示。从结果来看,1/VIF 的值都相对比较大,VIF 没有大于 10 且平均值大于 1 的情况出现,所以说明变量之间不存在严重的多重共线性。

表 7.5 多重共线性检验结果

变量	VIF	1/VIF
age	1.09	0.914 148
blocks	1.06	0.947 373
scal	1.02	0.985 150
banknum	1.65	0.607 696
servicenum	1.22	0.818 277
unpaid	1.07	0.935 326

2. Heckman 选择模型结果

基于 Heckman 选择模型和中小企业关系型贷款数据,对所发生的违约贷款数据进行估计,探讨银企关系对中小企业关系型贷款违约的影响情况。该模型基于著名的 Mincer 方程构建,增加了银企关系类变量以扩大样本的维度,并选取中小企业自身的一些信息指标,如企业年龄、股权集中程度以及企业规模等指标。通过 stata 软件对模型进行计量分析,结果如表 7.6 所示。

表 7.6 使用 Heckman 选择模型对中小企业关系型贷款违约的计量分析

unpaid	Coef.	Std. Err.	z	P>z	[95%Conf.	Interval]
unpaid						
age	2.159 918***	0.349 668	6.18	0	1.474 581	2.845 256
blocks	1.866 276***	0.105 572	17.68	0	1.659 359	2.073 193
scal	−0.074 99***	0.006 668	−11.25	0	−0.088 06	−0.061 92
_cons	0.516 526	12.582 44	0.04	0.967	−24.144 6	25.177 65
selsct						
banknum	0.211 549***	0.056 166	3.77	0	0.101 465	0.321 633
servicenum	−0.093 98**	0.039 654	−2.37	0.018	−0.171 7	−0.016 26
_cons	−0.926 95***	0.322 11	−2.88	0.004	−1.558 27	−0.295 62
mills						
Lambda	22.450 45**	8.876 498	2.53	0.011	5.052 839	39.848 07
Rho	0.881 87					
Sigma	25.457 73					
lambda	22.450 46	8.876 498				

注：* 表示 $p<0.1$，** 表示 $p<0.05$，*** 表示 $p<0.01$。

根据 Heckman 选择模型计量结果可以看出，逆 Mills 比率 95% 的置信区间为[5.052 839, 39.848 07]，系数为 22.450 45，P 值为 0.011，在 5% 的置信度上具有显著性，证明该模型存在选择性偏误情况，截尾数据的估计分析不能通过普通的回归来进行估计，运用 Heckman 选择模型进行模型的计量是正确的，即在中小企业关系型贷款的风险因素分析中，由于违约数额情况所具有的截尾性，该数据样本不适合普通的回归模型分析，通过 Heckman 选择模型，样本得到了更有效的估计。

3. 实证结论

第一，关系型贷款违约与企业年龄有显著关系。

从模型的计量结果中可以看出，中小企业的信贷违约程度与企业年龄有着显著的正向关系，这也是我国中小企业发展过程中面临的一个比较显著的问题。我国中小企业寿命较低，企业很难维持较长久的兴盛。这主要是我国中小企业早期一般通过家庭或者合伙起步，这种经营合作模式在企业成立初期较为灵活，能够进行有效的管理并且能够较快地适应市场的变化。而随着企业经营的壮大,企业规模扩大后经营管理者并未能及时地将思想与管理模式转变,进行现代化的经营管理,企业维持旧的经营模式面对新的市场以及竞争往往难以适应。在企业步入成熟期以后,企业年龄越大,其经营困境就明显,企业在进行贷款后不能及时地改变现有的经营状况,这也反映在企业寿命对信贷违约风险上来。

第二,关系型贷款违约与中小企业的第一股东持股比例有显著关系。

中小企业的第一股东持股比例对中小企业的信贷违约情况也有着显著的正向关系,这是由于在中小企业,企业的经理管理权往往掌握在少数人手中,或者业主一个人手中,企业的经营管理决策很多情况下都是个人的主观行为而非集体的理性行为。企业的集权程度过高容易造成由于信息不对称而产生的骗贷或者企业容易陷入经营困境最终导致企业的信贷违约。所以企业的经营管理中,股权的过度集中相对于股权分散的情况下会更多地导致企业发生信贷违约。

第三,企业的规模影响违约的概率。

企业的规模则会显著地影响信贷违约情况的发生,这是由于企业规模越大,其营业收入也会越多,现金流和利润也允许企业进行正常的生产和经营活动,从而履行还款约定。较大的企业往往拥有更为健全的财务体系,更为科学的管理模式,企业的生产经营也会更加规范合理。另外,较大的企业往往拥有更多的固定资产,在贷款抵押方面拥有更大的保障,所以即使是发生违约也会有较大的可选择空间。

第四,关系银行数量与违约有着显著的关系。

在银企关系特征上,从两个指标的计量测度上可以明显地看出,关系银行数量会显著地影响到企业信贷违约水平。因为正常情况下,企业日常业务所接触到的银行数量是有限的,少量的银行组合足够维持企业正常生产经济活动中所需要的服务。企业过多的与多个银行接触,在现实中一般表现为企业信贷资质不够多方寻租或者资产重复抵押,所以一般情况下,企业保持过多的关系银行数量对信贷履行会产生不良影响。但是,关系银行为企业所提供的服务数量则会显著地减少企业信贷违约情况。这是由于在生产经营过程中,一般只有资质较好的企业才能通过关系银行的审批,对其提供相比更多的服务。更优质的企业得到更全面的服务,会更有利于生产经营活动的展开,所以该类型企业的信贷违约水平会相对较低。

本章小结

本章主要从商业银行对中小企业开展关系型贷款的风险角度进行分析。

中小企业融资困难是国内外的一个普遍性的难题,相比大型企业的良好的财务经营数据、社会声誉以及较多的可抵押固定资产,中小企业在这些方面均处于不利局面,在银行的信贷审批中很难得到所需要的发展资金。主要表现在以下几个方面。第一,是融资渠道较少。第二,是银行融资长期占据主渠道,在中小企业融资规模中占据绝大部分的比重,当前显得十分重要。第三,不良资产仍是银企关系中的一个重大障碍,尤其银行和企业一旦建立起信贷关系后,其实是根本无法撤出信贷交易的,也就无法有效分散相应的违约风险,一旦企业无偿还能力,银行的不良资产必将增加。

从关系型贷款的违约风险现状来看,关系型贷款本质是银行和企业之间的合作关系,但是从理论上讲应该是互利双赢的银企合作在实际执行过程中却问题重重:一方面,银行有大量的资金却没有合适的渠道进行投放;另一方面,中小企业有着迫切的信贷需求却无法满足。主要表现在获取信息的难度较大,信贷市场的不完全性造成的信贷违约行为,宏观经济对企业的整体影响也在一定程度上加剧了违约风险。

当然,从银行自身的角度来看,发展关系型贷款业务也存在着一定的实施性问题,阻碍着我国银行建立面向中小企业的关系型贷款的银企关系,其中主要体现在以下几个方面。银行风险管理制度的不完善,使各分支行无法将全部精力投入中小企业信息的搜集当中;银行市场的高度集中和单一的业务品种,阻碍了银行对企业信息的充分获取;利率市场化的不彻底阻碍了银行贷款业务创新的积极性;融资市场的不完善,加大了银行对中小企业贷款的风险;非正规金融的无规范竞争,抑制了正规银行对于中小企业关系型贷款的发展。

为此,本书系统分析了我国中小企业融资现状,深入分析了关系型贷款违约风险因素,指出我国关系型贷款潜在违约要素。利用 Heckman 选择模型实证分析了中小企业关系型贷款违约因素,实证分析发现企业规模、企业年龄、第一股东持股比例、企业逾期未偿还贷款数量以及关系银行数量和银行提供服务数量等数据指标与中小企业关系型贷款违约存在一定关系。

第一,关系型贷款违约与企业年龄有显著关系。从模型的计量结果中可以看出,中小企业的信贷违约程度与企业年龄有着显著的正向关系,这也是我国中小企业发展过程中面临的一个比较显著的问题。

第二,关系型贷款违约与中小企业的第一股东持股比例有显著正向关系。这是由于在中小企业,企业的经理管理权往往掌握在少数人手中,或者业主一个人手中,企业的经营管理决策很多情况下都是个人的主观行为而非集体的理性行为。

第三,企业的规模影响其违约的概率。这是由于企业规模越大,其营业收入也会越多,现金流和利润也允许企业进行正常的生产和经营活动,从而履行还款

第7章 关系型贷款的违约风险分析

约定。

第四,关系银行数量与违约有着显著的关系,因为正常情况下,企业日常业务所接触到的银行数量是有限的,少量的银行组合足够维持企业正常生产经济活动中所需要的服务。企业过多地与多个银行接触,在现实中一般表现为企业信贷资质不够多方寻租或者资产重复抵押,所以一般情况下,企业保持过多的关系银行数量对信贷履行会产生不良影响。

第8章 主要结论与政策建议

8.1 主要结论

本书试图从经济学和社会学的交叉学科视角来剖析关系型贷款的"关系",揭示"关系"的本质,度量"关系"的大小,将"关系"应用到银行贷款的信用评价、定价和风险管理中,并进一步分析在社会发展背景下的"关系"扩散路径。因此,本书的研究主要是回答关系型贷款的四个现实问题:(1)"关系"是什么?(2)"关系"怎么测算?(3)"关系"有用吗?(4)"关系"怎么扩散(移植)?

围绕这四个问题,本书分四个部分进行相应的研究。首先,在分析信任与社会资本、信贷市场结构与关系型贷款的基础上,论述关系型贷款的"关系"特征;其次,通过模型构建来测算关系强度并进行检验;再次,从信用评价、贷款定价与贷款风险管理三个方面来分析"关系"的应用价值;最后,立足社会发展与信任结构变迁、地方性银行跨区域扩张的背景,分析"关系"的扩散路径。通过本书的研究,主要形成以下结论。

(1)关系型贷款是信贷的基本模式之一,是解决信贷市场信息不对称问题和降低交易成本的有效渠道。

通过关系型贷款,银行充分利用社会资本,实现内部信息产出和对借款企业的监督与约束,提高风险管理能力。在当前我国经济社会的二元结构下,发展关系型贷款可以提高中小企业、微型企业、个体经营者和农户的信贷满足度,促进企业的成长和区域经济的稳定平衡发展。因此,应大力促进关系型贷款的发展。

(2)银企关系是银行与企业在其所处的社会经济关系网络中逐渐形成的。"关系"外在体现为网络结构、内生社会资本,即"关系"是在关系网络中所形成的社会资本。

我国企业所处的社会关系网络由以"熟人社区"为核心的社会关系网络和以市场为核心的经济关系网络共同形成,其社会资本以非正式框架为主体,正式框架为补充。因此,企业的社会资本产出更需要"关系"去发现和挖掘。另外,关系具有互惠性、稀缺性和扩散性的特征,银企之间建立良好的关系,可以形成信息

第 8 章　主要结论与政策建议

租金、跨期优化租金和声誉租金等关系租金和合约收益,也会产生预算软约束和锁定成本问题。对于银行而言,构建合理的"关系"模式,可以降低关系成本,获得更多稳定、长期的关系收益。

(3)"关系"在一定范围内是可以进行度量的。

"关系"度量的指标很多,有长度指标、距离指标、规模指标和深度指标等,而将上述指标进行整合来构建综合性指标,更能反映现实中复杂的银企关系,所测算出来的关系强度更能反映现实中银企关系的紧密程度。同时,实证研究进一步证明本书的关系强度测算的有效性。

(4)在关系型贷款中,"关系"对贷款定价产生重大影响。

本书认为,关系强度和企业信用等级是决定企业贷款定价的两大因素,且银行对企业信用等级的评价与银行"关系"水平密切关联。因此,企业与银行建立良好的关系,可以让企业更顺利地获得更优惠条件的贷款。

(5)银行可以主动通过模式选择与构建来促进银企关系的扩散,实现关系型贷款的可持续发展。

社会经济的发展使得社会关系网络结构与经济关系网络都发生变迁,地方性银行要主动适应这一变化,通过"构建企业团体、发展中介层模式和建设贷款中心"三种模式,扩大关系型贷款规模与边界,应对关系竞争,加固关系结构,也可成为银行跨区域扩张下迅速构建关系型贷款体系的策略。

(6)商业银行在开展针对中小企业的关系型信贷过程中,面临一定风险。

通过对我国中小企业融资现状的分析,证实了关系型贷款违约风险因素的客观存在。利用 Heckman 选择模型实证分析了中小企业关系型贷款违约因素,实证分析发现企业规模、企业年龄、第一股东持股比例、企业逾期未偿还贷款数量以及关系银行数量和银行提供服务数量等数据指标与中小企业关系型贷款违约存在一定关系。

8.2　政策建议

本书强调理论研究与应用性研究相结合,主要是从微观层面来剖析银企关系,并分析银行如何利用关系开展业务和实现创新发展。因此,本书的研究成果主要服务于银行,相关的政策建议也主要针对银行而言。

(1)地方性银行要立足社区,充分利用社会资本,与中小微经济主体构建长期稳定的银企关系。

除了极个别的城市商业银行因特殊的区域条件等因素,可能发展成为立足大都市的现代化大银行外,我国的绝大多数城市商业银行、农村各类金融机构

(组织)等地方性银行,其发展的定位是社区银行。即使在条件允许下适度开展跨区域经营,其跨区位网点也要坚持原有的市场定位,坚持开展关系型贷款业务。地方性银行要立足于传统的以居住为条件的社区和产业集聚区、专业市场,充分利用社区的功能,理顺社区内部的经济关系网络与社会关系网络,理顺当地的产业链结构与专业市场结构,不断地从中发现客户和产出社会资本,不断地创新针对社区服务的金融业务,提升对社区的金融服务能力。

(2)银行应充分利用"关系"的作用,积极支持企业及其所在的团体、区域或社区的社会资本产出。

一方面,"关系"是有价值的,能为银行开展企业信用评价、贷款定价和贷款风险管理等提供支持;另一方面,"关系"的价值是具有高弹性的,不同的社会关系网络结构和经济关系网络结构,其社会资本产出的差异非常大。因此,对银行而言,要充分利用"关系"的价值,既可以通过企业团体的组织,中介层结构的引入等,完善企业的社会关系与经济关系网络结构,增加社会资本;同时,还可以通过激励机制建设,以贷款条件、贷款额度与贷款成本等正向激励收益或惩罚成本,促进社区及企业团体中各成员之间的内部信息产出能力、监督与约束、合作与援助等。

(3)银行应创新关系型贷款技术,提高关系型贷款的科学性。

关系型贷款同时也是一种技术性很强的信贷模式,关系型贷款的企业信用评价、贷款定价和贷款风险管理等相比交易型信贷而言更具有复杂性。对银行而言,首先要度量"关系强度",因为在关系型贷款中,"关系"对贷款决策与管理具有重要影响。建议首先采用综合指标来度量"关系强度",尽可能更全面地反映关系大小的实际情况;其次是要充分考虑"关系"在企业信用评价中的作用,将反映"关系"的变量和非关系的财务变量共同作为企业信用评价的依据;再次是充分考虑"关系"因素来开展贷款定价,建设将"关系强度"指标与"企业信用评价"指标综合在一起的企业贷款定价模式;最后是充分利用"关系"进行贷款风险管理,建立贷款的关系激励机制与关系约束机制,来实现对关系的良好利用。

目前我国许多地方性银行的关系型贷款还处于粗放发展阶段,对"关系"的利用往往还停留在主观评判上,还没有充分将"关系"因素制度化地引入到银行业务经营管理中。因此,加强对本地银企关系和社会资本的调研,完善相应的贷款经营与管理制度,提高关系型贷款的科学性,是当前我国地方性银行发展的一大重要工作。

(4)我国地方性银行要适应形势发展,主动探索关系扩散路径。

当前我国社会信任结构正在发生变化,社会关系网络与经济关系网络的变迁在不断地加速。另外,地方性银行的跨区域经营已越来越成为普遍现象。因

第8章 主要结论与政策建议

此,如何适应社会经济形势的变化,适应新区域并快速构建起关系型贷款的关系网络与信贷经营管理体系,都需要银行主动探索并掌握银企关系扩散的路径。具体而言,银行应突破传统的银企双边关系,主动利用社区、产业链、产业集聚区和专业市场等,通过构建企业团体来拓展关系边界,通过发展中介层模式来提高社会资本产出,通过建设贷款中心来更有效地利用社会资本等。这样,银行既可以在传统区域应对关系竞争、加固关系结构,实现业务的纵深拓展,也可以在新区域迅速构建关系网络,顺利开展关系型贷款业务。

(5)建立中小企业信用风险的补偿机制,畅通关系型贷款风险转移路径。

面对银行在开展关系型贷款中所面临的违约风险,应通过设立企业(尤其是中小企业)信用风险补偿机制,将商业银行可能产生的企业贷款损失进行分担和转移,使更多的地方性商业银行敢于为其提供敏捷化关系型贷款。

一是推进企业信用风险担保机制建设。企业信用风险担保机制建设可以从两个方面出发,第一,可以由政府主导出资,并接受金融机构和其他组织捐资,发起设立企业信用保证基金,充分发挥政府主导作用,推动各商业银行共同参与,逐渐形成"政府引导,市区联动,市场运作,风险共担"的融资担保体系,将信用保证贷款发放给由合作银行、政府部门推荐的优质成长型中小企业,一旦发生风险,银行和信用担保基金按比例共同承担责任。帮助企业融入正规金融市场,化解银行贷款损失风险,形成政企银三方互惠互利的局面。第二,银行业金融机构协会牵头,共同出资设立中小企业信用保证基金,出资银行可以在中小企业贷款损失后获取补偿,起到风险分担的作用。

二是发展中小企业贷款损失保险。由于中小企业贷款损失风险普遍存在,中小企业数量众多,风险分散,所以具有一定的可保价值。通过银行与保险公司合作研发中小企业贷款损失保险,可以有效降低银行风险。目前,我国已经有相关保险产品,但是鉴于中小企业贷款损失风险规模大且原因复杂,因此,可以在政府支持下,由大型保险公司研发相应的保险品种进行市场化运营,一方面有助于分散银行为中小企业提供融资产生的风险,另一方面有助于促进中小企业关系型融资。

(6)大力促进地方性银行的发展,为地方经济社会发展提供良好支撑。

信贷市场结构理论分析告诉我们,大银行或全国性银行有交易型信贷优势,而小银行或地方性银行有关系型贷款优势;同时,对关系型贷款的内涵与功能的分析可以得知,关系型贷款有利于更好地掌握社会关系网络与经济关系网络,能充分利用社会资本,实现对中小企业、微型企业、个体经营者和农户的内部信息产出,实现对这些中小微经济主体的行为约束与贷款风险控制,以克服针对小微经济主体的信贷市场的信息不对称难题。因此,从我国的经济社会结构的具体情况和社会发展的要求来看,国家政策层面应保持和促进关系型贷款市场的发展,即要大力发展地方性金融机构特别是地方性银行,支持城市银行的适度跨区域发展,支持农村合作金融机构的业务拓展与制度改革,支持发展村镇银行、贷款公司、农村资金互助社等新型农村金融机构(组织),提高对中小微经济主体的金融服务覆盖面,提高中小微经济主体的贷款满足率,为地方经济社会的发展提供良好的金融支撑。

附表 样本数据一览表

编号	行业类型	行业	是否基本户	合作时间/年	本行贷款次数	融资银行家数	关系集中度	行业前景积数比	业主素质	社会关系	产业约束	产品与市场拓展情况	抵押担保	资产总额/万元	资产负债率/%	流动比率	速动比率	应收账款周转率	存货周转率	毛利率	净利率	申请贷款金额	他行已贷金额	获批贷款金额	贷款满足率/%	贷款利率/%
1	个人	钢贸	1	6	11	3	0.13	0.5	B	A	B	B	B	1881	21	31.35	3.46	0.99	10.81	15.43	5.74	12.98	60	395	60	100	7.41
2	个人	租赁	0	3	3	3	0.16	0.3	C	B	C	B	B	2117	34	26.46	3.9	0.31	6.32	13.64	30.37	10.37	80	417	75	93.75	8.55
3	个人	租赁	1	4	7	4	0.17	0.3	B	A	B	A	A	1987	20	24.84	1.51	1.05	13.36	15.72	23.65	33.65	80	392	80	100	7.41
4	个人	租赁	0	4	4	4	0.22	0.4	B	B	B	B	B	1926	14	24.08	4.34	0.54	15.26	12.00	36.75	16.75	80	278	80	100	7.8
5	个人	餐饮	1	3	8	3	0.26	0.3	A	A	B	A	A	1693	22.74	19.92	2.01	1.01	14.49	15.19	21.18	13.82	85	240	83	97.65	7.41
6	个人	药店	1	3	6	3	0.34	0.3	A	B	B	A	B	288	19.8	9.60	1.83	1.43	13.33	7.58	15.85	26.15	30	57	30	100	7.17
7	个人	服装	1	2	5	1	0.62	<0.1	C	B	C	B	B	147	39.29	14.70	1.13	0.55	4.55	13.54	13.47	8.97	10	3.02	5	50	9.03
8	个人	服装	0	2	1	0	1	<0.1	B	A	B	B	B	193	30.36	6.43	1.65	0.4	15.71	4.23	12	8.91	30	0	5	16.67	9.6
9	个人	配件	0	1	0	2	0.16	0.3	C	C	C	B	B	197	53.3	5.63	2.47	0.6	5.71	15.19	12.47	10.72	35	105	20	57.14	9.6
10	个人	印刷	1	4	6	1	0.18	0.5	A	A	A	A	B	225	29.7	15.00	2.25	1.1	40.00	18.16	28.42	15.42	15	67.1	15	100	7.89
11	个人	钢材	1	1	1	1	0.2	<0.1	C	C	B	B	B	72	26.06	7.20	1.22	0.32	2.77	30.00	17.5	8.33	10	38.82	7	70	9.6
12	个人	服装	1	5	12	3	0.1	0.3	A	A	A	A	B	748	36.8	24.93	2.79	1.24	15.11	7.19	10.59	15.35	30	275.3	30	100	7.8
13	个人	木材	0	2	1	0	1	<0.1	C	B	C	B	B	231	25.97	7.70	3.58	0.58	8.44	9.38	14.91	11.18	30	0	10	33.33	9.03
14	个人	配件	0	2	0	0	1	<0.1	C	C	C	B	B	131	28.1	2.62	12.55	0.34	12.00	4.69	10	5	50	1.5	20	40	9.75
15	个人	塑料	1	1	2	0	0.77	<0.1	A	A	A	A	A	59	19.5	7.38	1.87	0.89	4.58	5.66	15.03	15.52	8	45.5	5	62.5	9.6
16	个人	塑料	1	5	8	2	0.66	<0.1	A	A	A	A	A	1570	17.04	17.44	3.11	2.64	3.85	29.27	40	17.5	90	45.5	90	100	7.17

续表

编号	类型	行业	是否合作基本户	合作时间/年	本行贷款次数	融资银行家数	关系集中度	积数行业比前景	行业前景	业主素质	社会关系	产业约束	产品与市场拓展情况	抵押担保	资产总额/万元	资产负债率/%	资产贷款比	流动比率	速动比率	应收账款周转率	存货周转率	毛利率	净利率	申请贷款金额	他行已贷金额	获批贷款金额	贷款满足率/%	贷款利率/%
17	个人	服装	1	1	1	0	1	<0.1	C	B	B	B	B	B	60	8.5	12.00	3	0.45	17.91	7.74	11.3	12.6	5	0	1	20	9.75
18	个人	箱包	0	1	1	2	0.27	<0.1	B	C	B	B	B	B	318	47.11	15.90	0.55	0.27	7.50	13.19	9.98	16.74	20	53.8	10	50	9.6
19	个人	面料	0	2	2	2	0.28	<0.1	B	B	B	C	B	B	332	27.42	11.07	4.2	0.89	8.45	7.50	13.19	9.98	30	76.6	24	80	9.75
20	个人	家电	0	3	2	1	0.16	<0.1	C	C	B	C	B	B	210	37	14.00	1.32	0.49	12.00	3.00	6	14.4	15	77.8	9	60	9.75
21	个人	花卉	1	5	9	2	0.19	<0.1	B	C	A	B	B	B	134	32.57	4.47	2.22	1.78	14.12	38.71	30	17.6	30	43.9	30	100	7.8
22	个人	机电	1	3	3	2	0.06	<0.1	C	B	B	C	B	B	483	52.08	32.20	0.81	0.38	6.00	2.93	20	8	15	232	15	100	9.6
23	个人	服装	0	3	3	2	0.3	<0.1	B	C	B	B	B	B	212	25.56	7.07	2.76	0.89	15.58	9.02	10	7.04	30	34.3	20	66.67	9.6
24	个人	木材	0	1	1	0	0.21	<0.1	C	B	C	B	B	C	94	28.34	9.40	2.92	0.71	7.41	6.00	25	6.25	10	38	6	60	9.6
25	个人	服装	0	2	1	2	1	<0.1	B	B	C	C	B	B	57.2	31.47	5.72	4.67	0.82	30.00	22.77	5.26	24.96	10	0	4	40	9.6
26	个人	酒店	0	4	1	0	0.64	<0.1	B	B	A	B	B	A	260	4.72	8.67	1.45	1.32	5.26	1.44	5.29	13.71	30	17	20	66.67	9.6
27	个人	服装	0	1	1	1	0.27	<0.1	C	B	B	C	B	B	637	34.69	21.23	4.21	0.77	17.39	5.61	15	6.86	30	81	20	66.67	9.75
28	个人	餐具	0	3	2	1	0.23	<0.1	B	B	B	C	B	C	225	16.32	4.50	2.12	0.64	31.38	2.68	17.65	8.82	50	102	30	60	9.75
29	个人	钟表	0	2	5	5	0.13	<0.1	C	B	B	B	B	B	495	32.36	9.90	2.12	1.42	7.23	2.50	15	5.83	50	322	35	70	9.75
30	个人	钢材	1	7	13	5	0.06	0.7	B	A	A	B	A	A	1041	48.48	69.40	6.33	1.25	11.47	16.22	13.36	18.57	15	238.9	15	100	7.53
31	个人	灯	1	7	14	0	1	<0.1	A	A	B	C	A	B	703.8	56.83	23.46	1.54	1.14	6.40	5.48	18.89	5.44	30	0	30	100	7.65
32	个人	石材	0	1	0	4	0.21	<0.1	C	B	B	C	B	B	125.4	30.71	8.36	2.94	0.23	6.63	3.53	6.21	12.09	15	38.5	10	66.67	9.6

附表 样本数据一览表

续表

编号	行业类型	是否基本户	合作时间/年	本行贷款次数	融资银行家数	关系集中度	积数比	行业前景	业主素质	社会关系	产业约束	产品与市场拓展情况	抵押担保情况	资产总额/万元	资产负债率/%	流动比率	速动比率	应收账款周转率	存货周转率	毛利率	净利率	申请贷款金额	已贷款金额	其他行已贷金额	获批贷款金额	贷款满足率/%	贷款利率/%
33	个人服装	0	3	2	3	0.2	<0.1	C	B	C	B	B	B	450.3	39.71	0.78	0.59	8.00	9.16	10	8.9	50	158.2	40	40	80	9.6
34	个人花木	0	4	3	2	0.1	<0.1	C	B	C	C	B	B	1170	40.19	1.1	0.67	30.00	2.93	20	16.8	100	455	80	80	80	9.75
35	个人卤味	1	6	7	2	0.44	<0.1	B	A	A	A	B	A	796	21.79	3.66	2.54	120	92.31	51.11	36.61	50	64.5	48	48	96	7.17
36	个人豆制	0	2	1	0	1	<0.1	C	C	B	A	B	B	153.7	7.8	2.2	0.65	30.77	10.26	4.35	11.39	20	0	8	8	40	9.75
37	个人文体	1	3	2	4	0.25	<0.1	C	B	B	B	A	B	153.4	35.37	2.62	0.87	16.90	5.38	12	11.5	15	43.9	15	15	100	9.03
38	个人电机	0	1	2	2	0.24	0.3	B	B	B	B	B	B	132.4	39.46	2.54	1.32	10.26	3.36	14.89	9.58	10	31	5	5	50	9.03
39	个人餐饮	1	2	0	0	1	<0.1	C	A	B	A	A	C	84.9	38.45	2.69	0.3	17.91	34.29	34.24	35.56	10	0	3	3	30	9.75
40	个人硅胶	0	5	4	1	0.36	<0.1	B	A	B	B	B	A	1167	20.58	1.41	1.32	5.33	7.91	10.51	6.73	100	176.4	95	95	95	8.55
41	个人墙幕	0	2	4	4	0.17	<0.1	C	B	B	A	C	C	1349	33.96	1.78	0.83	4.80	6.42	11.11	8.36	80	398	56	56	70	9.6
42	个人锁具	0	1	0	3	0.19	<0.1	C	A	A	C	A	C	651.7	31.75	2.2	0.9	9.60	7.50	10	8.13	80	346.6	40	40	50	9.75
43	个人服装	1	3	3	2	0.33	<0.1	B	B	B	B	C	C	456.2	6.3	6.5	1.1	22.64	8.89	14.62	22.31	80	120	60	60	75	7.65
44	个人服装	0	3	1	1	0.25	<0.1	C	B	B	B	A	C	143	54.59	1.64	0.43	20.00	1.40	32	14	10	29.6	5	5	50	9.75
45	个人服装	1	3	7	2	0.18	<0.1	A	A	A	B	B	B	384.4	39.23	1.44	1.1	14.40	14.15	17.07	11.27	29	130.8	29	29	100	8.28
46	个人冷冻	1	4	9	7	0.19	<0.1	C	B	C	A	B	B	376.2	17.49	4.48	1.34	21.05	9.84	46	25.66	20	65.8	20	20	100	7.53
47	个人服装	0	3	3	0	1	<0.1	B	B	B	B	B	B	78	6.72	5.1	0.98	5.33	10.26	15	12.25	10	0	2	2	20	9.03
48	个人鞋业	0	4	3	3	0.13	0.4	B	B	B	B	B	A	320.7	49.14	3.31	0.62	15.00	5.83	9.99	6.79	20	137.6	20	20	100	8.28

续表

编号	行业类型	行业	是否合作基本户	本行贷款次数	融资银行家数	关系集中度	积数比	行业前景	业主素质	社会关系	产业约束	产品与市场拓展情况	抵押担保	资产总额/万元	资产负债率/%	资产贷款比	流动比率	速动比率	应收账款周转率	存货周转率	毛利率	净利率	申请金额	他行已贷金额	获批贷款金额	贷款满足率/%	贷款利率/%
49	个人	铺料	1	5	1	0.52	<0.1	A	A	B	B	B	A	1012	12.4	20.23	3.47	1.54	20.00	21.90	26.99	24.83	50	45.4	50	100	7.17
50	个人	批发	1	5	2	0.12	0.7	B	A	B	B	B	B	164.4	15.01	16.44	4.77	2.68	12.00	14.00	25	14.56	10	74	10	100	7.53
51	个人	服装	0	3	3	0.08	<0.1	B	B	B	B	B	B	853.9	37.72	10.67	0.69	0.44	3.74	3.00	12.57	12.85	80	549.2	50	62.5	9.75
52	个人	石材	0	2	0	1	<0.1	C	B	C	C	B	C	46.7	10.7	4.67	2.32	1.19	10.91	4.00	20	6.4	10	0	3	30	8.28
53	个人	服装	1	4	0	1	0.4	C	B	B	B	B	C	162.3	42.87	10.82	1.69	0.69	30.59	12.63	11.35	10.47	15	0	14	93.33	9.75
54	个人	童装	0	1	1	0.93	<0.1	B	B	B	B	B	C	43	26.51	8.60	2.65	0.45	8.45	7.50	6.5	8.01	5	0.4	1	20	8.28
55	个人	石材	1	3	2	0.18	0.3	B	B	B	A	A	A	757	23.85	10.81	3.2	0.78	21.05	4.58	13.05	7.33	70	223.8	68	97.14	8.55
56	个人	酒店	0	2	2	0.34	<0.1	C	C	B	B	A	A	206.2	6.87	6.87	1.25	0.93	6.94	3.75	10	12.67	30	57	15	50	9.75
57	个人	快餐	1	5	0	1	0.5	B	A	A	B	B	B	818	5	32.72	3.88	2.05	42.86	40.00	30	25.25	25	0	20	80	6.33
58	个人	服装	0	6	6	0.25	<0.1	B	B	B	B	B	B	1172	24.31	11.72	1.91	1.27	48.00	27.91	15	18.47	100	205	100	100	7.41
59	个人	服装	1	2	1	0.13	0.7	B	B	A	A	A	A	674	31.38	13.48	2.13	1.28	11.88	12.12	14.9	9.54	50	257	40	80	9.75
60	个人	批发	1	4	6	0.53	1	A	A	B	A	A	A	134.9	32.99	2.70	1.98	1.1	30.00	4.80	12	12.8	50	44.5	50	100	7.53
61	个人	墙体	1	5	9	0.34	<0.1	A	A	B	B	B	A	1092	7.98	21.84	4.43	2.24	1.32	25.00	34	28	50	79	50	100	6.72
62	个人	淘宝	0	4	2	0.29	0.4	C	C	C	C	B	B	212.6	45.04	4.25	0.82	0.49	40.00	30.00	4	12.13	50	74.5	30	60	11.6
63	个人	宾馆	1	7	2	0.19	<0.1	B	B	B	B	B	B	512	39	25.60	1.46	0.79	7.50	30.00	56	14	20	84.5	20	100	8.28
64	个人	单车	0	1	3	0.11	<0.1	B	B	B	B	C	C	1329	42.98	44.31	1.23	0.46	5.85	4.12	12	5.95	30	231.3	15	50	9.6

续表

附表 样本数据一览表

编号	行业类型	是否合作户	基本合作时间/年	本行贷款次数	融资银行家数	关系集中度	行业前景	业主素质	社会关系	产业约束	产品与市场拓展情况	抵押担保	资产总额/万元	资产负债率/%	资产贷款比	流动比率	速动比率	应收账款周转率	存货周转率	毛利率	净利率	申请贷款金额	他行已贷款金额	获批贷款金额	贷款满足率/%	贷款利率/%
65	个人	酒店	0	1	1	3	0.18	B	B	B	C	B	A	779.1	32.05	7.79	2.22	0.89	2.57	24.00	26	12	100	224.7	80	80	9.75
66	个人	服装	1	4	6	1	0.29	A	A	B	B	A	A	441	27.37	8.82	3.93	0.73	14.63	11.76	26.1	15.15	50	120.7	50	100	7.41
67	个人	服装	1	3	4	0	0.84	A	A	B	B	B	A	162.8	4	32.56	4.81	0.67	18.82	19.16	16.7	22.44	5	0.98	4	80	6.57
68	个人	网吧	0	3	3	1	1	B	A	A	A	A	B	830.3	5	15.10	2.75	2.6	120	60.00	43.3	35.67	55	0	25	45.4	6.57
69	个人	酒店	0	1	1	2	0.41	B	A	A	B	B	B	573.1	12.44	11.46	1.84	1.24	8.00	40.00	23	10.72	50	71.3	30	60	7.8
70	个人	服装	1	3	3	7	0.43	C	B	B	B	B	A	261.1	10.57	17.41	4.71	0.33	75.00	12.00	20	5.28	15	20.1	15	100	7.53
71	个人	管材	0	2	2	0	0.95	B	A	B	B	B	C	155.2	40.43	5.17	4.09	0.27	20.00	2.17	16	7.8	30	1.01	9	30	9.75
72	个人	眼镜	0	3	3	1	1	A	A	A	C	A	B	177.5	5.63	8.88	2.07	1.57	42.86	7.06	8.98	17.52	20	0	15	75	7.53
73	个人	化工	1	4	4	1	0.26	A	A	B	B	B	A	794	25.06	7.94	3.78	0.96	12.00	7.84	18.7	14.31	100	199	98	98	7.41
74	个人	刀具	1	1	5	1	0.29	C	B	B	B	B	B	147.9	8.18	29.58	7.85	2.6	16.32	6.12	15	14.29	5	12.1	5	100	7.89
75	个人	石材	0	4	1	0	0.4	C	B	C	A	A	B	144.3	36.24	14.43	4.84	0.45	3.05	4.46	8	9.53	10	9	6	60	9.75
76	个人	PE管	0	5	4	3	0.1	B	B	B	A	A	B	465	42.58	15.50	1.79	0.86	3.88	2.86	9	10.9	30	188	28	93.3	9.6
77	个人	轮胎	0	5	5	3	0.22	B	B	A	A	A	B	437	32.01	10.93	2.17	1.22	10.00	6.42	12	15.08	40	140	40	100	8.55
78	个人	轮胎	1	1	3	1	0.69	B	B	B	A	A	A	442.4	4.52	8.85	3.11	2.1	16.52	13.45	17.3	12.95	50	20	45	90	7.41
79	个人	手机	0	3	1	1	0.74	C	B	B	A	A	B	334	4.19	8.35	2.55	1.23	15.00	80.00	9.99	16.3	40	13.99	16	40	7.2
80	个人	家具	1	1	0	0	1	B	B	B	A	A	B	190.2	49.45	12.68	6.92	0.25	8.28	3.69	25	8.8	15	0	2	13.3	9.75

续表

编号	类型	行业	是否基本户	合作时间/年	本行贷款次数	融资银行家数	关系集中度	积数比	行业前景	业主素质	社会关系	产业约束	产品与市场拓展情况	抵押担保情况	资产总额/万元	资产负债率/%	流动比率	速动比率	应收账周转率	存货周转率	毛利率	净利率	申请贷款金额	他行已贷金额	获批贷款金额	贷款满足率/%	贷款利率/%
81	个人	机电	0	11	2	2	0.24	<0.1	B	A	B	B	B	B	90	23.01	1.86	1.44	6.42	3.13	8.75	14.25	6	6	6	100	8.55
82	个人	农产	0	4	1	1	0.5	0.3	C	A	B	B	B	A	509	10	2.7	1.6	27.91	11.21	15	6.5	60	51	50	83.3	8.55
83	个人	服装	0	3	2	2	0.22	0.3	C	B	C	B	B	B	139	13.95	1.96	0.46	17.91	10.43	9	13	30	71	20	66.6	9.03
84	个人	餐饮	1	9	0	0	1	0.4	B	A	A	B	B	B	1 565	1.28	3.7	3	120	66.67	27.7	23.87	300	0	295	98.3	7.8
85	个人	冷冻	0	2	1	1	0.27	0.3	C	B	B	A	B	B	145	34.5	2.88	1.27	10.91	5.48	9.2	15.2	15	40	9	60	8.28
86	个人	水产	0	3	4	2	0.16	0.3	A	A	A	A	C	B	439	40.5	1.18	0.57	10.43	80.00	9.24	11.34	50	178	35	70	8.55
87	个人	地板	1	5	7	0	1	1.1	A	A	B	A	B	A	346	0.05	12.1	6.2	33.48	14.92	15	26.5	14	0	13	92.8	5.31
88	个人	机电	0	1	0	1	0.91	0.3	B	B	B	B	A	B	1 297	30.1	3.41	1.56	6.59	8.28	13.3	16.22	100	10	20	20	6.39
89	个人	粮油	0	5	4	4	0.3	1.5	A	B	A	A	B	A	278	2	4.32	2.29	18.57	9.00	16.8	21.7	50	103	49	98	7.05
90	个人	粮油	0	4	4	1	0.51	0.7	B	B	B	A	B	B	630	10.6	2.79	1.65	16.86	10.48	15.6	20.7	40	38	35	87.5	7.05
91	个人	餐饮	0	1	0	5	0.1	0.2	C	C	B	C	B	C	266	66.5	1.17	0.42	80.00	60.00	24.4	5.55	30	283	20	66.7	10.3
92	个人	服装	0	2	2	0	1	0.3	C	B	B	C	C	B	209	31.6	3.66	1.32	8.00	4.80	11.8	4.98	30	30	6	20	9.03
93	个人	粮油	0	4	3	3	0.29	0.5	B	A	B	B	B	B	1 045	21.2	5.65	2.54	16.00	14.29	8.42	15.32	150	366	150	100	7.41
94	个人	绢花	1	4	4	2	0.24	0.3	B	A	A	A	B	B	672	21.5	7.33	0.79	15.00	8.00	11.7	14.12	40	128	40	100	8.55
95	个人	木材	1	2	4	2	0.27	0.3	B	A	B	B	B	C	164	32.9	4.04	0.71	16.00	8.00	7.43	12.78	40	110	40	100	8.55
96	公司	配件	1	2	2	0	1	0.3	A	A	B	A	B	B	1 961	27.7	3.76	2.34	3.75	26.67	20.7	21.45	140	0	80	57.1	6.96

附表　样本数据一览表

续表

编号	行业类型	基本户	是否合作本行时间/年	贷款次数	融资银行家数	关系集中度	积数比	行业前景	业主素质	社会关系	产业约束	产品与市场拓展情况	抵押担保质押	资产总额/万元	资产负债率/%	流动比率	速动比率	应收账款周转率	存货周转率	毛利率	净利率	申请贷款金额	他行已贷款金额	获批贷款金额	贷款满足率/%	贷款利率/%
97	公司 钢材	0	3	2	4	0.3	0.4	B	A	A	B	B	A	2 124	22.1	2.48	1.42	11.88	25.53	8.7	13.94	200	470	195	97.5	7.41
98	公司 桥架	0	4	3	4	0.14	0.4	B	A	A	B	B	C	4 830	28.2	1.94	0.63	3.43	24.29	18.7	11.3	280	1 745	280	100	7.8
99	公司 桥梁	0	2	3	7	0.06	0.2	B	A	B	B	B	A	10 280	39.4	1.78	0.97	11.03	13.10	22.3	11.58	180	3 007	180	100	7.59
100	公司 客运	0	1	0	0	1	<0.1	B	B	C	B	C	B	1 260	33.77	3.45	3.11	11.76	46.15	34.25	7.57	100	0	10	10	8.55
101	公司 投资	0	5	3	3	0.36	0.5	B	A	A	B	A	B	895	7	2.98	3.62	12.50	24.00	43.33	33.54	300	530	300	100	7.41
102	公司 建筑	0	3	4	2	0.39	0.7	A	A	B	B	B	A	17 518	24.46	4.15	2.57	5.12	8.45	7.94	20.68	500	780	400	80	7.05
103	公司 门窗	0	3	3	1	0.51	0.4	A	A	A	B	B	B	2 613	35.04	4.11	1.56	8.33	13.53	17.77	17.33	200	190	140	70	6.57
104	公司 化工	1	3	5	0	1	1.5	A	A	A	B	B	B	1 610	10	3.58	2.02	12.00	9.23	10	25.32	65	0	35	53.85	5.64
105	公司 净化	1	5	7	2	1	0.4	A	A	A	B	B	B	1 574	12.07	2.88	1.54	17.50	10.00	17.8	19.4	150	0	130	86.67	6.57
106	公司 钢材	0	1	2	0	0.25	0.4	B	B	B	B	B	A	12 309	24.77	2.34	1.78	31.58	14.46	7	10.28	150	450	150	100	6.09
107	公司 建材	0	2	0	5	0.19	0.3	B	B	C	B	B	B	2 151	14.11	5.06	1.14	4.14	5.45	4	12.56	200	860	180	90	8.55
108	公司 五金	0	1	0	0	1	0.3	A	B	B	C	B	B	1 655	49.63	1.44	2.72	13.87	12.93	8.28	17.24	70	0	50	71.43	6.96
109	公司 织品	0	0	1	1	0.56	0.3	B	B	B	B	B	B	6 092	44.07	3.1	0.46	5.15	10.71	20.91	9.39	500	400	200	40	8.58
110	公司 建材	0	3	3	3	0.32	0.5	A	A	A	A	C	B	1 552	52.67	0.98	1.94	12.00	8.29	11.54	15.22	160	347	140	87.5	7.41
111	公司 钢材	0	2	2	0	0.47	0.5	B	B	C	B	A	B	2 366	34.67	1.99	2.39	12.68	12.61	5	14.2	150	170	78	52	7.41
112	公司 化工	0	1	0	9	0.08	<0.1	C	A	A	B	B	B	10 132	15.64	6.39	0.41	2.59	30.00	13.03	8.07	280	3 065	280	100	8.58

续表

编号	类型	行业	是否基本户	合作时间/年	本行贷款次数	融资银行家数	关系集中度	行业前景	业主素质	社会关系	产业约束	产品与市场拓展情况	抵押担保	资产总额/万元	资产负债率/%	资产贷款比	流动比率	速动比率	应收账周转率	存货周转率	毛利率	净利率	申请贷款金额	他行已贷金额	获批贷款金额	贷款满足率/%	贷款利率/%
113	公司	软件	0	1	1	0.62	<0.1	A	A	A	B	A	A	515	9.22	6.44	4.63	3.63	20.00	20.00	30	25.8	80	50	30	37.5	6.96
114	公司	服装	0	3	5	0.02	0.5	C	B	B	B	C	B	420	53.29	18.26	3.47	0.89	11.91	12.13	21.67	13.49	23	1 000	23	100	7.41
115	公司	窗帘	1	4	6	0.5	<0.1	B	A	A	B	B	B	569	5.82	8.13	4.67	2.43	20.00	14.80	12	28	70	70	70	100	6.96
116	公司	加工	1	3	3	0.42	0.1	B	B	B	C	C	C	299	25.75	9.97	3.76	1.69	9.02	16.00	21.89	6.38	30	42	25	83.33	8.04
117	公司	电机	0	1	0	0.05	<0.1	B	B	B	B	B	C	1 950	39.59	9.75	2.54	1.18	2.68	7.11	13.79	6.03	200	4 100	195	97.5	8.55
118	公司	环保	1	4	3	1	1	A	A	A	A	A	B	428	8.9	10.70	6.7	3.2	20.69	9.68	10	4.19	40	0	30	75	6.72
119	公司	金属	0	2	2	0.15	0.4	B	B	B	B	A	B	954	49.27	11.93	1.93	0.99	19.05	10.00	11	10.62	80	450	56	70	7.8
120	公司	金属	0	2	2	0.19	0.5	B	A	A	B	A	A	2 610	49.18	37.29	1.66	1.12	14.55	12.17	10	15.57	70	300	35	50	7.41
121	公司	金属	0	2	4	0.29	1	B	B	B	B	A	B	1 025	38.05	8.54	2.26	1.33	12.86	20.00	11.78	16.69	120	290	110	91.67	6.72
122	公司	服装	0	4	3	0.18	0.25	B	B	B	B	B	A	3 599	19.37	29.99	3.48	0.82	9.45	7.70	30	35	120	562	120	100	7.17
123	公司	钢铁	0	2	2	1	0.4	B	A	A	B	B	A	1 420	31.45	9.47	1.19	0.55	10.26	10.17	9	16.33	150	0	80	53.33	7.8
124	公司	金属	0	4	3	0.26	0.7	C	B	B	B	B	C	1 564	57.97	7.82	2.44	1.5	25.00	15.00	11	21.35	200	580	195	97.5	7.05
125	个人	配件	1	4	4	0.5	0.3	B	B	B	B	B	B	700	44.6	23.33	2.56	0.65	31.58	3.42	8.47	13.76	30	0	20	66.67	9.03
126	个人	配件	1	2	3	0.2	0.4	B	B	B	B	B	B	238	35.34	11.90	2.83	0.99	18.46	4.15	16.6	10.8	20	80	20	100	8.28
127	个人	石材	0	6	5	0.04	0.25	B	B	B	B	B	B	1 052	55.31	26.30	2.66	0.3	2.73	1.85	3.58	6.85	40	875	40	100	9.36
128	个人	售车	1	2	2	1	0.3	B	A	B	A	A	B	264	10	13.20	4.5	2.75	40.00	18.00	15.65	15.32	20	0	15	75	7.44

附表 样本数据一览表

续表

编号	行业	类型	是否基本户	合作时间/年	本行贷款次数	融资银行家数	关系集中度	积数比	行业前景	业主素质	社会关系	产业约束	产品与市场拓展情况	抵押担保情况	资产总额/万元	资产负债率/%	资产贷款比	流动比率	速动比率	应收账款周转率	存货周转率	毛利率	净利率	申请贷款金额	他行已贷金额	获批贷款金额	贷款满足率/%	贷款利率/%
129	制作	个人	1	3	1	1	0.52	0.3	B	A	B	C	B	B	56	9.22	3.73	0.65	0.6	25.00	30.00	65.85	11.55	15	14	10	66.67	9.03
130	木业	个人	1	11	21	4	0.44	0.7	A	A	B	B	B	A	6 065	9.71	7.58	2.02	1.8	11.30	11.85	23.1	26.2	800	1 000	800	100	6.39
131	女包	个人	0	3	2	2	0.29	0.3	B	B	C	B	C	B	766	40.37	7.66	0.35	0.1	12.86	6.70	20	17.39	100	200	70	70	8.55
132	服装	个人	0	5	2	2	0.38	0.3	B	B	B	B	B	B	141	12.79	4.70	2.66	0.7	24.00	4.00	10	16.67	30	50	21	70	9.03
133	建材	个人	0	3	5	2	0.38	0.3	B	A	B	B	B	B	2 247	19.91	22.47	3.05	2.82	22.33	10.00	20	28.75	100	160	93	93	6.56
134	干货	个人	0	1	0	1	0.25	0.3	B	A	C	A	B	B	725	34.48	18.13	3.58	1.11	8.00	7.74	14.74	13.84	40	105	21	52.5	8.55
135	广告	个人	1	3	3	2	0.5	0.3	B	A	B	B	B	A	427	6.41	8.54	4.22	3.22	13.31	48.00	36.36	14.9	50	50	40	80	6.96
136	冷冻	个人	0	4	2	2	0.54	0.3	B	A	B	B	B	B	665	10.32	8.31	8.26	0.97	23.33	10.00	4.1	13.02	80	68.6	40	50	8.55
137	五金	个人	0	2	0	0	1	0.3	B	B	A	B	B	A	1 413	22.74	23.55	2.75	2.7	11.20	12.67	16.67	21.33	60	0	18	30	6.96
138	五金	个人	1	7	13	2	0.33	1	B	A	B	B	B	B	3 060	21.03	20.40	4.25	1.25	17.23	11.54	20	29.67	150	308	150	100	6.72
139	鞋类	个人	0	5	2	3	0.22	0.3	C	C	C	C	A	B	1 875	58.45	18.75	1.23	1.03	12.14	10.81	15	14.83	100	354	100	100	8.55
140	设备	个人	0	1	0	4	0.11	<0.1	C	C	C	B	C	C	1 691	56.54	5.64	0.81	0.42	4.58	6.42	8.4	5.45	300	2 157	275	91.67	10.6
141	服装	个人	0	8	5	1	1	0.3	B	A	B	B	B	A	3 480	40	23.20	4.7	1	12.00	6.00	11	7	150	0	130	86.67	8.55
142	装饰	个人	1	5	6	6	0.15	0.5	A	A	A	A	B	A	1 465	26.62	12.21	2.24	1.22	5.67	24.00	21.5	25.6	120	683	120	100	7.41
143	杂粮	个人	0	3	4	2	0.25	0.7	A	A	A	A	B	A	1 219	24.44	12.19	1.91	0.95	30.00	9.60	14	22.5	100	298	94	94	7.05
144	大米	个人	0	2	2	1	0.4	0.4	A	A	A	A	B	A	390	18.97	7.80	3.76	2.15	15.09	16.67	11.62	15.62	50	74	25	50	7.8

续表

编号	类型	行业	是否合作基本户	本行贷款时间/年	融资银行家数	关系集中度	积数比	行业前景情况	业主素质	社会关系	产业约束	产品与市场拓展	抵押担保情况	资产总额/万元	资产负债率/%	资产贷款比	流动比率	速动比率	应收账款周转率	存货周转率	毛利率	净利率	申请贷款金额	他行已贷款金额	获批贷款金额	贷款满足率/%	贷款利率/%
145	个人	滤布	0	2	1	6	0.07	0.4	B	B	B	B	B	A	10 775	39.77	53.88	1.52	1.33	13.75	14.62	10.8	16.4	200	2 694	200	100	7.8
146	个人	房产	0	3	1	1	0.84	0.3	C	B	B	B	C	B	848	47.8	2.92	1.8	0.32	8.60	15.00	11.3	15.4	290	55.6	200	68.97	8.55
147	个人	广告	1	4	1	0	1	0.5	A	A	B	B	B	B	990	0.24	16.50	5.6	4.8	21.05	30.00	50	13.75	60	0	30	50	6.96
148	个人	服装	0	2	1	3	0.17	0.3	B	A	B	B	B	B	904	11.48	18.08	2.78	1.82	15.00	10.00	22.5	22.8	50	246	40	80	6.96
149	个人	建筑	0	9	4	2	0.25	0.2	B	A	B	A	B	A	4 329	31.55	21.65	3.32	1.47	2.26	18.28	22.1	18.9	200	600	200	100	7.8
150	个人	图文	1	2	2	0	1	0.1	B	A	C	B	B	C	153	11.5	3.83	4.65	3.78	15.00	12.00	54.2	13.78	40	0	30	75	8.04
151	个人	日用	1	4	1	1	0.38	0.1	B	A	A	B	B	B	93	0	6.20	5.4	1.9	30.00	16.90	18.57	17.57	15	0	4	26.67	7.44
152	个人	化妆	1	4	2	2	0.25	0.4	A	A	A	B	A	B	443	28.89	14.77	2.3	0.3	80.00	4.33	23.75	19.69	30	50	27	90	8.28
153	个人	冷冻	1	4	6	2	0.5	1	A	A	B	A	B	A	745	21.48	18.63	3.65	1.76	31.58	16.00	15	23.11	40	120	40	100	6.72
154	个人	灯具	1	3	2	2	0.29	0.3	A	A	A	B	A	A	191	7.27	4.78	4.31	2.96	14.65	21.43	34.78	13.96	40	33	33	82.5	6.96
155	个人	日化	0	2	2	3	0.21	0.1	A	A	A	B	A	B	1 281	41.43	10.68	2.21	0.98	17.14	5.45	13.89	17.43	120	300	60	50	8.55
156	个人	设备	0	2	3	3	0.14	0.2	C	B	B	C	A	B	2 454	23.4	12.27	1.91	0.68	12.61	8.62	18.22	17.65	200	770	150	75	7.59
157	个人	测绘	0	3	0	3	0.14	<0.1	B	B	C	B	B	B	115	41.34	5.75	1.5	0.9	1.20	60.00	55	9	20	125	14	70	10.3
158	个人	童装	1	3	5	0	1	0.7	A	A	A	B	B	A	2 319	11.86	15.46	3.03	2.05	14.29	18.00	20	17.87	150	0	70	46.67	6.09
159	个人	医疗	1	5	12	5	0.05	1.4	A	A	A	B	A	B	1 903	6.28	40.49	3.79	2.28	10.62	21.70	22.1	26.8	47	881	47	100	4.83
160	个人	家具	0	3	1	8	0.2	0.2	A	B	B	B	A	B	1 174	34.24	11.74	0.85	0.41	7.62	2.70	18.72	18.45	100	402	100	100	8.55

续表

编号	类型	行业	是否基本户	合作行融资时间/年	本行贷款次数	融资银行家数	关系集中度	积数比	行业前景	业主素质	社会关系	产业约束	产品与市场拓展情况	抵押担保	资产总额/万元	资产负债率/%	资产贷款比	流动比率	速动比率	应收账周转率	存货周转率	毛利率	净利率	申请贷款金额	他行已贷金额	获批贷款金额	贷款满足率/%	贷款利率/%
161	个人	建材	0	2	4	4	0.1		B	B	B	B	B	B	3 871	40.94	96.78	0.81	0.27	3.43	12.31	9.23	13.45	40	367	40	100	8.55
162	个人	石材	0	3	4	3	0.34		A	B	C	B	B	C	1 264	23.17	6.32	10.83	0.17	10.26	1.80	8.78	13.91	200	119	150	75	8.55
163	个人	建材	0	4	7	5	0.09		B	B	B	B	A	B	2 385	46.28	29.81	3.52	0.58	8.15	11.57	17.79	14.21	80	630	79	98.75	7.8

参考文献

[1] 苏牧.银企关系、关系型贷款与融资成本——来自上市公司的经验证据[J].技术经济与管理研究,2020(3):82-86.

[2] INDERST,VLADIMIROV V. Growth firms and relationship finance:A capital structure perspective[J]. Management Science,2019,65(11):5411-5426.

[3] 胡志浩,李勍.关系型融资研究新进展[J].经济学动态,2019(10):132-146.

[4] 黄智慧,杨福明.关系型贷款与中小企业融资难的解决[J].全国流通经济,2019(27):155.157.

[5] 祁丹,张瑞坤,杨偲.黑龙江地方性银行破解中小企业信贷困境的研究——以关系型贷款为切入点[J].管理观察,2019(19):180-181,186.

[6] TADANORI,TAKAYOSHI N. Utilization of soft information on bank performance:The roles of relationship lending in competitive local markets[M]. Singapore:Springer,2019.

[7] 邵翠玉.基于上证50股指期货与50ETF期权领先滞后关系的期权交易策略设计[D].上海:华东政法大学,2019.

[8] 杨子荣.企业盈利能力、金融竞争程度与最优金融结构[J].世界经济,2019,42(6):169-192.

[9] 张强.我国商业银行对中小企业的关系型贷款定价模式研究[D].苏州:苏州大学,2019.

[10] 贺艺.关系型贷款对我国中小企业融资约束的影响[D].昆明:云南大学,2019.

[11] 张燕,陈石清.中小企业关系性贷款违约风险研究[J].财经理论研究,2019(2):102-112.

[12] 张美莎,徐浩,冯涛.营商环境、关系型借贷与中小企业技术创新[J].山西财经大学学报,2019,41(2):35.49.

[13] 许坤.信贷价格歧视与银企共生关系[J].财经科学,2018(12):1-13.

[14] DUQI A,TOMASELLI A,TORLUCCIO G. Is relationship lending still a mixed blessing? A review of advantages and disadvantages for lenders

and borrowers[J]. Journal of Economic Surveys,2018,32(5):1446-1482.

[15] KOBAYASHI T, TAKAGUCHI T. Identifying relationship lending in the interbank market: A network approach[J]. Journal of Banking and Finance,2018,97(C):20-36.

[16] 翁舟杰.关系型贷款、市场结构与小额贷款公司使命漂移[J].管理科学学报,2018,21(4):102-113.

[17] ANTWI S, OHENE-YANKYIRA K. Collateral pledge: Does relationship lending matters? The case of maize farmers in Ghana[J]. American Journal of Rural Development,2017,5(2):30-38.

[18] 邵弋,杨云红.银行业竞争与中小企业融资——基于关系型贷款的视角[J].金融学季刊,2017,11(04):104-134.

[19] 钟世和,苗文龙.关系型、交易型互联网贷款的信贷风险对比研究[J].西安交通大学学报(社会科学版),2017,37(6):18-26.

[20] 陈东平,张雷.关系型贷款、互助边界与资金互助组织信用风险抑制[J].贵州社会科学,2017(10):140-145.

[21] 韩晓茵.城市商业银行对中小企业关系型贷款定价研究[D].杭州:浙江大学,2017.

[22] 戴国强,钱乐乐.关系型借贷、债券融资与企业贷款成本——基于信息与竞争机制视角的研究[J].审计与经济研究,2017,32(05):62-73.

[23] 易蒙.银行间竞争与关系型贷款关系的研究[D].长沙:湖南大学,2017..

[24] 陈啸.普惠金融、关系型借贷与农村中小企业融资[J].经济问题,2017(04):65.69.

[25] LOUKIL S, JARBOUI A. Empirical determinants of relationship lending[J]. Cogent Economics & Finance,2016,4(1):116.

[26] 燕志雄,张敬卫,费方域.代理问题、风险基金性质与中小高科技企业融资[J].经济研究,2016,51(09):132-146.

[27] 李琪,郭建强.软信息生产、关系型贷款与中小企业融资解困研究——基于山东省威海市的调研数据[J].现代管理科学,2016(01):43-45.

[28] 石天唯,安亚人.信息不对称下中小企业关系型融资信息传递机制研究[J].情报科学,2016,34(1):150-154.

[29] 钱龙.关系型借贷、银行竞争与中小企业融资研究述评[J].金融监管研究,2015(08):53-67.

[30] 武力超,孙梦暄,张晓东.关系型贷款与企业创新问题的研究——基于Heckman两阶段选择模型的分析[J].经济科学,2015(1):66-78.

[31] FIORDELISI F,MONFERRÀ S,SAMPAGNARO G. Relationship lending and credit quality[J]. Journal of Financial Services Research,2014,46(3):295.315.

[32] 徐晓萍,张顺晨,敬静.关系型借贷与社会信用体系的构建——基于中小企业演化博弈的视角[J].财经研究,2014,40(12):39-50.

[33] 莫亚琳,李珊珊,余海铭.关系型借贷对中小企业融资成本的影响——基于广西中小企业调查的实证研究[J].区域金融研究,2014(11):76-81.

[34] CHANG C,LIAO G M,YU X Y,et al. Information from relationship lending:Evidence from Loan defaults in China[J]. Journal of Money,Credit and Banking,2014,46(6):1225.1257.

[35] 马常娥,钱峰,易志高.利率市场化、关系型借贷与中小企业融资[J].现代财经(天津财经大学学报),2014,34(04):45.54.

[36] 潘永明,张婷婷,李雪.博弈论视角下的科技型中小企业关系型融资分析及实证研究[J].大连理工大学学报(社会科学版),2014,35(01):13-18.

[37] 杨楠.关系型融资对中小高新技术企业成长能力的影响[J].管理工程学报,2014,28(01):10-15,25.

[38] 张晓玫,潘玲.我国银行业市场结构与中小企业关系型贷款[J].金融研究,2013(06):133-145.

[39] 丁永琦.关系型贷款视角下的中小企业融资问题研究[J].企业经济,2013,32(02):87-90.

[40] 曹志鹏,程佳佳.关系型贷款与我国中小企业融资[J].金融与经济,2013(01):76-78.

[41] 颜白鹭.关系型贷款与中小企业融资绩效[J].金融监管研究,2013(01):80-92.

[42] 杨楠.中小高新技术企业关系型融资的价值分析[J].软科学,2013,27(01):96-98,103.

[43] 姚益龙,邓湘益,张展维.东莞市中小企业关系型贷款实证研究[J].南方经济,2012(12):49-55.

[44] 刘微芳.关系型融资与中小企业融资难困局的破解[J].发展研究,2012(06):79-81.

[45] 陈之阳.社区银行的发展对缓解我国中小企业融资难问题的比较优势研究[D].成都:西南财经大学,2012.

[46] 郭建强,王冬梅.中小企业的"关系型贷款"选择行为研究[J].经济问题,2011(10):99-103.

参考文献

[47] 郭延安,阮建青.中小民营企业与关系型融资——基于濮院羊毛衫产业的实证研究[J].浙江金融,2011(10):77-80.

[48] 柳松,林贤明.软信息·核心竞争优势与私法关系型借贷——以村镇银行为例[J].安徽农业科学,2011,39(28):17725.17727.

[49] 周建华.行业协会与中小企业关系型融资——以温州异地商会为例[J].金融教育研究,2011,24(04):25.31.

[50] 李琳,粟勤.关系型银行与中小企业贷款的可获得性——对中小企业问卷调查的实证分析[J].金融论坛,2011,16(04):51-58.

[51] 黄清松.商业银行"软信息"贷款管理研究——来自美国社区银行关系型贷款的启示[J].经济师,2010(12):198-199.

[52] 王丽辉.中小企业融资难与关系型贷款[J].湖北社会科学,2010(09):92-94.

[53] 苏峻,刘红晔,何佳.关系型借贷与中小企业融资[J].金融论坛,2010,15(08):41-46.

[54] PRESBITERO A F, ZAZZARO A. Competition and relationship lending: Friends or foes?[J]. Journal of Financial Intermediation,2010,20(3): 387-413.

[55] TORRE A D L, PERÍA M S M, SCHMUKLER S L. Bank involvement with SMEs: Beyond relationship lending[J]. Journal of Banking and Finance,2010,34(9):2280-2293.

[56] BERGER A N, BLACK L K. Bank size, lending technologies, and small business finance[J]. Journal of Banking and Finance,2010,35(3): 724-735.

[57] 李小芬.中小企业关系型融资探讨[D].南昌:江西师范大学,2010.

[58] HERNÁNDEZ-CÁNOVAS G, MARTÍNEZ-SOLANO P. Relationship lending and SME financing in the continental European bank-based system[J]. Small Business Economics,2010,34(4):465.482.

[59] 严谷军.社区银行与关系型贷款:优势及成因分析[J].新金融,2010(04):49-51.

[60] STEIJVERS T, VOORDECKERS W, VANHOOF K. Collateral, relationship lending and family firms[J]. Small Business Economics, 2010,34(3):243-259.

[61] 邓超,唐莹,林柏林.基于关系型贷款的城市商业银行小企业贷款定价研究[J].中南大学学报(社会科学版),2010,16(01):88-94.

[62] 邓超,敖宏,胡威,王翔.基于关系型贷款的大银行对小企业的贷款定价研究[J].经济研究,2010,45(02):83-96.

[63] 贺勇.关系型融资、意会信息生产与商业银行信贷决策[J].中南财经政法大学学报,2009(06):91-96,144.

[64] 吴群.中小企业关系型融资的机制创新与现实意义[J].现代经济探讨,2009(10):29-32.

[65] 朱博,张嫒嫒.关系型借贷:金融危机下银行与中小企业的共赢之路[J].现代经济信息,2009(16):92-93.

[66] 李江.中小企业关系型融资研究新进展[J].经济学动态,2009(08):103-106.

[67] 黄彬红,戴海波.关系型借贷与农村中小企业融资:一个村集体经济的视角[J].农村经济,2009(03):79-81.

[68] 谢沛善,翁鸣.科技型中小企业关系型融资博弈分析[J].科技管理研究,2009,29(02):141-143.

[69] 罗建华,申韬.国外关系型借贷理论的文献述评[J].金融理论与实践,2009(01):108-113.

[70] 雷汉云,罗建华,晏绍康.基于Bertrand模型的关系型借贷和中小企业融资研究[J].预测,2008(06):49-54.

[71] HERNANDEZ-CANOVAS G, KOETER-KANT J. Debt Maturity and Relationship Lending: An Analysis of European SMEs[J]. International Small Business Journal, 2008, 26(5):595.617.

[72] 吴辉凡.竞争与关系型融资研究评述[J].经济学动态,2008(04):102-106.

[73] NEUBERGER D, PEDERGNANA M, RÄTHKE-DÖPPNER S. Concentration of banking relationships in Switzerland: The result of firm structure or banking market structure? [J]. Journal of Financial Services Research,2008,33(2):101-126.

[74] 潘军昌,高名姿,陈东平.关系型借贷:破解"三农"融资难题的技术选择[J].农业经济问题,2008(03):18-21,110.

[75] JIANGLI W Y, UNAL H, YOM C W. Relationship lending, accounting disclosure, and credit availability during the Asian financial crisis[J]. Journal of Money, Credit and Banking,2008,40(1):25.55.

[76] 张水英,文孟婵.中小企业贷款融资效率模糊综合评价——关系型贷款与市场交易型贷款融资效率的比较[J].当代经济,2007(10):170-171.

[77] HOLMES J, ISHAM J, PETERSEN R,et al. Does relationship lending

still matter in the consumer banking sector? Evidence from the automobile loan market[J]. Social Science Quarterly,2007,88(2):585.597.

[78] UCHIDA H,UDELL G F,WATANABE W. Bank size and lending relationships in Japan[J]. Journal of The Japanese and International Economies,2007,22(2):242-267.

[79] LUO H. Study on relationship lending of small and medium enterprises [J]. Journal of Modern Accounting and Auditing,2007,5(1):63-66.

[80] 殷孟波,翁舟杰.关系型贷款和小银行优势论述评[J].财贸经济,2007(06):34-38.

[81] 李传敏.关系型贷款在我国中小企业融资中的作用研究[D].广州:暨南大学,2007.

[82] BEHR,GÜTTLER A. Credit risk assessment and relationship lending: An empirical analysis of German small and medium-sized enterprises *[J]. Journal of Small Business Management,2007,45(2):45.

[83] 张杰,经朝明,刘东.商业信贷、关系型借贷与小企业信贷约束:来自江苏的证据[J].世界经济,2007(03):75.85.

[84] 张璟,刘晓辉.政府干预、关系型贷款与干预陷阱[J].世界经济,2006(09):58-66,96.

[85] 赵江,冯宗宪.关系型贷款能解决中小企业信贷配问题吗?——建立在伯特兰德寡头分析框架下的理论模型[J].求索,2006(08):17-19.

[86] 楼瑜,程璐.集群企业与银行的关系型融资的实证分析[J].上海金融,2006(08):66-69.

[87] 严谷军.关系型贷款与美国社区银行自生能力:一个文献综述[J].浙江社会科学,2006(04):191-196.

[88] 吴洁.中小企业关系型贷款:银行组织结构视角的分析[J].财经问题研究,2006(05):48-54.

[89] 郭田勇,李贤文.关系型借贷与中小企业融资的实证分析[J].金融论坛,2006(04):49-53.

[90] 王剑.关系型借贷、信息不对称与中小企业融资[D].北京:中国人民大学,2006.

[91] 石智勇,索贵彬.关系型贷款、信息不对称与信贷退出博弈[J].西安电子科技大学学报(社会科学版),2006(02):45.49.

[92] 宁军明,刘晓斌.基于博弈理论的中小企业关系型融资分析[J].商业研究,

2006(02):127-129.

[93] 闵宗陶,刘小明.关系型融资与我国银企合作机制优化[J].学术研究,2005(12):40-43.

[94] 吴洁.中小企业关系型贷款定价行为研究——以江苏省某国有银行县级支行为例[J].南京师大学报(社会科学版),2005(06):63-68.

[95] 吴洁.关系型贷款研究综述[J].金融纵横,2005(10):15.17+6.

[96] 阮铮,李晖.中小商业银行与关系型融资[J].沈阳理工大学学报,2005(02):67-70.

[97] TASSEL E V. Relationship lending under asymmetric information: A case of blocked entry[J]. International Journal of Industrial Organization, 2005,24(5):915.929.

[98] 李芝倩,杨德才.关系型借贷理论的新进展[J].经济理论与经济管理,2005(5):69-74.

[99] 王琦,林健.中小企业融资与关系型贷款[J].商业时代,2005(12):49-50.

[100] 严谷军.国外对关系型贷款研究的新进展[J].上海金融,2005(04):48-50.

[101] 付明明.关系型融资效率研究[D].杭州:浙江大学,2005.

[102] 金雪军,王利刚.关系型融资的生命力研究:基于信息折旧模型的分析[J].东南大学学报(哲学社会科学版),2005(02):23-27,126.

[103] 徐维德,缪丹.中小企业和银行关系型融资研究[J].西南民族大学学报(人文社科版),2005(2):134-139.

[104] 周好文,李辉.中小企业的关系型融资:实证研究及理论释义[J].南开管理评论,2005(01):69-74,100.

[105] 彭文平.关系型融资理论述评[J].经济社会体制比较,2004(6):139-143.

[106] 朱闰龙.关系型融资、市场竞争与中小企业融资[J].中国经济问题,2004(6):10-19.

[107] 胡运锋,曲锴.国外中小企业关系型贷款的技术介绍和启示[J].湖北社会科学,2004(10):95.97.

[108] 周巧云.对中小企业信用风险评价方法的探讨——基于关系型贷款的综合评价模型[J].河南金融管理干部学院学报,2004(5):52-54.

[109] 汪小勤,杨涛.关系型贷款与中小企业融资[J].武汉金融,2004(08):47-48,37.

[110] 赵秀芳.我国发展关系型贷款的优势分析[J].浙江金融,2004(05):33-34.

[111] 初国清.关系型借贷与中小企业融资[J].商业研究,2004(10):159-161.

[112] 童牧.关系型融资研究[D].上海:复旦大学,2004.

[113] 郑震龙,刘天才.意会信息、关系型融资与中小企业信贷[J].内蒙古社会科学(汉文版),2003(5):108-111.

[114] 徐涛.信息不对称、关系型融资与新型的银企关系[J].产业经济评论,2003,2(01):68-79.

[115] BODENHORN H. Short-term loans and long-term relationships: Relationship lending in early America[J]. Journal of Money, Credit, and Banking,2003,35(4):485.505.

[116] 陈晓红,黎璞.分工演化与关系型融资:中小企业融资问题的新理论解释[J].管理评论,2003(05):17-22,63.

[117] STANTON K R. Trends in relationship lending and factors affecting relationship lending efficiency[J]. Journal of Banking and Finance,2002,26(1):127-152.

[118] 张捷.中小企业的关系型借贷与银行组织结构[J].经济研究,2002(06):32-37,54-94.

[119] BERGER A N, UDELL G F. Small business credit availability and relationship lending: The Importance of bank organizational structure[J]. The Economic Journal,2002,112(477):32-53.

[120] BOOT A W A, THAKOR A V. Can relationship banking survive competition? [J]. The Journal of Finance,2000,55(2):1592.

[121] LONGHOFER S D, SANTOS J A C. The importance of bank seniority for relationship lending[J]. Journal of Financial Intermediation,2000,9(1):57-89.

[122] DEGRYSE H, CAYSEELE P V. Relationship lending within a bank-based System: Evidence from European small business data[J]. Journal of Financial Intermediation,2000,9(1):90-109.

[123] ELSAS R, KRAHNEN J P. Is relationship lending special? Evidence from credit-file data in Germany[J]. Journal of Banking and Finance,1998,22(10):1283-1316.

[124] BANERJEE A, NEWMAN A. Occupational choice and the process of development [J]. Journal of Political Economy,1993,101(2):274-298.

[125] BERGER A N, KASHYAP A K, SEALISE J M. The transformation of the U. S. banking industry: What a long, strange trip it's been [J].

Brookings Papers on Economic Activity, 1995, 2(2): 55 - 218.

[126] DIAMOND D. Financial intermediation and delegated monitoring [J]. Review of Economic Studies, 1984, 51(3): 393-414.

[127] HODGMAN D R. Credit risk and credit rationing. [J]. Journal of Economics, 1960, 74(2): 258-278.